U1008492

快乐数学行思路

傅佳俊◎著

河海大學出版社
HOHAI UNIVERSITY PRESS
·南京·

图书在版编目(CIP)数据

快乐数学行思路 / 傅佳俊著. -- 南京 : 河海大学出版社, 2021.11
ISBN 978-7-5630-7267-5

Ⅰ. ①快… Ⅱ. ①傅… Ⅲ. ①小学数学课－教学研究－文集 Ⅳ. ①G623.502-53

中国版本图书馆 CIP 数据核字(2021)第 234033 号

书　　名　快乐数学行思路
书　　号　ISBN 978-7-5630-7267-5
责任编辑　龚　俊
特约编辑　白雪儿　梁顺弟
特约校对　丁寿萍　卞月眉
封面设计　徐娟娟
出版发行　河海大学出版社
地　　址　南京市西康路 1 号(邮编:210098)
电　　话　(025)83737852(总编室)　(025)83722833(营销部)
经　　销　江苏省新华发行集团有限公司
排　　版　南京布克文化发展有限公司
印　　刷　江苏凤凰数码印务有限公司
开　　本　850 毫米×1168 毫米　1/16
印　　张　15.25
字　　数　400 千字
版　　次　2021 年 11 月第 1 版
印　　次　2021 年 11 月第 1 次印刷
定　　价　48.00 元

一起走过的日子

（序言）

认识傅佳俊，是在15年前。

那是2006年8月，我在阳光学校任教导主任。当时，为谋划新学年工作，优化教师培养梯队，校长请我推荐几位有专业潜力、有培养前途的青年教师。于是，傅佳俊进入了我的视线。之前，他已崭露头角，虽在农村小学工作，却获得了全区新教师比武一等奖。调入阳光学校后，我们成为任教平行班的同事，也成了无话不谈的朋友。傅佳俊的憨实、诚恳与上进，给我及同事们留下了深刻的印象，被昵称为“老傅”。

2009年12月至2020年7月，近11年的时光里，我调任区教体局教研室（后更名为“教师发展中心”）小学数学教研员，后兼任分管小学的副主任。这期间，上虞区小学数学教研团队做了一些事情，也获得了一些成绩。其中，2015年11月，老傅代表绍兴市参加“浙江省小学数学优质课观摩评比活动”并获一等奖，令人欣喜，确实来之不易。巧的是，十年前的2005年11月，我代表绍兴市参加省优质课评比，亦获一等奖。“十年磨一剑”，上虞小数团队在不断坚守、奋力传承，而老傅也浸润其中、拔节生长，成就了“浙江省教坛新秀”“绍兴市学科带头人”“区级师傅”等学术荣耀。

2020年8月，根据工作需要，组织上将我从局机关调回学校，任实验小学教育集团上德校区执行校长，同时，老傅升任阳光学校校长。由此，我们又以新的理由，站在了一起。

老傅常说，是我改变了他的成长格局。这话有点言重了。只不过，15年以来，我确实也以“路边鼓掌的人”的身份一道潜行、共同走过，见证老傅发展的“山高水长”。

以“农民”的格调，坚守沃土，勤勉耕种。

无论是初到城区的青年教师，还是声名鹊起的名优教师，或是“日理万机”的学校领导，老傅始终没有离开过教学一线，任教两个班数学，且很长一段时间里带的是不同年段的两个班。在这场心态与毅力的挑战中，日常工作的繁琐碎杂及各项临时工作冲击时的局促感、压迫感，是可想而知的。但老傅没有放弃，甚至从未放松，始终细心、扎实且高质量地完成着教学任务，设法激发学习兴趣，努力呵护成长热情，和孩子们玩在一起、学在一起，在所带班级里慢慢形成了“快乐学数学”的喜人氛围。试想，如果没有在一线沃土上扎实耕耘的经历，成长的“任督二脉”又怎可能顺利打通？在《快乐数学行思路》这本集子里，“理念更新”“探索启航”“课题研究”“课堂实践”四个篇章，就是老傅坚守日常、勤勉探求的真实印记。

以“行者”的立场，朝向前方，持续奔跑。

印象中，老傅参加过好多“培训班”。从区级“青年教师研修班”，到市级“骨干教师培训班”“研究者联盟”“名师培养班”“研学共同体”，再到省级“学科带头人培训班”“浙派名师培养班”等，老傅是在“班”里成长起来的。2020年底，绍兴市教育局命名组建了“绍兴市叶柱（小学数学）名师工作室”，招募学员时，老傅也是第一个报名的，惟恐错失机会。目前的学术类培训班被寄予厚望，研修任务都不轻，经常要“折腾”，费时、费力还费心，老傅自然深谙此理。为何还“自寻麻烦”？原因很清楚，他想让自己始终处于“在路上”的动态律动中。而每个培训班，正是他奔跑途中的“加油站”。多年来，他数次任班长，常获评“优秀学员”，专业研修始终“在状态”。当您翻阅本书“梦想追寻”“研修足痕”两个篇章时，定能“窥一斑而见全豹”。

以“少年”的姿态，秉持初心，永褒谦逊。

通常，伴随着一个人的成长、成才与成熟的，是“慢慢变得世故”“渐渐懂得套路”，因而显得“油腻”。于是，大家期盼着“出走半生，归来仍是少年”的美好境界。客观地说，在与老傅相处的 15 年里，我感觉到，他身上的“少年感”依然留存、未曾消逝，这是难能可贵的。哪怕在身为“省秀”、已做师傅的今天，讨论教学设计或教研问题时，他仍会搬一把椅子，坐在近旁，拿出本子认真记录，并适时提出一些想法，从不强势，非常真诚；上完一节课或写好一篇文章后，也常常自我批评，觉得“本该做得更好”；对待徒弟或其他青年教师，从不“贩卖成功”，也不“高冷自傲”，而是始终秉持平实的作风、谦逊的态度进行交流，并充分顾及对方感受，展现了出众的人格魅力。

光阴荏苒，留下了什么？或许，我们怎样对待时间，时间便会怎样回馈于我们。

下一程，精彩继续！

叶　柱
（浙江省特级教师，正高级教师）
2021.5

目录

一、梦想追寻篇

1. “快乐数学”，朝向幸福课堂的那方

回顾自己的教学生涯，我一直走在“幸福课堂”实践研究的路上，我也一直在思考，怎么样的课堂是小学数学追求的“幸福课堂”？由此，“快乐数学”便成了我追寻的愿景。“乐思方有思泉涌”！如何唤起学生强烈的学习欲望，使学生主动地投入到数学学习活动之中？如何充分调动学生的学习兴趣，使学生视学习为乐？

为达成“快乐数学”愿景，现梳理本人曾执教过的几个案例，以此来叙述本人对“快乐数学”追求，并践行“减负提质”高效数学课！

“快乐数学”，启于开课之始

【案例 1】《加法运算定律》(人教版五上年级)

师：(素材呈现)同学们，你们“崧厦镇”有“中国伞城”之称，一年伞产量约是5亿把，可以说家家户户都与伞有着千丝万缕的联系。前几天，老师与崧厦镇上的一个李阿姨在聊天，她说：“上午能做雨伞32把，下午能做雨伞54把”。

师：(提出问题)根据屏幕所提供的信息，你能提出一个数学问题吗？

师：(完善材料)选取“李阿姨上午能做雨伞32把，下午能做雨伞54把，她一天能做多少把雨伞？”作为学习材料，现在让我们把这一已经完整的学习材料，齐声响亮地读一读！

【幸福解读】

毋庸置疑，课堂导入是一门艺术，这是笔者在崧厦镇小借班上课的开课。课始，教师提供了崧厦学生人人都熟悉的现实素材，这样有利于学生依据熟悉的素材，自然地生成学习材料，让学生在学习数学知识的过程中培养问题意识和提出问题的能力。而且，在后续的教学中，教师继续以“伞”为学习素材，贯穿整课，取得了很好的教学效果。快乐是我们每个人都追求的，只是不同的人追求的目标不同，对于小学生来说，快乐很简单，熟悉的就是快乐的、身边的就是快乐的，有许多事情能让学生感觉到快乐，而快乐的学习能让学生了解更多的知识，使学生掌握更强的本领。

著名数学家华罗庚先生说：“人们对数学产生枯燥无味、神秘难懂的印象，原因之一便是脱离实际。”因此，在课堂教学上，教师要充分利用教材资源、生活资源，把生活经验数学化，数学问题生活化，使学生乐于参与。案例中我们可以看出，为激发学生学习兴趣，提高学习效果，教师在选用数学学习材料时，要重视与考虑为学生提供自己身边感兴趣的素材，尽量选择学生熟悉的材料。这样的引入，既巧妙实现了新课程所积极倡导的学科整合、地域引入，更让教师成为课程资源的智慧创生者，让学生在熟悉的场景中快乐学习！

“快乐数学”,探于动手之中

【案例 2】《长方体和正方体的表面积》(人教版五下年级)

任务:搭建“摩天塔”

要求:用牙签和胡萝卜块(也可以是其他材料),搭建多层正方体或长方体框架,看谁搭得高!搭得牢!

思考:我的发现

我搭了(　　)层,用(　　)颗胡萝卜,用(　　)根牙签。N 层,需要胡萝卜(　　)颗。N 层,需要牙签(　　)根。

(部分学生作品)

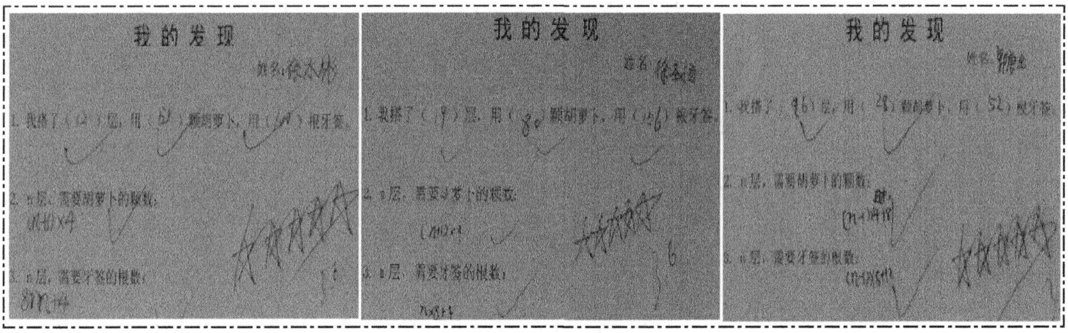

(部分学生发现)

【幸福解读】

当下,缺乏空间想象能力,似乎成了学生的“通病”。我们发现学习了“长方体和正方体”后,很多学生“苦不堪言”,尤其对于复杂的组合立体图形,他们看清了前面,总也想不明白后面,怎么办?如何化抽象为具体、化苦恼为快乐!课后,我们布置了如上的实践动手作业,从学生递交的作品来看,学生的积极性很高,有些还是“亲子共享”,全家总动员。值得一提的是，搭完之后的填空题，更给学生提供了思考的空间，大大提升了本次作业的效果。

《数学课程标准(2011)》提出的“动手实践、自主探索与合作交流是学生学习数学的重要方式。数学学习活动应当是一个生动活泼的、主动的和富有个性的过程。”数学的学习方式不应是单一的、枯燥的、以被动听讲和练习为主的方式，而应该是一个充满生命活力的历程。兴趣是激发人们探究某种事物或从事某种活动的内部动力，学习兴趣更是学习活动的原动力。我们都知道，孩子对某一学科有兴趣，就会积极主动地持续地专心致志地钻研它，从而提高学习效果。孩子缺乏学习兴趣，内心会主观地产生抵抗心理，很难得到好的学习成绩，也会因此失去信心，甚至会产生害怕学习的心理。这样的快乐作业，学生动手、家长参与、亲子学习、其乐融融，发展了学生的动手、比较、抽象、分析、概括能力，培养学生的空间观念、数学模型和分析比较能力，在动手中快乐地学习数学、在反思中快乐地感悟数学，从而发展和提升学生的“空间观念”，这些都值得我们肯定与提倡。

五年级林恒亦爸爸说，“这样的框架搭建作业真好！因为这是一个带有综合性学习特征的作业，要完成好这个作业，涉及‘科学’‘技术’‘工程’和‘数学’四大领域。布置这样的数学作业，立足思考与实践，老师给了孩子更好发展的新载体。孩子是感性的，学习是理性的，这个主题作业，架起了‘学习的理性’与‘孩子更能接受感性’之间的桥梁。”五年级语文潘老师说，“本以为数学老师布置的是一次简单的动手作业，想不到我竟看到了一件件的艺术品，为家长与孩子的认真和创新、细致和执着点赞，看到了孩子们快乐的作业、快乐的交流，为数学老师的创意点赞！”

“快乐数学”，涵于练习之时

【案例 3】《真分数、假分数和带分数》(人教版五下年级)

巩固练习：选择合适的分数。

(1) 中华孝德园周日的游客数量是周五游客数量的(　　)。

(2) 这节课，我专心听讲的时间占总时间的(　　)。

(3) 我们学校的学生人数占老师人数的(　　)。

A. $\frac{3}{8}$　　　　B. $\frac{8}{8}$　　　　C. $\frac{9}{8}$

【案例 4】《百分数(一)》(人教版第十一册)

巩固练习：根据自己的学习情绪，在括号里填入适当的百分数。

愉快占(　　)%　　　　紧张占(　　)%　　　　遗憾占(　　)%

【幸福解读】

提起作业，学生总会觉得“烦”，原因何在？日复一日，机械、重复的“无趣”作业，挫伤了学生对作业的热情。《浙江省小学数学教学建议》指出：“作业要合理选择内容和形式，注重作业设计的针对性和层次性，以求实效性。”这两题既体现了练习的“重视基础、关注发展、渗透人文”，实现这样的“三性兼顾”却并非易事，它需要数学教师精心选择习题素材，准确把握练习梯度、智慧掌控练习进程。这两组练习令人欣喜，这些题颇具文化底蕴和乡土气息，引导学生有滋有味地学习，既充分落实了核心目标，又以生动活泼的方式促进了学生空间想象力的深度延展，有利于拓展学生的观察视野，加深学习的积累厚度，提升学生的认知广度。

快乐数学并不是说一味地笑，而是采用学生容易接受的快乐方式把知识灌输到学生的大脑里。从以上两组练习的现场来看，学生参与的积极性高涨，几乎是人人举手，争先恐后回答，对这两组题甚是喜爱，对这两组题丝毫没有“厌恶”情绪，而是快乐无比！苏霍姆林斯基说：“在人的心灵深处，都有一种根深蒂固的需要，这就是希望自己是一个探索者、发现者、研究者，他们都希望干自己喜欢的事情，而在儿童的精神世界中，这种需要特别强烈”。由此，我们多设计此类题，借助此类快乐题，我们既可以有效检测即时的教学效果，又对达成教学目标、促进学生发展有着“不可或缺”的作用！

“快乐数学”，蕴于评价之语

【案例5】《折线统计图》(人教版四下年级)

完成新授，配套练习环节。

师：同学们，我们已经认识了折线统计图，那么你想画一画折线统计图吗？好的，就让我们来试一试，完成课本111页的“做一做”。

学生绘制，教师巡视。

师：谁愿意把自己作品给学生和在座的老师们欣赏。

师(一女生上台后)：请同学们欣赏这幅作品画得怎么样？

生1：很好！

生2：完全正确，我觉得她画得非常的标准。

教师发现台上女生有些脸红，腼腆地低下了头。

师(面对台上女生)：大家说你画得很好，你觉得自己好在哪里？

女生：我画图用铅笔和尺子了，数据也没有漏标，刚才老师说画折线统计图最难的就是描点，我每一个都描对了。

师：说得真好，老师忍不住要问问你，“描点”很难，你是怎样描的，有什么诀窍吗？

【幸福解读】

“构建以人为本、博爱和谐的育人氛围，确保孩子们健康主动地发展，让每一个孩子分享被尊重和理解的权利，让每一个孩子获得良好的发展机遇，促进孩子快乐成长。”是新课程下我们追寻的理想课堂。激励评价是架于师生心灵间的桥梁，关注每一个学生，让学生分享被尊重与理解的甜蜜。生活经验告诉我们，在激情状态下，人会焕发出神奇的能量，创造出乎意外的佳绩。无论是文化科学知识的教育，还是道德教育，我们都应该重视利用激励手段，充分调动学生的积极情绪，以实现最好的学习效率。

从儿童青少年学习和发展的特点来看，教育过程中需要激励的作用，但更重要的是要不断分析实践中的新情况、新问题，细心观察、有的放矢，才能让教育过程中的激励，更有效地激发学生的积极性、主动性和创造性，促进学生的成长，实现学生的发展。案例中，当教师发现台上女生的“难为情”后，不失时机地追问“大家说你画得很好，你觉得自己好在哪里？”，恰到好处化解了课堂尴尬，同时在无形之中对学生的作业进行了表扬和肯定，这种“润物细无声”的激励，我们要大力提倡和多加运用。实践表明，在教学过程中教师如果能够通过语言、情感和恰当的教学方式，不失时机地从不同角度给不同层次的学生以充分的肯定、鼓励和赞扬，使学生在心理上获得自新、自信和成功的体验，激发学生学习动机，诱发其学习兴趣，营造快乐、轻松的学习氛围，必将收到“无可估量”的教学效果！

“快乐数学”，延于结课之后

【案例 7】《千米的认识》(人教版三上年级)

师：同学们，学数学一定要会用。课后，请你去调查，从家里出发到什么地方约有 1 千米？(课件出示：小调查，从家到什么地方大约有 1 千米远)老师先问问你们，你打算怎么去调查呀？

生 1：走路数步数。

生 2：爸爸开车，看里程表。

师：你们说得太好了，说明我们的今天的学习是扎实有效的。说到做到哦，你回家后真的去调查下，我们再一起来交流！

【幸福解读】

“基本活动经验”是《数学课程标准(2011)》新增的“两基”之一，已引起了广大专家和一线数学老师的关注，课标明确指出，“基本数学活动经验”是培养学生创新能力的基石。数学知识学习的目的是为了应用，同时应用也能更有效地促进知识的学习，在这个超大的长度单位学习之后，学生对“千米”感觉、理解、掌握得如何，需要通过试一试，用一用。在课堂的常规学习活动之后，布置安排课后实践调查活动，让学生在应用中巩固所学知识，把课内学习延伸到课后日常生活中去，学生感受到数学就在身边，引导学生学会观察，有意识地去关注平时习以为常的行走、乘车、骑车时的数学知识，加深对“1 千米有多长”的理解，在实践中发展学生的空间观念，从而积累基本的数学活动经验，学会思考、应用和创新。

学以致用，解决生活中的问题，数学与生活是如此的紧密，这样的活动学生很快乐！从后续反馈的情况看，学生参与率很高，学生或是两两合作，或是家长带领，有的更是全家总动员，快乐、扎实而有效地进行了活动。我们数学教师，作为孩子们的引导者、合作者、参与者，应该站在系统的高度整体地看待数学活动经验的积累和运用，善于抓住前期学习中蕴涵的经验“生长点”适时组织学生开展数学活动。精心设计适合学生操作、探究、合作交流等的数学活动，让学生通过外显的行为操作，产生对学习材料的直观感受，形成直接经验，这样的经验也将帮助学生终身受益！

以上课例就是具体体现我的“快乐数学”的主张：**一、培养学习兴趣，让学生体验快乐。**众所周知，兴趣是最好的老师。学生在学习过程中，只有对学习内容产生浓厚的兴趣，就不会觉得学习是件苦差事，才会学得真实，记得牢固，用得灵活。因此，我在教学活动中创设各种情境，激发学生的学习兴趣。努力使学生感到：数学课好玩、有趣、有味，有了对学习的亲切感，就能全身心地投入学习中。我在教学中从实际出发多组织符合小学生特点的、与数学学习有关的实践活动，使学生在这些实践活动中提高学习数学的兴趣。**二、掌握学习方法，让学生快乐学习。**在教学上，我尽量根据小学生的年龄特点，采用寓教于乐的教学方法，帮助学生学习、巩固知识，提高教学学习质量，从而增强学生学习的自信心，让学生感到学习是快乐的。**三、提供宽松环境，让课堂满溢快乐。**小学生毕竟是成长中的孩子，数学课堂教学必须要适合学生的口味，符合孩子的心理特点和年龄特征。这就要求我们的数学教师要有一颗童心或年轻的心，去感受数学课堂教学内容，选择孩子们喜欢的活动方式，站在他们的角度去分析问题和解决问题。**四、关注评价激励，让学生享受快乐。**对学生的学习评价，既要关注学生知识与技能的理解与掌握，也要关注学生的情感态度的形成和发展；既要关注学生学习的结果，也要关注他们在学习过程中的变化和发展。我在课堂教学中利用多种方法，多种形式对学生进行恰当的评价，犹如春雨甘露，能更有效地激励和鞭策学生学好数学，从而形成一个良好的课堂教学气氛，收到好的效果。我在教学过程中，多方面地为学生创造表现自己和获得成功的机会，并且对学生的成功和进步，及时给予肯定，使学生在享受成功的快乐中增强学习兴趣。

“快乐数学”是在一种愉悦的氛围内激发学生的学习兴趣，使学生的情思在数学教学方式中得以体现。北师大课题组研究发现：“数学本身不枯燥，是数学老师将其教枯燥了。”如果一个学生能够体会到数学独有的内在魅力，并从中享受到学习的快乐以及成就感，而不是为了考试学习数学，他的数学就能学好了，考试当然也就考好了。我们教师要不断学习、发展和深入研究，以此激发学生的学习热情和自主积极性，使他们在快乐学习中体会到数学的价值、作用，从心底最深处爱上数学，并在积极参与课堂教学活动的过程中逐步得到发展和提高。

诚然，我们的小学数学课堂将欢乐无限，我们的数学课也将走出“枯燥、抽象”的“窘境”，朝向“幸福课堂”的那方！

2. 扬起研修的风帆

——在“第五期小学数学青年教师研修班”开班仪式上的讲话

有幸能与老师们作交流，今天我向老师们汇报的题目是“扬起研修的风帆”。叶老师给我的任务是讲讲“绍兴市小学数学研修班”优秀学员的经验，思考了不少时间，觉得这个经验很难总结，也就很难分享，我想呀，这个经验无非就是认真和勤奋，只要你认真，你一定会收获满满，所以呀，今天我汇报的内容可能会不合要求，希望叶老师和老师们见谅！

记得2000年师范毕业刚参加工作的那一年，在五年级的平行班数学老师中，有一位老师参加了“上虞市跨世纪小学数学骨干研修班”，光听这个名字就感觉这个班来头不小。果然，她每次学习回来会向我们说起班中学习的一些事情，“张老师（张天孝）来给我们讲课了”，“得到了吴老师的点评”……每每这个时候心中羡慕不已，在内心期盼自己参加研修班的那一天。

如今，跨世纪小学数学骨干研修班已更名为青年教师研修班，大家是第五期的学员了，据我所知，咱们上虞90%的青年名师，都出自我们这个研修班，可以这么说，青年教师研修班，就是我们上虞小学数学的“黄埔军校”。我也在2007年9月，终于申报“上虞市第四期小学数学研修班”成功，在这幸福的时刻，我也给自己定下了“静心学习、不断总结、努力提升”研修目标，在随后的研修活动中我也这样“践行”着。时间总是太短，转眼到2009年的5月，两年的研修结束，回顾参加上虞市第四期小学数学研修班的点点滴滴，感谢导师吴毅松老师对我们学员悉心、全面的指导，感谢市教研室给我们学员所提供的“亲近名师、观摩课堂、展示研讨、学员交流”的宝贵机会。

我总说我是个幸运的人，在上虞市第四期研修班结业后，2010年9月，我又有了机会，参加了绍兴市小学数学青年骨干研修班的研修。平心而论，不管是参加上虞研修班还是绍兴研修班，最显性的好处就是和教研员见面的机会多了，那么交流的机会也就多了，所以老师们要把握这难得的机会，你有什么疑问、你有什么困惑，大胆地和叶老师提出来，作为导师的他一定会给你们满意的答复！

思忆参加绍兴研修班的两年，一共参加了10次研修活动，既有专家报告、名师展示，又有学员的展示和学员的观点报告，每次活动在绍兴教研员汤春燕老师的精心组织下，大家总能从活动中汲取自己所需的营养。每次活动，我觉得关键是做到以下几点：

1. 在聆听中“反思”。

课堂是教育的“主阵地”，听课是教研的有效途径。为此，听课，是研修的重头戏，我想叶老师肯定也会为大家组织相关听课、观课的安排。这里我要推介一下，参加研修班我专门准备了一本笔记本，而且每次研修班的听课、讲座都认真记录、详尽反思，撷取他人课堂教学之长处，留心设计改进之处。如今，笔记本里已密布文字，里面每一个文字、每一句反思、每一个感受成了我研修的见证。写文章有需要、设计教案有需要可随时翻阅，你千万不要参加活动时随便找一个本子，这次记这本、下次记那本，到研修结业时，这本找不到、那本也找不到那就太可惜了！每次听课后，千万不要放下了，还得做一些后续功课，可以好好盘点听课内容，梳理一些对课堂观摩中的亮点和成功之处，这些东西的提炼，不但能锻炼自己的听课能力，而且这些东西能够改进我们日常的教学，提高我们的教学质量！

2. 在评课中“提升”。

“评课”活动是数学思想交流的平台，所以每次评课中，我认真记录老师们的发言，梳理自己的思路，发表自己的一些观点。平时，我们外出学习，评课的时候不敢说话，因为有专家、有名师在，万一说错了，就挺不好意思的！但研修班的评课，完全没有这样的顾虑，我们可以完全放开，大家都是同学，说错了也没关系，说肤浅了也不会被笑话。往往“上课”和“评课”相隔的时间相对较短，这种在短时间内梳理的观点和建议，是自己对课堂教学最本位的思考，这对自己提升有很大作用，因此，当叶老师有评课安排时，我们千万别冷场，抓住机会赶紧说，努力和同学们多交流，如果自己的观点能被大家认同，那是无法自豪的事。有些时候自己明明想到的东西，结果被人家先说去了，这个真的是很遗憾的事情！

3. 在思考中“研究”。

“教而不研则浅、研而不教则空”，绍兴市教研院历来重视教学研究，而由此做课题研究也是我们研修班的一项任务。曾经我也不会写，我也不知道怎样做课题，但是只要“硬着”头皮迈出了第一步，我们的课题也会像课题，我们的研究也会成为真研究。如今，我有上虞的课题，我有绍兴的教改项目，有些还获了奖，我想对大家说，大胆写，相信自我，我们每一个人都能成为思考者，都能成为研究者。

4. 在撰写中“感悟”。

每次参加活动或多或少有自己思考，有些在“评课”中已和学员们交流，有些待到回来后细细品读，将它们及时记录，便汇成了体会文章。虽然有些是交作业而不得不写，但只要是用心写，对提高自己的写作能力、对“听课素材”的提炼和对课堂的感悟，都有着很大的作用。

说到这个作业，我想既然有作业了，不如就用心去做，不然做了也白做，“滥竽充数”对自己的专业发展没有一丝促进。据不完全统计，在两年时间内，绍兴小数研修班 50 名学员 2 人入选绍兴市名师培养对象；83 人次获省教改之星金奖、绍兴市十佳青年教师、绍兴市优秀师德教师，县级先进工作者、优秀教师、优秀党员、岗位能手、家长满意教师等各类综合先进荣誉称号；29 人次获省、市、县优质课和学科带头人称号；开设省市级公开课 33 节、县级公开课 79 节、镇校级公开课 17 节；共有 98 人次主持、参与各类课题和教改项目并获奖；84 篇教学文章各级获奖、86 篇教学文章省级以上专业杂志刊发；42 人次开设辅导讲座和观点报告！这些成绩的取得，里面很多是作业，但为什么我们的作业能发表、能获奖，我想就是我们用心面对的收获！

“听、说、研、写”的提高，应该就是教师专业发展的写照，做到了以上 3 条，还有就是，绍兴市研修班全部 50 名学员集中学习的机会毕竟有限，“听课”“交流”“展示”“集中”是研修的一种形式，我想在没集中的时候我们也有更多的研修机会。参加研修班的终极目标是提高教学技能、提升学科教学质量，而扎扎实实地做好教学常规，制定好每一个“教学计划”、上好每一节“家常课”、批改好每一次的作业，都是研修。本着这样一种思想，以“研修班”为支撑，我执着地做好每一项教学常规工作，努力在“自我学习”和“自我加压”中，使自己的个人素质日益丰盈。

研修的两年间，我虽然在教学展示、论文获奖、论文发表、课题立项、观点报告等教育教学的各个方面都有不错成绩，但离优秀学员的标准还差很远，“研修班”虽然即将结束，但在我的内心会将“研修”继续进行下去，将“研修”伴随教育教学的方方面面。

最后用叶老师在第五期小学数学青年教师研修学员公布文件上的一段话来结束我的汇报。他说：希望全体学员把握机遇，主动探求，合理定位发展目标，深度卷入研修活动，努力提升专业水平。让我们扬起研修的风帆，期待两年后硕果累累！

2012 年 10 月 8 日

3. 新起点,新起步,新征程

——在绍兴市第四届名师名校长培养工程结业式上代表优秀学员的发言

承蒙各位导师厚爱,让我作为学员代表上台发言。站在这里,我非常忐忑,在座的每一位学员三年来都是“静心学习、不断反思、努力提升”的,把我评为优秀学员,这是对我的鼓励,更是对我的鞭策!今天,我的汇报将从“渴望参加、认真参加、全力参加和继续参加”4个方面展开。

首先,说的是“渴望参加”。我们是绍兴市第四期名师名校长培养工程的学员,“叶柱、叶丽华、罗才军”等老师在我们阳光学校工作时,他们分别参加了前三轮的培养工程。那个时候,光听这个班的名字就知道这个班来头不小。果然,每次他们学习回来,都会向我们这些年轻老师,说起培训班学习的一些事情,比如:“××来给我们讲课了”“××做了我的导师”……当这些教育大咖的名字从他们口中说出时,我的内心羡慕不已,在内心期盼自己也能有机会参加这样的培养工程!机会来了!

2016年7月,通过“个人申报—上虞区教体局推荐—绍兴市教育局审核”,我也有幸入选绍兴市第四轮名师名校长培养工程!在入选名单公布的那一天,我就下定决心,我要“珍惜机会”、我要“认真参加”!

三年来,依据文理学院的安排,我们聆听了诸多国内一线专家的前沿报告,省委宣传部胡坚副部长、省委宣讲团王钧寅处长、北师大钱志亮教授、清华谢维和教授等等以前都只能在电视里和报纸上看到的人物,都来到了我们这个教室,我们绍兴市本土的诸多领导和专家也亲自给我们授课,帮助我们提升境界、开阔眼界、丰盈视野,我自己更是仔细倾听、认真记录、消化吸收从而指导实践!

每次的集中学习,我都会坐在前面几排,记忆中第五排的这头,我是坐的最多的,坐在前面我想看得更清、听得更多!文理学院还安排每一个学员带着课题研修,并为每一位学员配备了理论和实践导师,跟随他们,我们学习了教育科研和课堂实践的先进经验。

在一线专家的理念指引下,在诸位导师的引导下,3年来,我们每一位学员都取得了丰硕的成绩,当然我也不例外。在2017年的9月份,我获得了“浙江省教坛新秀”的称号,当省教育厅公布名单的那天,我清楚地记得,我们小学班的班主任陈红老师,在班级群里激动地说:“我们名师班真是藏龙卧虎,好几位学员评上了省教坛新秀,祝贺大家!”

我想,陈红老师的话语,既是对学员的祝贺,更是对名师班研训成绩的自豪!

毕竟;我们这么大的一个班,集中学习的时间有限,日常研修才是常态,抱着“我是名师班一员”的骄傲,我为自己定下了“工作处处是研修”的目标,我要“全力参加”。

3 年来，我完成了张奠宙教授《数学教育随想集》、郑毓信教授《数学教育哲学》、林崇德教授《学习与发展》的数学专业阅读，我还“与时俱进”完成了《浙江省深化义务教育课程改革指导手册》的阅读，当然，没参加名师班时，我也在阅读，但这 3 年的阅读不一样，因为，我给自己定下了一年一本专业书籍阅读的“死任务”。应该说，阅读起到的作用是显著的，3 年来，我有 3 篇论文在《中小学数学》《小学教学研究》这样高级别专业杂志刊发，还有 1 篇已经通过杂志社的二审，相信也能刊发，有 4 篇论文在各级评比中获奖，研究了 3 个课题，其中一个还获得了 2018 年浙江省第八届教研课题成果三等奖。

“阅读与反思”能帮助人成长，而课堂实践更能帮助人“拔节向上”！3 年来，我积极承担各级教研任务，为丽水青田、台州温岭、台州玉环、湖州长兴、温州苍南、越城、新昌、嵊州和上虞等绍兴市内外师训单位及学校执教 14 场次，最近，又刚刚承担拍摄了由上虞日报社和上虞区教体局共同发起的“数学智慧公益小课”，小课已在上虞日报公众号推送，为山区孩子、为偏远地方的孩子，能享受快乐数学的魅力，贡献自己的一份力量！

2017 年 11 月 21 日、22 日，在实践导师汤春燕和叶柱老师的带领下，我们小学数学 13 位学员齐赴上虞山区的丰惠镇小和下管镇小，作为上虞的学员，我积极配合导师做好会务工作，并撰写了《名师研修显实效　山区交流话成长》的活动报道，先后在绍兴市教科研网和上虞日报刊发，这在一定程度上也宣传了我们名师工程和名师班。

“一枝独秀不是春”，在自觉做好自身教育教学工作和教学研究工作的同时，我也在努力帮助其他老师“共同进步”。3 年来，已指导绍兴市内外十多位教师在教学比武、论文撰写、课题研究等方面取得优异成绩。2018 年，我被上虞区教体局聘为区“名师高徒”最年轻的学科师傅，带了 3 位区级徒弟，其中 1 位在 2018 年 9 月份，获 2018 年绍兴市小学数学优质课第 1 名，除了区级徒弟，我指导本校及外校的 5 位校级徒弟成为近两届的上虞教坛新秀和学科带头人。带徒研修也是本人专业成长的有效途径，在与徒弟们的交流中，本人也能成长，这也是“全力参加”的一个重要内容！

最后，我想说，我要“继续参加”。时间真的很快，我们三年的学习已经结束，思忆这三年来的点点滴滴，感谢绍兴市教育局搭建平台，感谢绍兴文理学院给学员们提供的“亲近名师、理论丰盈、同伴互学”的宝贵机会，感谢每一位导师给予的指导！修研虽已结业，但并不昭示结束，由此“研修，在继续中延续”就成了我恒远的追求！结业了，但我仍将在研修之路上不断前行，我会继续努力，继续以我是名师班一员要求自己！

2019 年 4 月 28 日

4. 梦想,在成长中绽放

“仰望星空,脚踏实地!”想要实现梦想,就需要不懈的努力!

从教15年,一直在小学数学这块园地里“摸爬滚打”,而内心也有一种冲动,希望能“与众不同”,教学生喜欢的数学!也一直觉得,自己是一个幸运的人,2006年有幸成为青年名师叶柱老师工作室一员,在叶老师的悉心指导下,出人意料的在2008年取得了绍兴市优质课一等奖第1名的好成绩!人言,成绩代表过去,机会是给有准备的人。站在新的起点上,我没有懈怠,叶老师一直引领着我、鼓励着我,论文撰写、课题研究、公开教学等方面我也一直在努力,似乎在冥冥之中等待着什么!2014年5月,绍兴市教研员汤春燕老师对我说,“准备一下参加2015年省优质课比赛”,兴奋、憧憬与惆怅油然而生!这是汤老师对我的肯定,也是对我一直努力的检阅!

练兵——实现梦想的基石

备赛工作是茫然而枯燥的,幸好有叶老师在,读课标、学经典、品案例是课余的全部,不论何时,只要想起参赛这事,一丝紧张总会在内心升腾!2014年11月份,叶老师说该练兵了,来节难度大一些的《公顷和平方千米(练习)》试试。面对全区390多名老师,我将本课核心思路定位在“知识再现为辅、知识运用为主”,同时也明确指向,这节课既不能上成新授课(将知识点重新讲解),也不能上成复习课(将所有面积单位系统梳理),结合大量生活情境和乡土气息浓郁的素材,通过将课本的习题进行了适当的改编和变式,帮助学生在学习探究的过程中,积累基本的数学活动经验,上完课后老师们给予了高度的评价!

转眼2015年来临,当省教研员斯苗儿老师发布“量与计量”为比赛领域时,我们准备的重点就更清晰了!在叶老师的带领下,我们团队梳理了人教版“量与计量”领域的所有内容,制定了每一个内容的重难点。在6月份,我区连续组织了两场由全区数学教师参加的学科培训活动,活动中《克和千克》《体积单位》《千米的认识》《吨的认识》4个内容,由8位区市优质课一等奖获得者同课异构,叶老师亲自作《量感:从“量”到“量”——对量与计量教学的思考》教学辅导讲座,为大家指明教学方向。我执教的《吨的认识》,通过“由小及大”的质量累积,帮助学生很好地建立1吨重的“观念”和“量感”,并培养了学生的观察能力、估计重量的能力和推理能力,发展了学生的空间想象能力,获得好评。

暑假来临,工作室又收集了大量资料,博采众长,揣摩名师的教学意图,提升自己的教学理念,运用科学的教育方法。新学期的到来,意味着备赛进入最后的冲刺,10月21日,绍兴市小学数学“量与计量”教学研讨活动在我校举行。7位绍兴市范围内各县区市的骨干教师“同课异构”,诠释了他们对“量与计量”的构建思考,团队成员夏春峰、韩洪刚、范立军老师阐述了他们的独特见解，我们还邀请省特级教师朱国荣老师为我们指导。至此，我对一节课有了不一样的认识，从最初的上完教材，到如今的解读教材，思考为什么要上这个内容？如何上好这个内容？选取怎样的材料能够更好地构建内容？对课的认识有了完全不一样的感觉！

亮剑——总攻号角的吹响

11 月 5 日傍晚，斯苗儿老师公布了本次赛课的 6 个备选内容，我平复自己、静心思考，第二天从上午 8 时一直到下午 5 时，整整一天和叶老师交流想法、初定结构，当“自鸣得意”的想法被叶老师一个一个否定时，内心有“置之死地而后生”的快感。经过 7 日一天的整理，8 日下午团队成员再次集中，6 个人从中午 12 时到晚上 9 时，分析教材、解读习题、猜想学生，既有绞尽脑汁的痛苦，又有柳暗花明的收获，渐渐地，我们形成了较为清晰的课堂脉络，团队真好！

9 日下午 3 时整，衢州柏丽大酒店，我抽到的签是与东道主老师同课异构北师大二年级下《千米的认识》，虽然有了前期团队的充分备课，但北师大版和人教版还是有较大不同，落实教材、细化环节、体现理念，当晚的备课甚是紧张。11 日，10:45—11:25，我的《千米的认识》全课充分引入衢州当地的可用资源，用“两组材料”贯穿始终，以“视频图文”辅助体验，围绕核心问题，优化课堂活动，逐层分解任务，有序达成目标，整节课帮助学生初步建立“1 千米有多长”的真实量感，又引导学生充分体会“我们可以怎样来感受 1 千米有多长”的活动经验，当完成最后一题，还未师生再见时，听课老师们已响起了肯定的掌声，不管结果如何，我已表达了我们团队对小数优质课堂的诠释！

12 日下午 3 时，当杭州师范大学徐丽华教授宣布的一等奖名单里有我的名字时，我想我的努力有了回报，我的梦想在导师的指导和团队的努力下得以绽放时，内心的喜悦掩盖了疲惫！感谢你们每一个人！

归零——青草青处的漫溯

我想说，赛课的结果固然重要，但更重要的是赛课的过程和赛课中所收获的经历，这让我更成熟、更懂小学数学，让我更喜欢小学数学，也让我们上虞小数团队更紧密的团结在一起！

怀揣梦想，我会继续努力！

2015 年 11 月 20 日

5. 教育,需要我们更多地付出

【前言】

我是怀着极其复杂的心情完成这篇文章的。

我是一名数学教师,在领导、同事眼中我是名认真、敬业的教师,家长也认为我是一名责任心强的教师。我也一直相信自己的教学,自信地认为在我手上是不会耽误任何一个孩子。

这个故事发生在上个学期。

【定格】

“谢谢傅老师!谢谢傅老师,真的感谢!孩子读小学三年级了,从未得到过满分,也从未对学习这么的投入、认真过!”上学期末,当数学成绩公布时,一位家长无比兴奋地言语。

这个孩子叫小宙(化名)。

【回放】

新学期伊始,班上转来了一名叫小宙的学生。第一眼见到他,孩子长得瘦高,以教师独有的职业眼光审视这个孩子,觉得这将是一个令人头疼的孩子。

果然,第一节课后课代表来交作业时告诉我,全班只有小宙的作业没交,我叫来了小宙,于是就有了与他的第一次对话。

“怎么了,为什么不做作业?”

“忘了!”

“作业是学习的巩固,没有作业就没有成绩,作业怎么能忘呢!”

“我知道!”

“第一次老师可以原谅你,但绝不允许有下次!你能在回家前补好作业吗?”

“能!”

“老师相信你!”

到了放学时间,我去检查,结果还是没有完成,我很生气,于是将他留下做完了作业。

到了第二天,小宙没有完成家庭作业。一番交谈,原来是回家沉迷电视,而忘记了做作业,这是孩子的第一天。

在以后的日子里,我特别留心这个孩子,发现他的缺点越来越多,学习品质非常不好:上课根本不听讲,纪律松散;做作业时东张西望,磨磨蹭蹭,当他人已完成练习题时,他连笔都还没握起。几乎不做家庭作业,就连课堂作业也只有在我的监督下,才勉强写几下,一旦我转身,他就咬着笔头,愣在那里。

小宙在数学日记中这样写道:“我觉得语文可以写字、读报、看书;学英语以后可以出国;我真不知道学数学有什么用!”

我把这个情况同其他课任教师进行了交流，情况大致相同；与此同时，我还联系了孩子以前的数学老师。从而得知：该生上课根本不听、作业基本不做、纪律非常不好、说话相当自我！是个公认的“头疼”孩子，名副其实的“问题学生”，家长想换个环境才换学校。

对于我来讲，面对这样的孩子也是一种挑战，于是开始了差生转化三部曲。我与他谈心，动之以情、晓之以理，一段时间后这个“软功”没有作用；接下去我开始了“硬功”，诸如“作业再不做把你送到校长室，校长会开除你！”“不完成的题目每题抄写10、20遍！”“请家长来校！”等等，没用！2个月之后，软硬皆施一番费尽心机，小宙在学习上毫无起色，我心累了。第三步“放弃”也由此开始：我也只有听之任之了，一切顺其自然，就随他吧；我该做的做了，该付出的也付出了，今后他上课要听就听，作业交了我改！

两次单元测试一次78分、一次64分，皆是倒数第一。在我的思维中我也将他排入了差生的队伍。

此后，大约半月的样子，小宙的妈妈来到了学校。这是一次倾心的交谈，妈妈声泪俱下的言语至今记忆犹新：傅老师，孩子一向如此，我知道他给你们老师添了很多麻烦！我们在家也一直跟他谈心、交流，他就是这样呀！我真后悔孩子小时候交给了爷爷、奶奶进行照顾，养成了这样的坏习惯和坏脾气，我该怎么办？他是我的心头肉，我不想放弃呀！

【反思】

“不想放弃！”是呀！一语惊醒梦中人，我虽未为人父，但凡父母皆怀“望子成龙、望女成凤”的期望！反思自己对小宙的教育，虽然我已经做了很多，但还是缺少了些什么！平心而论，就智力而言小宙没有问题，而是学习态度、学习习惯上不够端正，如果我能再多一份细心、少一份浮躁，多一份宽容、少一份责备，或许他就会有所进步。小宙他虽作业严重拖欠，但在我面前他还是能够完成作业的，我是不是应该在他身上花更多的时间和精力呢？

但愿“亡羊补牢，为时未晚”！

【转变】

我又一次找来了小宙，我问他：“你觉得自己认真吗？”

“不认真！”

“昨天我见到了你妈妈，妈妈对你怀着很大的期望，在妈妈眼里你是个非常聪明的孩子，在老师眼里你也是，看到你一天一天与其他同学拉大的差距，老师觉得非常的难过！”

“我自己也很难过，我自己也想好起来！”

“老师和你约定，每天放学后到办公室来完成家庭作业，如果课堂作业你课间没时间做，老师也允许你迟点交或到办公室来完成。”

“好的！”

小宙虽然嘴上说好，但我心里明白自觉、主动绝不可能在他身上看到，我想我只有“贴身防守”了。于是，我每天下班后，将他留在办公室，对他进行“一对一”的辅导。

自此，每天傍晚他都来到我的办公室，做完一天中所有的数学作业再回家，我也会在第二天的课堂上不失时机地表扬他，从未接受过表扬的他脸上还泛起了红晕！

三天后，我对他说：“这几天你的进步非常大，老师、妈妈、爸爸、同学每一个人都为你感到高兴！从今天起呀，咱们把以前落下的作业补起来好不好，有不懂的问老师！”

“好的！”

那时开学已经2月多，要补起所有的作业是一个非常大的工作。我为他定下目标：依次补起《数学课堂作业本》《每课一练》《口算训练》,每天 2 篇。每天的批改、辅导、补课我都会忙到 5 点多,很多时候我离开学校时街上已经亮起了路灯!

将近三个星期的时间,小宙补完了落下的作业,真是呕心沥血,这其中的付出也只有我知道。我对他说:“现在你已经和其他同学站在了同一条起跑线上,你还想再落下吗?那以后怎么办呢?”

“我一定每天做好作业!”

与此同时,在课堂上我也特别关注他,稍一走神我会及时提醒他,只要他举手我会立马请他回答。

以后的几天,《课堂作业本》《口算训练》他已经能在规定的时间里完成,我还是把小宙留下来,允许他做完今天的家庭作业再回家,尤其值得一提的是期末数学得了 100 分,我也郑重地给他颁发了大红喜报!

这学期始,我和他谈了心,对他上学期的进步好好表扬了一番,并对他说:“你是五年级的学生了,是高年级了,已经明白很多的道理了,这个学期你每天可以不再留下,老师相信你一定会认真完成每天的家庭作业的,老师对你很信任!你对自己有信心吗?”

“有的,我一定会的!”

【后记】

新的一个学期已经开始,小宙虽然还没有达到上课特专心、作业特认真的程度,但我觉得成绩的高低并不是我对小宙的全部,在他身上已经见不到那种对一切无所谓的观念,我看到了他学习品质的转变。我想我会一直关注他,也衷心期望他的这种改变是长久的、稳定的,夙望他美好的未来!虽然很多时候我还要花很大精力去督促他,就我自身而言对他付出的是无法衡量的,我想家长的那份微笑与激动已对我是最好的回报。

把这个故事写出来,希望能引起老师们的共鸣,也希望我们每一位教师能悉心对待每一个学生,当我们不遗余力后,想放弃一个学生、对某个学生失去信心时,让我们再问一下自己:我还能再做些什么?

“谢谢傅老师的关心,孩子从叛逆到尊重您,是您的引导,谢谢您!”这是小宙妈妈新近发给我的一条短信。

“教育,需要我们更多地付出!”与每一位老师共勉。

本文获上虞区一等奖

6. 优化"课堂作业",提高小学数学课堂练习效率

《浙江省小学数学教学建议》(以下简称《教学建议》)第18条指出:"作业可分为课堂作业和课外作业。要合理选择作业的内容和形式,注重作业设计的针对性和层次性,以求实效性。作业设计的要求是'紧扣目标、促进思维、形式多样、分层要求'。……"数学作业是学生经过自己的独立思考,灵活运用所学知识去解决数学问题,进一步理解和巩固知识,促进心智能力发展的过程。而数学课堂作业作为课堂教学不可或缺的环节,承载着"检测即时教学效果、调整课堂教学环节"的功能,对达成教学目标、促进学生发展有着"至关重要"的作用。

在当前"减负高效"的社会大背景下,"设计高效、优质的课堂作业"成了我们振臂高呼和梦寐以求的夙愿。为践行《教学建议》、优化课堂作业,使课堂作业能达成"紧扣目标、促进思维、形式多样、分层要求"的境界,笔者在日常教学中进行了裨益尝试,现就践行《教学建议》过程中的点滴体会总结如下。

一、紧扣目标,夯实基础
——课堂作业:让学生实现知识内化

多年以来,我们已经达成共识:"作业必须紧扣和服务于教学目的"。这就要求我们的课堂作业必须与课堂教学内容有关,因为它能诊断教学中的问题,了解学生对课堂内容的掌握情况,及时巩固、深化学习内容,有助于学生知识系统的形成。

【片断一】《加法运算定律》(人教版第八册)

完成"加法交换律"的学习后,教师出示下题。

配套练习:用"加法交换律"填空。

(1) 175+25=____+175　　　　(2) 700+200=____+____

(3) ____+____=____+____

师:接下去,咱们"趁热打铁"赶紧练一练,请同学们一起关注大屏幕。第1题谁来?

生:175+25=25+175

师:真棒,简单的题目不纠缠。第二题。

生:700+200=200+700

师:好的,也非常简单。第3题。

生1:1+2=2+1

生2:500+1 000=1 000+500

师(还有很多学生举手):这题能填多少个答案?　只要怎么样填就可以了。

生(合,大喊):两个加数交换位置。

师:是呀！如果等式左边填第一个加数、第二个加数,那么,等式右边第1格怎么填？左边第2格又该怎么填？

……

完成新课教学,在“课堂巩固练习”环节,教师出示下题。

师:热热闹闹的学完了新课,老师要考考你们是不是真的掌握了“加法交换律”和“加法结合律”,你们有信心接受挑战吗？

基础练习:用“加法运算定律”填空。

45+169=____+45　　　　68+____+____=68+(27+53)

59+26+____=(____+41)+____

案例中,教师在完成“加法交换律”教学后,就落实这个知识点设计了“配套练习”以“趁热打铁”及时检测,三个小题难度各异,螺旋上升。从答题情况看,学生对“加法交换律”已扎实掌握,尤其从第3小题学生的答题热情看,学生已对“加法交换律”的知识有了真正的理解,已能灵活运用。在完成新课教学后,就落实整堂课的新知识和突破重点、难点设计了“基础练习”以期“全员练兵”。这时,同样也是3个难度递进的小题,“加法交换律”和“加法结合律”同时出现,综合考察。还在学生完成填空后追问,“这里运用了哪个定律?”使每一个学生参与思考、辩证运用,使学生切实掌握基础知识。数学基础知识是学生数学学习的主线,是学生继续学习的根基,数学教学理应夯实学生的基础知识。衡量基础知识的掌握情况,在于学生是否能够真正把课本中学到的知识内化为自己的知识经验。因此,“配套练习”和“基础练习”的当场检查检测作用显得尤其重要。

二、历练思维,激扬智慧
——课堂作业:让学生学会数学思考

这里的“历练思维”指的是培养学生进行数学思考的能力,要求教师脱离就题练题,扩充习题的内涵,使学生体验“数学思想”,让学生的思维由肤浅走向深入。《全日制义务教育数学课程标准(修改稿)》在“双基”的基础上提出了“四基”:即基础知识、基本技能、基本思想和基本活动经验。这个“基本思想”也就是“数学思想”,数学思想蕴含在数学知识的形成、发展和应用过程中,是数学知识和方法在更高层次上的抽象与概括。数学课堂要达成“体现数学教学的本质”这个目标,在展现数学知识的形成与应用过程中,让学生领悟数学思想方法,最终使学生能更好地掌握数学思想方法和积累数学经验。

【片断二】《同分母分数加减法》(人教版第十册)

课的最后教师出示:“发挥你的聪明才智,请你创造几个分母小于“10”,计算结果是$\frac{1}{3}$的同分母真分数的加减算式。”

生:我有了,我有了！$\frac{1}{6}+\frac{1}{6}=\frac{2}{6}$,也就是$\frac{1}{3}$;$\frac{1}{9}+\frac{2}{9}=\frac{3}{9}$.也就是$\frac{1}{3}$。

……

师(不少学生还举着手):在短时间内,同学们想出了很多的答案。那么,我们怎样写,就能一个不漏也不重复地把所有算式都写出来?

(学生有的埋头动笔、有的重新读题,都在认真思考。)

生:我有办法!先从小的开始写,先把答案直接是$\frac{1}{3}$的算式写出来,因为 $2-1=1$,所以我可以先写$\frac{2}{3}-\frac{1}{3}$;$3-2=1$,我就可以写$\frac{3}{3}-\frac{2}{3}$,但$\frac{3}{3}$是一个假分数,那么$\frac{3}{3}-\frac{2}{3}$就不要。这样的方法我去找分母是 6 的,分母是 9 的。

师:很会动脑筋!是的,从小开始做或从大开始做,这就是数学上的"有序思考","有序思考"能使我们的思维严密、答案完整!

生:我是先把答案是$\frac{1}{3}$的分母是 3 的加减算式都写出来;然后把$\frac{1}{3}$化成$\frac{2}{6}$,把答案是$\frac{2}{6}$的分母是 6 的加减算式都写出来;然后把$\frac{1}{3}$化成$\frac{3}{9}$,把答案是$\frac{3}{9}$的分母是 9 的加减算式都写出来。因为分母要小于 10,所以我就不写下去,把刚才写的算式中不符合"真分数"这个条件的算式划去,就能把所有算式都写出来了。

师:这位同学运用了"逆向倒推"的办法,很了不起!

……

小学数学中"数学思想"有很多,但反思当下,仍有不少一线数学教师忽视数学思想方法的教学。其实,数学思想方法是对数学知识及其所使用的方法的本质认识,是数学的灵魂。数学思想方法在数学教学中占有极其重要的地位,不管是数学概念的建立、数学规律的发现,还是数学思想方法在数学问题中的培养和建立。因此,在平时的教学中,教师应有意识地培养学生的数学思想方法。案例中,教师不失时机地抛出"有序思考""逆向倒推"这两个小学数学常见的数学思想名词,学生的掌握便是"顺理成章"之事。这种立足学生"感悟"和"体验"所"培养"和"积累"的数学思想,一定可以伴随学生一生,这种"数学味"十足的数学课堂作业也是我们追求的课堂作业。

三、丰富形式,提升兴趣
——课堂作业:让学生体验学习乐趣

俗话说:"好戏不能唱三遍。"大量课堂实践表明,再精彩的作业内容和形式,时间长了学生也会产生审美疲劳。因此,作业布置也要常换常新,以"新内容、新形式"来吸引学生。在设计课堂作业时,要注意题型的经常变换,各类知识在作业中互相渗透,让学生感受到作业内容和形式的丰富多彩,使之情绪高昂、乐于思考,从而感受到作业的乐趣。

1. 创设"情景式"作业。

美国著名认知心理学家杰罗姆·布鲁纳在《教育过程》一书指出:"学习的最好刺激,是对所学材料和学习形式的兴趣。"以往的作业形式大多是需要写的书面作业,这样学生做起来感到枯燥无味,学习积极性不高。要改变这种局面,我们教师在设计课堂作业时,立足学生感兴趣的事情、游戏、竞赛,努力改变练习素材的选取和呈现,活跃、充盈练习活动的安排和组织。

【片断三】《折线统计图》(人教版第八册)

师(故作神秘):今天的课上,老师要请同学们破一个案。

听罢,全班学生兴趣高涨。大叫,"破案?""破什么案?""我最爱看福尔摩斯了!"

师:当然不是杀人命案哦!请看,这是怎么一回事呢?

阳阳跳绳前后每分钟心跳情况统计图

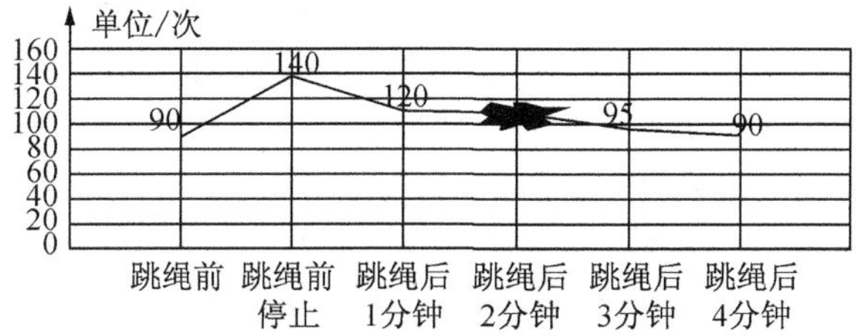

学生马上高喊:"知道了"!"知道了!"

……

简简单单的一道题,教师故弄玄虚地邀请学生"破案",取得了意想不到的效果。学生的求知欲望和学习积极性被充分地调动起来,在后续的分析交流中,在"破案"氛围的感染下,学生讲得头头是道,其他学生也是听得"津津有味"。由此,我们要多创设生动有趣的情境,激发学生的兴趣,设计融科学性、趣味性和娱乐性于一体的数学课堂作业。

2. 创设"实践式"作业。

《课程标准》指出:"学生学习活动不能简单地依赖模仿与记忆,动手实践、自主探索与合作交流是学生学习的重要方式。"研究表明:儿童的智慧出在指尖上,喜欢实践活动是儿童的天性。所以,教师在设计课堂作业时要从学生的生活经验和已有的知识出发,给学生提供实践活动的机会。

【片断四】《三角形的特性》(人教版第八册)

在揭示课题,学生欣赏生活中的三角形图片后,有以下一个动手实践的课堂作业。

师:同学们,生活中这些物体的材料不同、颜色不同、用途不同,但它们的形状中都有三角形。

师:生活中有这么多的三角形,那你能不能运用身边的材料,你可以描一描、画一画、围一围、折一折……或用你喜欢的方法,创造出一个三角形呢?

生(合):能!

学生开始创造三角形,有一个人思考的、有两人合作的、有小组讨论的,课堂场景真是"热火朝天"。

汇报时,有用模型印一印的、有用尺子画一画的、有用铅笔围一围的、有用纸片折一折的、有用手指搭一搭的、有用橡皮切一切的……

师:同学们真不简单!在这么短的时间里想了这么多创造三角形的方法,你们都是成功的发明家!

《教学建议》指导下的课堂关注动手实践、适度倡导开放。同时,既要关注学生知识技能的掌握,更要关注学生思维能力、情感态度与价值观的培养,为学生的可持续发展能力的培养奠定良好基础。"案例"中学生亲历了创造三角形的过程,尊重学生已有的知识基础,切实做到练习设计适度回归生活,在动手实践中各种能力得到进一步发展,为后续"三角形定义”教学奠定体验基础，让学生体会到数学学习的价值。

四、分层要求，开放空间
——课堂作业：让学生经历个性学习

《数学课程标准》指出：要让“不同的人在数学上得到不同的发展”，强调要特别关注在学习上暂时有困难的学生，不让每一个学生掉队。由此，我们要尊重学生的个性差异，设计不同层次的作业。对于智力比较好、有潜力可挖的学生，我们可以设计一些有坡度、具有挑战性的练习，让他们的思维得到进一步锻炼。而对于一些接受能力比较慢的学生，就可以给他们设计一些巩固基础知识的练习题，这样就可以让他们在不同层次上得到不同发展。

1. 创设“掘井式”作业。

“掘井式”作业是指充分挖掘习题的内涵，对某题进行适当的条件转换，使此题经历由小到大、由易到难的演变，使作业资源作用最大化，从而激励学生参与数学学习的积极性，培养学生思维的灵活性，增强应变能力和提高理解能力的目的。

【片断五】《平行四边形的面积》(人教版第九册)

完成新课，在“小结梳理：盘点计算心得”环节后，教学出示下题。

师：(出示图1)同学们，这是一个花坛，你能求出这个花圃的面积吗？

师：怎么不算呀？哦，原来是老师忘了标上有关数据。

师：(出示图2)一下出示三个数据，现在你能算了吗？

现在老师有三个列式“5×6＝30(平方米)、6×3.6＝21.6(平方米)、3.6×5＝18(平方米)”，你会选择哪一个？请用手势表示你的答案。

师：(出示图3)开动你的脑筋，你能求出这条高的长度吗？怎么想的？

师：还是这道题目，如果要给这个花坛四周围上篱笆，你能算一算，篱笆的总长度会是多少呢？

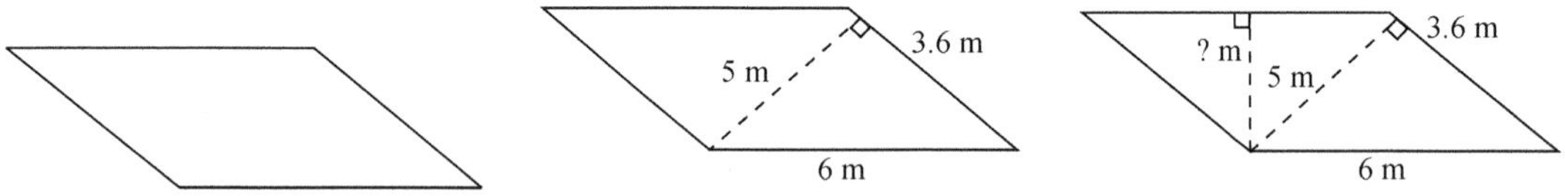

(图1)　(图2)　(图3)

“一题多变天地宽！”在上述案例中，我们看到随着习题逐步变换，学生的探索、解决欲望越来越浓，学习的激情异常高涨。教师对知识点和条件进行重组，逐步考查学生“用相对应条件求面积、根据面积和底边长求对应的高、求平行四边形周长”，三个层次清新流畅。教师精心选择练习素材、准确把握练习梯度、智慧掌握练习进度，最终使此题凸现“基础性”、关注“发展性”。“一题深挖、一题多变”能够让学生在无限的空间里实现思维的飞跃，有助于开启学生的应变力、想象力、创造力之门，有助于拓展学生思维的广度和深度。显而易见，这样的课堂作业设计是扎实且丰满的。

2. 创设“分层式”作业。

“世上没有完全相同的树叶”，孩子也是这样。受智力水平、思想能力、学习习惯、生活环境的限制和影响，所表现出来的学习能力也不尽相同。这就要求我们设计课堂作业时，要打破以往全班同学作业一个样的传统做法。

【片断六】《认识人民币》(人教版第二册)

在教学《认识人民币》之后,教师出示下题。

有 10 张 1 角,10 张 2 角,10 张 5 角的人民币,怎样付 8 角钱?

对于这一问题的解决,教师针对班上不同的学生,提出了三种不同要求:

(1) 会正确说出至少一种付 8 角钱的方法。

(2) 会正确说出至少三种付 8 角钱的方法。

(3) 能利用按顺序思考的方法,把所有可能付钱的方法一一列举,并找出你认为最方便的一种方法。

苏霍姆林斯基说过:“在有经验的老师的教育实践中,最困难、最复杂的问题正是如何使最差的学生也能看到自己的成果,并体验到思考劳动的自豪感。”学生的身心健康受先天禀赋和后天诸多因素的影响,必然存在着差异。案例中,教师的三种不同要求,一层比一层更多给孩子表现个性,发展个性的空间;一层比一层更具有挑战性,更能激发学生求新求趣的欲望,特别是对第三层的要求,包含了数学中列举的思想,为学生今后更佳发展打下基础。为了让不同层次的学生都能获得成功的体验,使他们都有“露一手”的机会,我们要创设多梯级、多层次的作业,给学生留有自主选择的空间,充分发挥他们的学习主动性,让他们各有所需,自主选择作业的数量与难度。这样做能让学生体验到成功的快乐,同时增进学生的自信心和乐观向上的积极心态,使他们都能在原有的基础上得到提高。

本文刊发在《教育与教学研究》2013 年第 7 期,中国人民大学报刊复印资料《小学数学教与学》2013 年第 12 期全文转载。

二、理念更新篇

1. 借助简单材料 揭示数学本质

——以《真分数、假分数和带分数》教学为例

【教前思考】

“数学本质”是小学数学教学的追求，而“数学本质”的内涵是丰富并广泛的。“对基本数学概念的理解”是“数学本质”的一个内容，通过学习要让学生了解为什么要学习这一概念，这一概念的现实原型是什么，这一概念特有的数学内涵、数学符号是什么，使学生经历不同的“学习过程”将导致学生对概念的理解达到不同的水平。

人教版五下年级的《真分数、假分数和带分数》作为小学数学概念的一个内容，我们一直在思考，如何让学生真正理解这个内容？本节课的难度在哪里？浙江省小学数学教研员斯苗儿老师曾撰文指出：“学生从三年级初步认识分数到五年级再次认识分数的意义，所见到的分数基本上是分子比分母小的真分数。而且教材上一般都是这样给分数下定义：把单位“1”平均分成若干份，表示这样一份或几份的数，叫做分数。所以，许多教师试图从分数意义的角度引导学生学习假分数，学生对假分数的含义难以理解，就算知道分子大于或等于分母的分数叫做假分数，但在许多学生心目中：分数表示的是部分与整体的关系，部分只能小于或等于整体，是不可能超过整体的。”有了现实的教学指导，我们又该如何突破呢？

如果教学时仅仅停留于观察比较分子和分母的大小，肤浅地将分数分为真分数和假分数简单的两类，这样的“学习过程”学生是无法真正理解“概念”，无法触摸“数学本质”的。解读教材，我们将教学重点定位在对分数进行分类，从而使学生比较全面地理解分数概念，突出的是梳理和由来，我们在以往“利用分数单位累积”进行教学的路径上，又开辟了另一条教学通道。本课教学承接“分数的意义”“求一个数是另一个数的几分之几”和“用分数表示商”的教学思路，以“数量比较”和“物品均分”为基本学习材料，通过“直观写数、比较辨析”对分数进行分类和命名，成功解决了“假分数超过1”的难点，从而能更好地揭示“数学本质”，使学生经历“真分数、假分数和带分数”的产生过程，知其然而知所以然，然后借助数轴进行抽象提升，万数归宗、回到数轴。

【教学目标】

1. 创设富有生活气息的数学情境，引导学生经历真分数和假分数的形成过程，知道并能正确辨认真分数、假分数和带分数。

2. 运用数形结合的教学方法，在数轴上帮助学生进一步理解真分数和假分数的意义，准确把握真分数和假分数的本质特征，从而更加全面地建构分数概念。

3. 凭借学生自主参与的探究过程，让学生感受分数认识的递进过程，培养数学学习的兴趣。

【教学难点】 理解真假分数的本质特征，构建分数概念。

【教学实录】

(一) 情境导入,生成学习材料

一、梨与苹果比较

师:观看大屏幕,想一想,梨的个数是苹果的$\frac{(\quad)}{(\quad)}$。(课件播放2个梨和5个苹果)学生脱口而出$\frac{2}{5}$。

师:怎么想的?

生:把下面5个苹果看做一个整体,平均分成5份,上面的2个梨对应其中的2份,所以梨的个数是苹果的$\frac{2}{5}$。(教师板书$\frac{2}{5}$)

课件依次呈现3个梨、4个梨,教师根据学生回答,板书$\frac{3}{5}$、$\frac{4}{5}$。

师:现在又来一个梨。(有学生回答$\frac{5}{5}$、也有学生回答1)

师:$\frac{5}{5}$,大家都能理解,那么这个"1"是什么意思呢?

生:梨5个,苹果5个,数量一样多,说明梨的个数是苹果个数的1倍。

师:说得太好了,数量一样,就是1倍。那么,前面几个分数都到1倍了吗?

师:现在又来一个梨。这个分数是?

生:$\frac{6}{5}$。

师:怎么想到是$\frac{6}{5}$呢?

生:把下面5个苹果看做一个整体,平均分成5份,上面的6个梨对应其中的6份,所以梨的个数是苹果的$\frac{6}{5}$。

师(得到$\frac{7}{5}$后):那么,$\frac{6}{5}$和$\frac{7}{5}$到1倍了吗?

生:到了,超过1倍了。

师:的确,现在梨的个数比苹果多了,$\frac{6}{5}$和$\frac{7}{5}$也就表示比1倍多了。

二、苹果与梨比较

师:同学们,刚才梨与苹果比,反过来我们也可以说苹果是梨的$\frac{(\quad)}{(\quad)}$?(根据学生回答依次板书$\left(\frac{5}{7}、\frac{4}{7}、\frac{3}{7}、\frac{2}{7}、\frac{1}{7}\right)$)

师:这些分数都到1倍了吗?

生:没到,苹果的个数比梨少,都没到1倍。

师:同学们很聪明,对已学知识掌握得很扎实,老师很满意。

【思考】 梨和苹果学生几乎天天可见,但作为学习材料出现在课堂,学生还是感到新奇。此环节不但生成了本课的学习材料,也对本单元前面的内容进行了复习和教学效果的检测，身边的、平凡的、简单的事物被用作教学材料，这样的材料选择，具有推广意义和课堂借鉴作用。同时，梨与苹果比、苹果与梨比的相对比较，充分利用了材料，挖掘了材料的使用价值。

(二) 渐进研探，理解分数类别

一、真分数和假分数

师：现在黑板上有了这么多的分数，如果老师请你们给这些分数分类，你会怎么分？请同桌之间说一说。

生 1：我打算分两类，比 1 倍小的分一类，比 1 倍大和正好 1 倍分一类。

师：很会思考，按你的标准，黑板上分数具体可以怎么分，老师帮你圈出来。

生 2：我打算分三类，标准跟刚才同学一样，也是按 1 倍分，就是把$\frac{5}{5}$单独分为一类。

师：老师明白你的意思，$\frac{5}{5}$单独归为一类。

生 3：我打算分两类，分母是 5 的一类，分母是 7 的一类。

师：可以的，如果分母是 8 的话再分一类，是 10 的话再分一类，这样的分就是种类有些多。

师：还有不一样的分法吗？现在大家想到了三种分法，想知道数学家怎么分的吗？

师：数学家与第一位同学一样，也分成了两类。$\frac{5}{5}$没有单独分成一类，他分在了第二类分数中。

师：数学上规定，用来表示比 1 倍小的，叫做“真分数”；用来表示正好 1 倍和比 1 倍大的，叫做“假分数”。

【思考】 分数的分类就形式而言简单，但分类的标准却是很重要的。本课分类，教师没有机械的给予，先由学生自己去尝试，在统一标准之后，再进行命名，显然，这样的先尝试、后统一、再命名的过程，能使学生加深对各类分数的理解。

师：知道了这些分数的名称，老师要问问你们了。两个量在比较的时候，什么情况下，结果是真分数？什么情况下这个结果又是假分数呢？

生：少的量与多的量比，结果就是真分数；多的量与少的量比或者两个量相等，结果就是假分数。

师：归纳的真好，其他同学都听懂了吗？请同桌之间说一说。

【思考】 “两个量在比较的时候，什么情况下，结果是真分数？什么情况下这个结果又是假分数呢？”这就是真分数和假分数产生的关键，此问在前面学习的基础上予以提出，意在画龙点睛、明确核心。教学中教师重视了其结果，更关注学生自主建立数学模型的过程，让学生在进行探究性学习的过程中科学地、合理地、有效地建立数学模型，并真正理解。

二、带分数

师：比较时有分数，分物体的时候也会有分数哦！现在有 2 个月饼要平均分给 3 位同学，每人分得多少个呢？怎么想的？

生 1：每人分到$\frac{2}{3}$个月饼，$2\div3=\frac{2}{3}$个。

师：是的，总数÷份数=每份数。

生2：把每个月饼平均分成3份，一共就是6小块，每人分到2小块，2小块也就是$\frac{2}{3}$个月饼。

师：很聪明。现在有4个月饼，还是平均分给3位同学，那么每人分到多少个呢？4人小组之间说说自己的想法。

生1：每人$\frac{4}{3}$个，把每个月饼平均分成3份，一共就是12小块，每人分到4小块，4小块也就是$\frac{4}{3}$个月饼。

师：是的，每人$\frac{4}{3}$个月饼。$\frac{2}{3}$是一个真分数，$\frac{4}{3}$是一个假分数，想想，饼的个数与人数比较，什么情况下，每人分到的月饼是真分数？什么情况下，又是假分数呢？

生2：饼比人少，结果是真分数。饼比人多，结果是假分数。饼和人一样，每人正好1个。

师：四(5)班的同学太聪明了。再想想，刚才我们将4个月饼都平均分成了3份，还有不一样的分法吗？

生3：4个月饼，先每人分1个，然后将剩下的一个月饼平均分成3份，再分给每人1小块。那么，每人分到$1\frac{1}{3}$个月饼，这是一个带分数。

师：说得太好了，结果正确，思考过程清晰。女孩子说到了一个新的分数名称，我们来看大屏幕。(课件演示生3的分饼过程)

师：每人先1个(板书"1")，再把第4个月饼平均分成3份，就是$\frac{1}{3}$个，开始的1个与后来的$\frac{1}{3}$个，合起来就是$1\frac{1}{3}$个月饼。像这样有"整数"和"真分数"合成的分数，叫做带分数。想想，带分数都是怎样产生的？

生3：饼比人多的时候，结果就是带分数。

师：说得真好。其他同学能理解吗？请同桌之间说一说。

【思考】《数学课程标准(修改稿)》(以下简称《课标》)指出："让学生从具体事例中知道或举例说明对象的有关特征；根据对象的特征，从具体情境中辨认或者举例说明对象。"本教学环节引领经历带分数的产生的探索过程，知晓何为带分数？尤其，"想想，带分数都是怎样产生的？"使学生感悟带分数的产生过程，今后能脱离情境，正确辨析带分数。

三、假分数与带分数转化

师：同学们请看屏幕，$\frac{4}{3}$个月饼中的3小块，可以合成1整个，再加上剩下的$\frac{1}{3}$个，两种不同的分法，但是分到的结果是一样的，其实$\frac{4}{3}$个月饼就是$1\frac{1}{3}$个月饼。(板书$\frac{4}{3}$个$=1\frac{1}{3}$个)

师：看来，假分数可以转化为带分数，同样，带分数也可以转化为假分数。

师：刚才的$\frac{6}{5}$和$\frac{7}{5}$转化为带分数分别是多少呢？(根据学生回答板书$\frac{6}{5}=1\frac{1}{5}$、$\frac{7}{5}=1\frac{2}{5}$)

师：的确，$\frac{6}{5}$就是1倍还多$\frac{1}{5}$，$\frac{7}{5}$就是1倍还多$\frac{2}{5}$。那么，$\frac{5}{5}$能化吗？

生：$\frac{5}{5}$就是1。

师：是呀。有些假分数能化成带分数，有些假分数正好化成整数。

（四）配套练习

师：学到现在，对于这三类分数你清楚了吗？能正确区分吗？请将“$\frac{5}{9}$、$\frac{37}{22}$、$1\frac{1}{2}$、$\frac{3}{11}$、$\frac{14}{7}$、$4\frac{5}{7}$、$\frac{2}{3}$”进行分类。

学生独立完成后，汇报答案。

师：怎么知道$\frac{5}{9}$是真分数？

生1：5比9小，没有到1倍，所以是真分数。（教师板书：分子＜分母）

师：怎么知道$\frac{37}{22}$是假分数？

生2：37比22大，超过1倍了，所以是假分数。（教师板书：分子≥分母）

师：如何判定带分数的呢？（根据学生回答板书：整数＋真分数）

【思考】 多年以来，我们已经达成共识：“作业必须紧扣和服务于教学目的”。这就要求我们的课堂作业必须与课堂教学内容有关，因为它能诊断教学中的问题，了解学生对课堂内容的掌握情况，及时巩固、深化学习内容，有助于学生知识系统的形成。本题一题多用，在承载及时检测的作用的同时，还蕴含了“真分数、假分数和带分数”特征的教学，并承上启下引出了数轴。

（三）结合数轴，完善分数体系

一、找出表示$\frac{2}{3}$的点

师（手指练习题的最后一个数）：刚才我们已经理解了$\frac{2}{3}$的意思，现在屏幕上有一条数轴，你能在数轴上找到$\frac{2}{3}$吗？请到屏幕上来指一指。

生1：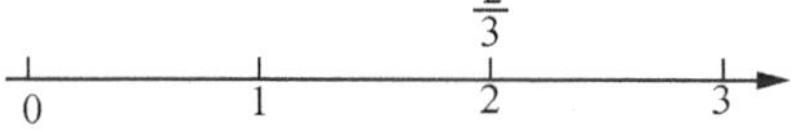

生2：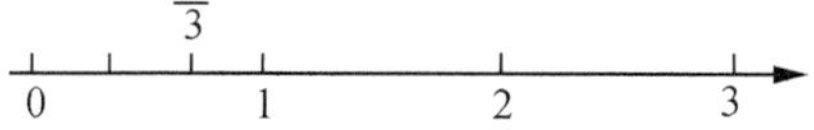

师：说说自己的想法。

生1：把这条线段平均分成3段，其中的两段就是$\frac{2}{3}$。

生2：$\frac{2}{3}$是一个真分数，因此我觉得不可能超过1，所以把1段平均分成3份，$\frac{2}{3}$就是其中的两小份。

师：同学们都听到了理由，你们赞成哪位同学的想法？

全班学生大喊同意生2。

师：是呀，数轴上1大段就是1个单位“1”，一条数轴不仅仅只有这样的3大段，数轴可

以向右边无线延伸。第一位同学能明白错误的原因吗？（课件出示正确的$\frac{2}{3}$产生过程）

【思考】 美国教育学家布鲁纳曾说："学生的错误都是有价值的，是教学的财富，学生会在不断纠错的过程中，获得新知，提高能力，增进体验。"错误"$\frac{2}{3}$"的辨析，教师尊重学生的错误并顺势引导，使学生在错误修正中促进了对单位"1"的构建。

二、找其他更多的点

师（教师手指$\frac{1}{3}$处）：问用分数表示是？

师：那么$\frac{4}{3}$又在哪里？$1\frac{1}{3}$又在哪里呢？（两位学生一人在屏幕上指一个）从数轴上，我们一目了然地看到，$\frac{4}{3}$就是$1\frac{1}{3}$。

师：请在练习纸上继续找出$\frac{3}{3}$、$\frac{7}{3}$、$\frac{9}{3}$、$1\frac{2}{3}$。

学生独立完成后，全班校对。并询问$\frac{7}{3}$和$1\frac{2}{3}$是怎样找到的。之后，同桌之间相互检查答案。

三、数轴上的规律

师：同学们，仔细观察数轴，我们可以清晰发现，真分数都没有超过 1，也就是真分数都比 1 小；假分数要么是 1，要么比 1 大。

师：分母是 3 的分数在数轴是这样的情况，其他分数在数轴上的情况也是这样吗？确实，凡是真分数都不超过 1，凡是假分数都等于或超过 1。（课件呈现：真分数<1；假分数≥ 1）

【思考】 结论、规律是进行细心观察和谨慎实验之后得出的分析结果，它们具有普遍性。当"真分数<1；假分数≥ 1"已成为学生探究所得的共识之后，如何加以推广？"其他分数在数轴上的情况也是这样吗？"借助此问，教师将分母是"3"的分数规律，成功推广于其他任何分母的分数，轻松、自然、高效。

（四）小结梳理，盘点学习心得

师：本节课我们学习了什么内容？

师：那么什么样的分数可以分别叫做真分数、假分数和带分数呢？

师：还有疑问吗？

（五）综合训练，提升认知水平

师：好，既然没有疑问了，课的最后，老师要和同学们做三道有趣的题目。

选一选。选择合适的分数。

1. 杭州西湖，周日的游客数量是周五游客数量的$\frac{(\quad)}{(\quad)}$。

A. $\frac{3}{8}$　　B. $\frac{8}{8}$　　C. $\frac{9}{8}$

2. 把 A 千克糖果平均分给 8 个小朋友，每人分得$\frac{(\quad)}{(\quad)}$千克糖果。

A. $\frac{3}{8}$　　B. $\frac{8}{8}$　　C. $\frac{9}{8}$

3. 这节课，我专心听讲的时间占总时间的$\frac{(\quad)}{(\quad)}$。

A. $\frac{3}{8}$　　　　B. $\frac{8}{8}$　　　　C. $\frac{9}{8}$

【思考】 课堂进行到此时，该检测教学的"收成"了。从课堂现场看，学生对这3题非常感兴趣，在正确率高的同时，能条理清晰地说出理由，这折射了学生学得有效。第1题，要求学生用手势表示答案，虽然可以多选，但在一般情况下，答案不难选择，而手势就迫使每一位学生进行思考。有位学生答案选B，理由是万一周六下雨，人数可能与周五一样，在此提示下，学生认为在极端天气干扰下，答案A也是有可能的，从中我们欣喜地看到，学生懂得从真假分数的本质去判定。第2题，答案不唯一，教师要求学生书写答案，此过程中有学生"很纠结"，说都有可能，在说出理由后，教师引导其实不管A代表多少千克，每位同学分到的都占总数的$\frac{1}{8}$，"量""率"的转换在瞬间完成，其中蕴含的思考难度不小，这得益于一系列简单的材料，此时的"转换"已是水到渠成。第3题，学生答案脱口而出，他们对自己的表现很满意，教师随即跟进，专心听讲越多越好，为什么不选C呢？他们回答分子不可能比分母大呀，即使拖堂，总时间还是"1"。

【教后反思】

1. 材料简单，不失学习效果。

本课学习材料甚是简单，而且这个材料在前三节课中也有出现，这些直观材料和数形结合的教学形式，有利于学生对分数概念的透彻领悟和意义构建，足以帮助、引领学生触摸"数学本质"。《课标》指出："教师要引导学生通过实践、思考、探索、交流等，获得数学的基础知识、基本技能、基本思想、基本活动经验，促使学生主动地、富有个性地学习，不断提高发现问题和提出问题的能力、分析问题和解决问题的能力。"这就要求教师合理设计教学环节、合理选用教学材料，本课教学中，学习材料是学生解决数学问题、获得数学知识、提高数学能力的载体，是学生感受数学与生活的密切联系，体验数学价值，形成正确数学观的重要资源。我们很多时候，为了达到教学目标，花大量时间和精力去寻找和制作材料，但不免工程量巨大，由此，材料简单、易制作、便操作，但不失效果，便成了我们小学数学课堂"梦寐以求"的愿望！

2. 尊重规律，提升学习效果。

这里的"规律"是指"数学学习规律"。心理学的原理告诉我们，抽象学习要以形象为基础，借助形象的学习，会使学习更轻松、理解更透彻、掌握更扎实。在"数量比较"和"物品均分"环节，用苹果和梨作为基本学习材料贯穿学习的全过程，显然是十分形象、具体的。这两个环节将"真分数、假分数和带分数"的产生过程进行了直观而形象的呈现，使每一个学生能更好地理解和掌握，在此形象的基础上，后续的数轴教学就显得轻松了。利用数轴上的点可以表示数，小学阶段学过的所有的数都可以用点在数轴上表示出来，但分数的表示是难点，有了前面教学的基础，学生此时学数轴已不难。从形象到抽象，这尊重孩子学习规律的教学，有效提升了学习的效果。

3. 巧妙作业，检测学习效果。

最后一组共3题的综合练习，既有"量"又有"率"，它们蕴涵的信息量和思维量显然是巨大的，更难能可贵的是这些都是学生身边的学习素材，离儿童很近，学生在练习的过程中兴趣盎然。《浙江省小学数学教学建议》指出："作业要合理选择内容和形式，注重作业设计的针对性和层次性，以求实效性。作业设计的要求是'紧扣目标、促进思维、形式多样、分层要求'。……"数学作业是学生经过自己的独立思考，灵活运用所学知识去解决数学问题，进一步理解和巩固知识，促进心智能力发展的过程。本组课堂作业，从现场正确情况、学生梳理要点和课堂延伸思考等维度有较好的体现，这样就有效检测了即时的教学效果，对达成教学目标、促进学生发展有着"不可或缺"的作用。

本文刊发在《中小学数学》2017 年第 7、8 期

2. 智慧追问:让数学教学走向深入

——2010年入选绍兴市第八批学术主题报告

一、主题确立

“有效教学”是新课程下小学数学的“热名词”,在日常的教学和课后反思中我也一直在思考“究竟什么样的课堂教学是有效的?”当然,“有效教学”的决定因素是广泛的,答案不是唯一的。有幸拜读师傅叶柱老师的一篇教学随笔《再“多”一步 更“实”一些》,叶老师结合实例《面积和面积单位》谈到“要让学生知其然,并知其所以然”,也正是因为如此,教师要学会跟进追问。“追问”能让教学活动“多”一份认知的准度、“多”一份理解的深度、“多”一份思维的密度,而这些正是数学教学更“实”一些的重要支撑!

读毕,深受启发,由此我想到“追问”作为课堂教学最为常用的“教学方式”,我们是否运用恰当、我们是否运用合理、我们追问的目的又是什么……

那么,我们小学数学教师到底需要什么样的课堂“追问”?

二、问题寻踪

什么是追问?《教学方法与艺术全书》是这样回答的:“追问,是对某一内容或某一问题,为了使学生弄懂弄通,往往在一问之后又再次提问,穷追不舍,直到学生能正确解答为止。”追问,作为一种提问技巧,在课堂上广为运用,它是在前次提问基础上的延伸和拓展,是一问之后的再次补充和深化,直到学生能正确解答甚至出新出彩为止。它追求的是学生思维的深度和广度,这无疑对培养学生思维的深刻性、敏捷性有着不可忽视的作用。

目前,越来越多的教师已经接受了新课程理念,并能努力将新理念运用于课堂教学之中,数学课堂上注重师生之间的对话,课堂上“时髦、幽默”的追问层出不穷,但这些追问仅仅触及了某个问题的表面,本质上与有效教学“背道而驰”。

1. “调侃聊天”为哪般

【案例】 《找规律》(人教版第四册)

师:你是个爱劳动的孩子吗?

生(异口同声):是!

师:我来采访采访你们这些爱劳动的好孩子,你们平时都在家里做些什么呀?

生1:我帮妈妈扫地、拖地。

生2:我帮妈妈洗青菜。

师:还有吗?

生3:……

师:还有吗?

生4:……

师:还有吗?

……(孩子们漫无目的地讲着,教师表扬着、追问着,新课将近五分钟后。)

师:是呀,爱劳动的都是好孩子,劳动时我们就要用到擦布,用完擦布我们要把擦布洗完晾干,老师这有几种晾擦布的情况。(黑点代表夹子)

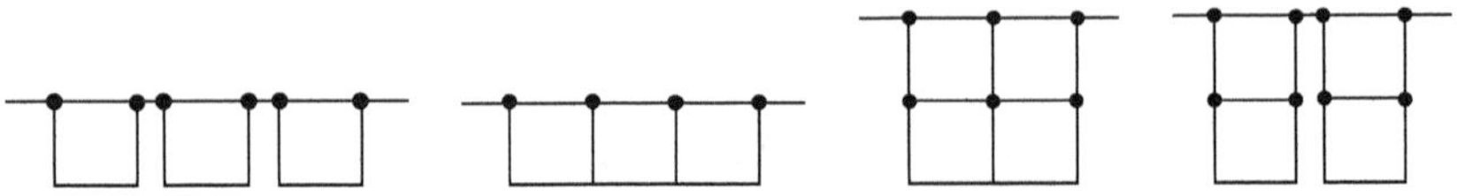

(图1)　(图2)　(图3)　(图4)

师:同学们发现了没有,晾擦布要用到夹子,那么夹子和擦布有什么样的关系呢?今天我们就来学习找规律。(板书课题:找规律)

这么多的"还有吗",老师你到底想得到什么答案?课堂中"还有吗"等"口头禅"式的追问"不绝于耳",这种不假思索地用上"还有吗"显然是低效的。案例中的这个问题设计看上去跟学生的生活相近、很热闹,学生的参与度也很高,我们的孩子也愿意向老师、同学交流自己平日在家的良好表现,德育虽是我们教育的重要组成,但数学课上花这么多的时间在劳动的谈论上值得吗?整齐划一的"还有吗?"是教师的无为而为,教师为了揭题而设计这么多低效的追问,这样空泛的追问是苍白无力、亦是缺乏指向性的。

2. "被迫接受"不可取

【案例】《分数、小数加减混合运算》(人教版第十册)

本课难点是引导学生根据数据特点,灵活选择算法参与计算。通过多种方法计算"$0.69+\frac{4}{5}-0.4$",使学生明确"在分数、小数混合运算中,一般情况下,如果分数能化成有限小数的,化成小数计算比较简单;如果分数不能化成有限小数,可以把小数化成分数计算。"

师:你认为哪种算法更方便?为什么?

生1:统一成小数计算比较简便。因为化成分数算的时候,如果不是同分母分数就要进行通分,比较麻烦,而化成小数算的时候不用通分,比较方便,有时还能进行口算。

生2:我也这样想,我最讨厌通分了。

师:你们从计算的简易程度,想到了统一成小数计算比较简单。其他同学都是这样想的吗?(班中都是点头的学生。)

这时,一名小女生怯怯地举起了手。

生3:老师,我认为统一成分数计算比较简便。

师:为什么呢?

生3:这个题目中的分数计算也不怎么难,计算也是比较简单的。

师(胸有成竹):你讲的也有道理!如果老师将"0.4"改成"0.4154",那么,计算时候会怎样呢?请所有同学统一成分数进行计算!(这就是教师预设的追问,自以为"可应万变”。)

学生开始计算,很快就有学生大声说:“麻烦死了! 麻烦死了!”

师(有点得意、面向生3):你现在是什么想法?

生3(理直气壮):这样虽然是统一成小数比较简单,但我认为老师你举的是特例,这个小数是特别难的小数,所以我还是喜欢统一成分数进行计算。

师(强作镇定):其实,计算过程中同学们也可以选择自己喜欢的方法。

“你现在是什么想法?”教师原本想借助将“0.4”改成“0.415 4”这个教学环节来让学生感悟最优的算法,这个让老师倍感自豪的教学,收到的却是相反的结果。作为一个独特鲜活的生命体,学生的现场思维往往带有一定的个性色彩。这种彰显原创、蕴涵异常的主体思维,有时很难以“对错”来衡量、也很难以“是非”来判别,因为它昭示的是学生基于自身认知风格和现场特定情境而即兴喷发的原生态思辨。由此,课堂生成便具有了更为丰富的不确定性。相比层出不穷、参差不齐的真实生成而言,这样的教学追问往往显得苍白狭隘、局促无力,学生的接受亦是“强加的”、“被迫的”,是不可取的。

三、方略探索

为助推有效教学,使追问能够“突破重点、超越预设、展示思维、聚焦目标”,笔者在日常教学和听课中刻意收集了有关课堂追问的实例,并对其进行了认真的分析、解读、比较,将小学数学课堂追问分为以下几类。

1. 融会贯通——“突破重点”的追问

“重点、难点”是一节课的核心,如何突破“重点、难点”是一节课能否成功的重要依据。法国教育家第斯多惠说:“教学的艺术不在于传授本领,而在于唤醒和感悟。”课堂上,教师适当的深层次追问,在学生思考粗浅处牵一牵、引一引,引领学生去探索,能激发、启迪思维和想象,那么重点的突破也将“水到渠成”!

【案例】《观察物体》(人教版第九册)

本课重点是使学生认识到一个立体图形从任意角度观察一次不能看到所有的面,如何让学生认识并真正感悟是本课的难点。

师:(先前教师要求学生将学具长方体放在同桌两人的位置中间)请你坐正身体仔细观察,在长方体的6个面中,你一次能看到几个面?

生1:我一共看到3个面,分别是前面、上面和左面。

生2:我一共看到3个面,分别是前面、上面和右面。

……

师:同学们都看到了3个面,那么,老师是不是可以得出一个结论,“一个长方体从不同的角度看,一次都能看到3个面?”

有学生马上点头,也有一部分学生略作思考后摇头。

师:遇到意见不统一的时候,以理服人很重要。请同学们说说你的理由。

生3:我换一个观察角度,从这个长方体的上面往下看,只能看到一个面。

师:你能给大家做一下示范吗?

师(生3示范后):其他同学看明白了吗? 按他的方法重新观察这个长方体,你看到了几个面？

生合：只看到一个面。

随后，教师引领学生只观察到2个面。

师：同学们在刚才的学习过程中，我们可以看到1个面、2个面、3个面，我们有可能同时看到4个面吗？5个面？甚至同时看到全部6个面吗？请试一试。

生合：不能。

师：其实。不光是长方体，任何一个立体图形，都无法同时看到它全部的面。

教育家陶行知曾言："行是知之路，学非问不明。"适时的、有创意的追问是教师课堂智慧的充分表现。案例中，教师让学生充分操作、自主体验之后，当学生都能一次观察到长方体的3个面的时候，老师跟进追问："一个长方体从不同的角度看，一次都能看到3个面？"这个追问打开了学生思绪的闸门，给学生以点拨、启发和诱导，在这样的追问下，学生对刚体会到的结果产生质疑，使学生思维的翅膀一次又一次被打开。同时，教师又配以多个连续追问，使学生深入思考教师下的"定义"的正确性和科学性，从而对不同观察角度的观察结果进行自主观测，同时聆听他人的意见，促使思维上的互相补充。这样的追问，必然使学生真正学到属于自己的知识，在这样的追问中，教师和学生都以生活着、思考着、发展着的生命体而存在，并互相影响，共同创设一个美好的境界。

2. 关注生成——"超越预设"的追问

我们的课堂是不能预知的，在课堂上经常会发生意外事件，很多教师将这些意外事件视为课堂的最大干扰，生怕影响课堂的正常进程。因此一旦出现，往往或一句话搪塞，或不予理睬、避而不谈，甚至加以批评。其实这些意外事件是学生独立思考后灵感的萌发、瞬间的创造，是张扬学生个性的最佳途径。教师不仅要保护这类意外事件，而且还要在此处紧追不舍再次发问，促使并引导学生就原来的问题进行深入而周密的思考，或由表及里，或由浅入深，或由此及彼，或举一反三，直到理解变得更加准确、全面、细致、深刻为止，让学生的智慧得以激发。

【案例】《用字母表示数》(人教版第九册)

在课本"例4"教学的过程中，揭示学生和教师的今年年龄后，教师提出以下要求。

师：同学们可以回忆过去，也可以展望未来，每人给自己假定一个年龄，并推算出"老师那年该是多少岁"，把想法用算式记录下来。(学生活动，教师巡视。)

学生答案交流。

师：同学们能不能帮老师想个办法，用"一个式子"概括出所有同学的想法？

生1：我假定自己"a"岁，那么老师的年龄就是"$a+15$"岁。

师：不错，同学们能明白这位同学所要表达的意思吗？谁还有不同的点子？(说明：对于这个问题试教的时候，不同的班级学生的回答情况都是"如出一辙"，学生都在用不同的字母表示"自己的年龄"。因此教师这样引导："同学们很能干，居然能够想出这么多的金点子来解决问题。老师发现，这些金点子都不约而同地使用了秘密武器，那就是——字母，真是英雄所见略同。是的，由于'字母'书写简便，数学中，我们常常可以用'字母'表示'数'"。)

生2：我用"□"来表示自己的年龄，那么老师的年龄就是"□+15"。

师：你的想法很有创意，其他同学能明白这位所要表达的意思吗？谁还有不同的点子？

生3：我用“苹果”来表示自己的年龄，那么老师的年龄就是“苹果+15”。（听到这个答案，笔者当时就清楚地意识到不能再问“谁还有不同的点子”，不然我的课堂将偏离“正常的轨道”，这个环节到此结束，该我小结引领了，该怎么引领呢？意料之外的答案几乎令我的大脑一片空白，处理得好，课可以“精彩”依旧；万一处理不好，受情绪影响，我的课还会行进在正常的轨道上吗?）

师：同学们真的很会动脑筋，想出了这么多的金点子！在数学上，这样的表示都是可以的，但是同学们想想看，结合今天我们学习的内容“用字母表示数”，你更欣赏哪一种表示方法？

生（异口同声）：“a”表示同学们的岁数，“$a+15$”表示老师的岁数。

师：是的，今天我们在学习“用字母表示数”，所以用“字母”的方式更合适。

师：现在，我们达成了一致意见：如果把同学们的年龄定为“a”，那么，老师的年龄就可以表示成什么？我们先来看“a”，“a”可以表示哪些数？

……

在以上案例中我们发现教师没有被突来的情况袭懵，应该说这样的生成处理非常合理，尤其“同学们想想看，结合今天我们学习的内容“用字母表示数”，你更欣赏哪一种表示方法?”这个让学生进行主体思辨的追问，既尊重了学生的个性思维，又使课堂行使在正常的轨道之上，更重要的是优化出了“生1”的答案作为更深层次研究的媒体，这样的引领兼顾了课堂教学的顺利推进和教学目标的达成，一个追问让学生自主经历“探索、反思、比较、提炼”，这样的追问是眷注课堂生成的“应然体现”！

3. 以生为本——“展示思维”的追问

《数学课程标准》倡导“学生是数学学习的主人，教师是数学学习的组织者、引导者与合作者。”“以生为本”思想是新课程的一大精髓，如何唤醒学生的主题意识，如何搭建展现蕴涵学生个性思维的平台，都是我们需要面对的问题。

【片断】《分数的初步认识》(人教版第五册)

在教学完“把一个月饼平均分成两份，每份是$\frac{1}{2}$”后，教师设计了“动手操作、比较感悟”的教学策略：先请学生在长方形、正方形、三角形、五角星形等不同形状的纸片中，选择一张自己喜欢的纸片折出$\frac{1}{2}$，并涂色表示；然后，在学生展示作品、交流汇报后，教师设问“为什么不一样的折法、不一样的形状都能表示$\frac{1}{2}$呢?”从中得出“只要平均分成2份，每份就是$\frac{1}{2}$”的知识结论。

（学生汇报结束后，正当教师要提问“为什么不一样的折法、不一样的形状都能表示出$\frac{1}{2}$呢?”时，一个男生举起了手。）

生1：老师黑板上的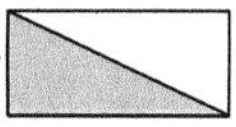不是$\frac{1}{2}$。

师：为什么呢？

生1：这个长方形没有平均分。两部分图形对折后，没有重合。

（说明：这个是学生作品，但该如何向学生解释这是“平均分”呢？对于三年级学生而言,“是否重合”是判定“有否平均分”的标准。那些通过面积计算或轴对称、中心对称的抽象解释,三年级学生必定无法接受。怎么办?)

师(对创作这幅作品的同学):你觉得自己的作品有没有平均分?

生2:不知道怎么说,我想应该是平均分的。

师:其他同学知道吗?(学生思考片刻,终有所发现)

生3:这个很简单呀!我们只要沿着折痕把这个长方形剪开,得到的两个三角形就可以重合在一起了。

师:不错的办法!

生4:这样虽然好,但这个长方形就用不起来,浪费掉了。

生3:那我可以先画下来、再剪,这样也是可以证明的。

师:真不错!你还能用间接的途径来证明吗?

生5:我知道这条折痕就是“对角线”,“对角线”正好把长方形平均分成两部分。

师:咦!“对角线”是新知识。你是怎么知道“对角线”的呢?

生5:我姐姐曾经对我说过。

师:老师真佩服你,能在课余时间学习一些更深的数学知识。是的!“对角线”确实可以将长方形平均分成两份。(对着生1)现在明白了吗?

生1:知道了,是平均分。

……

布鲁纳曾说:“学生的错误都是有价值的,是教学的财富,学生会在不断纠错的过程中,获得新知,提高能力,增进体验。”在新课改的理念指引下,小学数学课堂上生成的错误,作为一种资源,正在被逐渐重视。但在主观性错误资源的应对过程中,还存在“不予采用”“用之不妥”“刻意回避”等问题,反映出教师的“错误资源”应用意识和应对能力有待提升。我们要相信学生的自我纠错能力,并在教学过程中运用合适的应对策略,引导学生主动发现错误,改正错误,为学生提供辨别、分析、判断、推理的机会,让学生经历由错误到正确的过程体验,这不失为一个好方法。

我们看到,生1的质疑完全出乎了教师的意料。对此,教师的应对之道值得圈点:在尊重质疑的前提下,教师适时插入了“证明有否平均分?”的教学追问,而在随后的教学过程中,教师没有全盘讲解、生硬给予,而是充分激发学生的思维激情,引导他们在交流对策、评价反思的自主过程中实现了疑难问题的有效解决。尽管教学因此而超时了几分钟,但我们认为“超有所值”:情绪激活了、思维涌动了、疑问澄清了、认知深刻了,学生的思维在老师的追问下充分展现!因此,在教学现场能够多一些诸如此类的追问,就有助于我们为学生提供展示思维、交流观点的时空余地,最终将教学过程推入“以学论教”的至高境地。

4. 聚焦目标——“揭示本质”的追问

这里的“本质”指的是“数学本质”。当前,诸多教育专家和一线教师都在关注数学教学中的数学味,关注数学教学中“数学思想”的教学,也就是数学课如何回归“数学本质”。《数学课程标准》在“双基”的基础上提出了“四基”:即基础知识、基本技能、基本思想和基本活动经验。

【片断】《同分母分数加减法》(人教版第十册)

课的最后教师出示这样一道发展题。

“发挥你的聪明才智，请你创造几个分母小于“10”，计算结果是$\frac{1}{3}$的同分母真分数的加减算式。”

学生纷纷思考。

师（不少学生还举着手）：同学们很能干，在这么短的时间里就想出了这么多的答案，老师也知道符合要求的算式还有不少。那么，我们怎样写，就能一个不漏也不重复地把所有算式都写出来？

学生有的埋头动笔、有的重新读题，都在认真思考。

两位学生按“有序思考”与“逆向倒推”的思路进行了汇报。

师：你很了不起，老师打心里要对你竖起大拇指！这位同学在运用“有序思考”的同时还运用了“逆向倒推”的数学思想，祝贺你成功解决了问题。

师：请同学运用刚才两位同学的方法，也可以自己再思考其他方法，把所有算式一个不漏的写出来！

数学思想的掌握都离不开学生的感悟、体验，如何培养、渗透，最终达到积累和运用，“追问”是有效途径之一。案例中，如果教师按部就班，征集全体学生的答案也是一定可以将符合题目要求的答案全部找全，而教师的高明之处恰恰在于他没有这么做，他关注了“数学思想”的教授、关注了“数学味”课堂的形成。“那么，我们怎样写，就能一个不漏也不重复地把所有算式都写出来?”这个追问看似简单，但却是教师精心设计的。此问一出学生势必向着找全答案的方向思考，学生也一定会通过大量的思考、大量的记录，从中找出最优的解题方法，这个过程是学生在自主感悟和体验。

综上所述，如果我们教师能够在“教学重点处、课堂生成处、个性回答处、评价赞赏处、思维提升处”及时合理的跟进追问，我们的课堂必将“熠熠生辉”，我们的小学数学课堂也必将走向深入！

本文刊发在《课程教材教学研究（小教研究）》2013 年第 33 期

3. 一题多问:小习题亦有大功能

——以参赛课《数对》习题设计为例

一、缘起

6月份,学校有位青年教师参加上虞区2018年小学数学优质课评比活动,作为数学组成员,我也参与了磨课过程。内容公布当天,这位老师急匆匆地跑进我办公室,以接近颤抖的声音说(本届赛课,内容提前24小时公布,这位老师的紧张、焦虑,可见一斑):“傅老师内容出来了,是五上年级的《数对》,你有教案和课件吗?”

平心而论,当时,听到这个内容时我也是茫然的。印象中,《数对》在公开教学中是不多见的,在当下各级小学数学专业期刊中,有关此课的研究和现成教学设计也是不多的。为了安慰他,我说,不着急找教案,我们先要弄明白为什么要上这节课?这节课要教授什么内容?这,与其说是安慰,其实也是现状的真实体现,因为具体怎么上我们数学组的每一位老师谁也没主意。

“零开始”,既是挑战、也是机会。只有宝贵的24小时,没有现成的资料是一种挑战,一次能够表达自己对教材的解读和理解的机会。分析教材和教师教学用书后,我们认为在短时间内想做到“理念有立意、设计有创意、教学有新意”具有较大的难度,毕竟只有短短24小时的准备时间,即使有最强大的团队,“如何执行”对年轻的“当事人”来讲也是不小的挑战!

既然,整体创新做不到,我建议他“稳中求胜”,前面的新授部分就“中规中矩”,以“家常课”的姿态予以呈现,我们这次赛课的落脚点定位为“优化习题”,“做细、做精”一道或者几道习题,争取以“精致”的习题作为本课的亮点。

二、描述

在“巩固提升”环节,教师设计两个相互关联的习题。作为“基础题”,第1题教师设计的是在格子图中“教师报数对、学生描出点”,通过连线,完成轴对称图形小树。要求学生观察小树图,分析“横行”和“竖列”上各点的数对特点,便得到“同列前数相同,同行后数相同”的规律。

【反思】

“听数描点”是《数对》一课的常用练习题。我们在思考,将各点连成图形后就好了吗?显然不是。我们在完成“连点成形”的基础上,要求学生分析“横行”和“竖列”的数对特点,得出规律。这样的规律找寻,不但完成了习题的基本练习功能,落实了“要保证必要的习题帮助学生巩固、理解所学知识内容”的课程目标。同时，这个第1题更扩充了习题的内涵，也为下一个练习题的展开孕育了伏笔。

接下去，第2题出示，作为“提高题”，本题承载知识拓展和对第1题规律进行应用的功能。

> 音乐教室里，同学们坐成了8列6行，丁丁坐在教室的第4列第2行，用数对(4,2)表示。兰兰坐在丁丁的正后方，兰兰的位置用数对表示，不可能是？
>
> A. (5,2)　　B. (4,4)　　C. (4,8)　　D. (4,1)

题目一出，马上有不少学生大喊，“A，数对(5,2)不可能！”

师：为什么“A”不可能呀？

生1：刚才第1题时，“同行后数相同”，这里2表示兰兰和丁丁在同一行，而题目要求兰兰在丁丁的正后方，正后方应该是同列。

师：说得真好！老师忍不住要表扬你，你不但学得认真，还能学以致用，将刚刚学到的规律用到新题的解决之中，很了不起！

(还有不少学生举手)**师**：怎么了？已经找到答案了呀，怎么还有那么多同学举手？

生2：老师，我觉得B是可能的，按刚才的规律，第1个“4”表示同一列，第2个“4”表示第4行，就是正后方。而C是不可能的，虽然“8”也表示正后方，但一共才6行，怎么能有第8行呢？

师：分析完全正确！谁能再说一遍？

生3：……

师：是呀，教室里一共才6行，哪来8呢。

(迫不及待)**生4**：老师，老师，我觉得D也是不可能的。正后方说明在第2行的后面，而这里是“1”，兰兰坐到丁丁的正前方去了，肯定不可能。

师：哇！你们真是太聪明了，找到了三个不可能的答案，而且分析的也完全正确。老师还有一个题目，大家请看。有一个小朋友，他与丁丁是同一行，如果还是“A、B、C、D”这4个答案，那么你选择？

生5：我选择A，同行后数相同。只有A是2，其他都不对！

师：其他同学呢！

大喊：A！

……

【反思】

应该说，此题是第1题的延伸。很多时候，我们学生能够正确、快速发现某些蕴含题中的规律和策略，但找寻之后，我们往往就结束了，缺少必要的跟进，缺少相关的运用规律解决问题的习题设计，导致难以发挥“既得规律”的作用。

此题，“趁热打铁”对发现规律进行了即时练习和应用。我们将这个选择设计为两个层次，第1层次我们旨在培养学生“实践的智慧”，通过“对比”和“排除”，学生“有理有据”找全了三个不可能的答案，从现场看，学生能够灵活应用，而且说理明白、条理清晰，说明学生对这个规律已能掌握，这个习题的呈现除了检测，更起到了巩固的作用，为学生后续的学习和运用打下了一定的基础。而第2层次的设计，基于“列”的清晰，对“行”的认知和应用就“水到渠成”了。

《课标(2011版)》指出：课程内容的呈现应注意层次性。由此，也要求我们在编排“练习”时，立足于基础知识，设置不同层次的练习，让学生在巩固应用中发展能力。通过一道题、两个层次的训练，其作用是加强学生对基础知识的掌握和基本能力的形成；然后，通过“实践应用”，提高学生对知识的辨析能力，提升学生的思维能力和应用意识，应该说，第2题的设计，经历由小到大、由易到难的演变，使练习资源作用最大化。从而激励学生参与数学学习的积极性、培养学生思维的灵活性，增强应变能力和提高理解能力的目的。

三、后续

赛课是教学研究的一种形式，是教师成长的重要途径，不论对于参赛者，还是对于观赛者，都是一种学习、一种促进、一种提高。在赛课的过程中，我们团队总想追求“出新、出奇、出彩”，会动很多心思去追求亮点，但是，处处亮点，既难，又不可能，处处亮点也就成了没有亮点了。

就结果而言，这位年轻老师只获得了区级二等奖，在课堂调控上、节奏把握上、学生评价上今后还需要努力。课后，我们与诸位评委进行了交谈，他们对习题的设计给予了极高的评价，认为此题“颇具创意、匠心满满”，虽然教学流程上没有“新、奇”，但重点追寻了习题的“精、细”，尤其第2题，给人启发。

由此，我们认为，在课堂上教师要精心选择练习素材、准确把握练习梯度、智慧掌握练习进度，最终使习题凸现“基础性”、关注“发展性”。“一题深挖、一题多问”能够让学生在无限的空间里实现思维的飞跃，有助于开启学生的应变力、想象力、创造力之门，有助于拓展学生思维的广度和深度，有利于培养学生的应用能力和应用意识，提升所学数学知识的价值。

显而易见，这样的习题设计是扎实且丰满的，这样的赛课经历也是宝贵且成功的！

本文刊发在《中小学数学》2019年第5期

4. 返璞归真：从“形式”走向“实质”

——当前小学数学课堂几种现象的思考

全新的课改理念，带来了全新的课堂生活。越来越多的数学教师，在逐渐接受新理念的同时，正着力追求“宏观理念”与“细节实践”的有效对接。但是，如过于牵强的将这些理念运用到我们的课堂中，就使我们的教学穿上了华丽的外衣，从而失去了那份本原的真实与朴实。课改以来，我们的“数学课”变化得快，人们以“新理念”为指引，努力翻新着教学形式，不断改变着课堂生态，于是课堂“热闹了”“精彩了”“达标了”。透过这些浮华的背后，我们清晰地看到的是一个个踏上了“貌合神离”迷途的数学课堂，这亟须我们关注与思考。

学习起点：不是问个问题那么简单

【背景】

美国心理学家奥苏伯尔说过：影响学习的最重要的一个因素是学习者已经知道了什么。这就需要教师了解课堂上学生的学习起点在哪儿，并据此展开教学。学习起点可以理解为学生从事新内容学习必需的知识准备，它包括学习的逻辑起点和学习的现实起点。应该说教师在组织学生学习时，更习惯于从学生学习的逻辑起点出发，按教材的编排意图有条理地进行教学。如果教师充分了解学生的现实起点，站在学生的角度想学生之所想，想学生之所需，这样的教学将是最经济、最有效的。

【案例】《分数的意义》(人教版五年级下册)

上课伊始。

教师在黑板上板书$\frac{2}{3}$。

师：同学们，认识这种数吗？

生：分数。

师：是的。那么，对于分数你已经知道了什么？

学生纷纷举手发言。

师：关于分数同学们已经知道了很多，老师相信通过今天的学习，同学们会知道得更多。

……

【思考】

这是个极为常见的教学设计，“对于分数你已经知道了什么？”我们很多教师都问过这样的问题，为的是在引出“分母、分子和分数线”从而进行后续教学。在课后的评课活动中，这位教师说这个问题是对学生学习起点的关注，是在了解学生的知识掌握水平。笔者认为这个问题很好，能帮助我们发现执教班学生的现有知识基础，但是只有这样简单的一问，缺乏跟进的引导和提问，难道我们就能找准学生的知识起点、就能游刃有余地进行教学？

【对策】

那么怎样确定学生学习起点？学生的学习起点主要有逻辑起点和现实起点。学习的逻辑起点是指学生按照教材学习的进度，应该具有的知识基础；学习的现实起点是指学生在多种学习资源的共同作用下，已有的知识基础。一般来说，学生的现实起点往往高于学生的逻辑起点，又由于学生所处的生活环境不同以及个体学习差异，他们的学习起点也就各不相同。因此，面对我们的学生，在上课前，教师不妨从以下几个方面加以考虑：(1) 学生是否具备了新知识学习所必需的认知基础？(2) 学生是否已掌握或部分掌握了新知识？掌握的人数、内容、程度怎样？(3) 哪些内容自己能学会？哪些内容需要教师点拨和引导？只有准确了解了学生的学习现状，才能真正找准学习起点。

同样对于"你已经知道了哪些知识"的课堂提问，有位教师在《认识钟表》(人教版一年级上册)的"探索新知"环节，她是这么处理的：

(1) 认识钟面。

① 学生拿出学具钟面。

师：看看钟面，你已经知道哪些知识？(学生自主交流)

② 由学生反馈整理出钟面的知识：时针、分针、1～12 的数字等(并在黑板上的圆圈里画好整个钟面)。

(2) 认识整时。

当教师把黑板上的钟面画好后，就听到下面许多学生说："这是 2 点。"

教师及时补充：小朋友们真棒，老师没教就会认识时间了，只是"2 点"是口头语，数学上称为"2 时"(并板书)。

师：你怎么看出它是 2 时呢？(生普遍皱起眉头，表现出有点困难。)

师又拿出一些表示整时的钟面，让学生说说是几时？通过多个整时钟面的感知后，让学生观察这几个钟面的针有什么共同点？从而引导学生概括出认识整时的方法：分针指着 12，时针指向几，就是几时。

解读这位老师的教学我们不难发现，这位教师站在学生原有的现实认知起点上，尊重学生的发展需求，适当调高思维的梯度，引导学生各抒己见，引发学生思维的冲突，鼓励学生大胆尝试，通过观点的交流和辩论，达成共识。

合作学习：不是用于摆设的"花瓶"

【背景】

新课程倡导合作学习，合作学习是小组或团队为了共同的任务，既有明确分工又有相互协作的互助性学习，是教师引导学生自主学习的重要组织形式，它有利于培养学生合作意识和合作技能，有利于学生之间的交流与沟通，有利于培养学生的团队精神。"合作学习"既是"课改"新教学理念，也是实施新课程的新教学行为，同时也是学生自主学习的新方式。

【案例】《笔算乘法》(人教版四年级下册)

在巩固练习环节,教师出示下题。(课本第 52 页,第 11 题。)

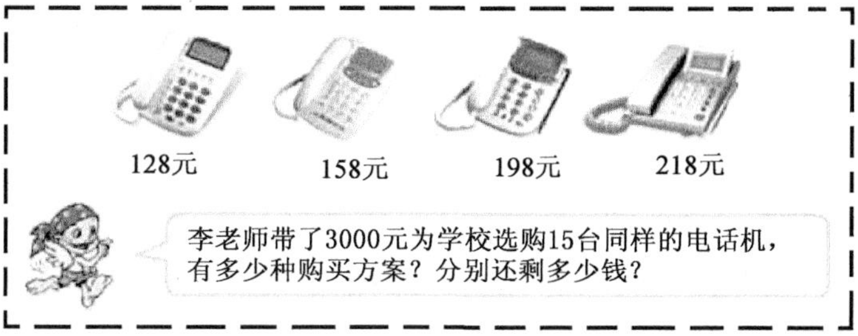

课件一呈现,教师马上说:请同学们四人小组合作,讨论有多少种购买方案?分别还剩多少钱?

学生前后四人小组开始合作学习,整个教室非常热闹,讨论声不绝于耳。但是,深入小组笔者却发现:有的小组是一个优秀生在发言,其他学生当听众;有的是你一言我一语,在争论该买好一点的电话机还是差一点的;有的没有围绕主题,同学们间像是在拉家常,无从做起……

然后,各组汇报学习成果并派一名代表发言,其他同学的发言被代表取代了。

【思考】

虽然学生讨论的积极性非常高,讨论的气氛也相当热烈,感觉我们的学生似乎在学习。但从中我们也不难发现教师在学生没有充分独立思考的情况下就进行了合作学习,由于学生还没来得及思考问题情境,更谈不上有自己的独立方案,很容易造成组内优等生一言堂其他学生人云亦云,没有围绕主题,使讨论流于形式,达不到合作学习的目的。这样的合作只能是为个别优等生提供展示的机会,小组合作的结果与所得也是肤浅的、片面的,这样的合作学习俨然成了一种时尚的"摆设"。

【对策】

合作学习是一种学习方式,是否采用要根据学习内容而定,关键是要看实施的效果,我想并不是每一堂课、每一个教学过程都适合合作学习。因此,教师在备课时,必须在钻研教材和了解学生的基础上,对哪些问题应该由学生独立解决、哪些问题应该通过小组合作共同解决,需要斟酌再三。通常,当出现了新知识,需要新能力时,可以让学生合作探究;当个人解决问题遇到困难有合作的欲望时,可让学生合作探究;当学生意见不一致有必要争论时,不妨让学生合作探究。

在采用小组合作学习时,还要注意三点。(1) 做好合作准备。在小组合作学习之前,教师一定要留给学生充足的独立思考的时间,学生必须对所需要研究的问题有初步的认识和了解,有了个性的见解之后,再进行小组合作学习。(2) 明确合作要求。为了避免学生在合作时的无意性,在学生动手操作前,教师必须围绕教学目标对学生提出明确的合作要求,要用简洁明确的指导语规定合作时的任务和目标,使学生的合作有目的、有层次。(3) 强化合作分工。合作探究学习涉及组内成员的分工,只有有了明确的分工才能使操作活动取得"事半功倍"的效果,学生也才能有条不紊地完成自己的任务。"磨刀不误砍柴工",为此我们可以独立设计一个环节,要求学生进行组内分工、选出组长,为有效合作打下扎实基础。

我在教学《异分母加减法》(人教版五年级下册)时，让学生小组合作，用“$\frac{1}{3}$、$\frac{1}{9}$、$\frac{1}{9}$、$\frac{4}{9}$、$\frac{1}{2}$、$\frac{1}{4}$、$\frac{1}{8}$、$\frac{1}{8}$”编几道分数加减算式。在合作前，教师出示合作要求：(1) 独立写出算式；(2) 小组中汇报算式，删除重复的算式；(3) 给这些算式分类。有了这样的合作提示，在注重学生个性思考的同时，也使学生操作时的步骤清楚明了，既节省合作时间，又提高了合作效果。

如何真正理解“合作”，如何恰到好处地运用“合作”，我想我们应该多一些理性，少一些盲从，一定拒绝“伪合作”“假合作”。一味的“合作”，非但不能体现“课改”精神，反而远离了“课改”本意，是绝对错误和不可取的。

情境创设：不是杜撰的“虚境”

【背景】

新课标指出：“数学教学要紧密联系学生的生活环境，从学生的经验和已有知识出发，创设有助于学生自主学习、合作交流的情境。”情境教育是指运用先进的教育理论，通过创设合乎学生心理特征的教学情境并与亲和的人际情境交融在一起的环境，在课堂教学中激起儿童热烈的情绪，使他们在宽松、和谐、愉悦的氛围中，主动、积极地参与教学过程，使儿童的认知活动与情感活动有机地结合，从而促进儿童潜能的开发与良好个性的发展。教学实践也证明：“情境创设”在小学数学教学中有着极其重要的作用，是促使和引导学生积极置身于自主探究学习的有效途径和手段。

【案例】《四则运算》(人教版四年级下册)

师：同学们，双休日的时候，小明到商场去买运动鞋，小明看中了这样两种不同标价的运动鞋。

(课件情境显示：第一种款式标价每双 163 元，第二款标价 4 双共 700 元。哪种便宜？便宜多少元？)

情境一出，学生马上举手。

生 1：我看到的商场标的是单价，没有标 4 双一共多少元的。

生 2：我从来都不自己一个人去商场的，我的鞋子都是妈妈给我买的，我不看标牌的。

师(有些脸红)：看来同学们都很有生活经验，今天我们就假设小明看到了这样的标价牌，咱们来帮助他解决这个问题好吗？

生(极不情愿)：哦！

……

【思考】

这样的情境，与生活实际不符，情境明显是虚构而成，会降低学生对教师的信任感，不但不起作用，反而造成负面效应，这样的情境是“无效”的。但是，我觉得这时既然错了，教师如果能利用这个错误资源，表扬这位学生能认真观察生活，让教师的“错”成为精彩的教学资源，要远远强于这样“牵强附会”。

“情境教学”是新课程倡导的主题，于是“课改之潮”来临时，我们教师“八仙过海、各显神通”，人人成为“武林高手”，想方设法创设各类情境，许多教师往往花了很大的时间和精力去创设情境，而辛辛苦苦创设的情境却没有起到应有的作用，甚至出现了些许问题和偏差。在追寻有效情境的路上，我们有必要来看看“无效”的情境，笔者将“无效情境”归纳为以下几种：(1) 死搬乱套，情境设置僵硬、呆板。这样的结果必然使教学内容与情境“不匹配”。(2) 弃近就远，情境设置走远。具体表现为：为了配合新课导入、新课展开，绕远路、转大弯，迟迟不见主题切入，导致教学内容与情境“不和谐”。(3) 价值失效，情境设置无效。具体表现为：教师所创设的情境与本课教学内容毫无关系，从而使情境失效、失真，最后使教学内容与情境“不统一”。

“一声叹息”过后，我们又该如何面对这“让人欢喜让人忧”的情境呢？

【对策】

“情境创设”是新课程的亮点所在，很多时候一个优秀的情境能增强学生学习兴趣，在培养学生观察、分析、思考和感悟数学的诸多方面有无可代替的裨益作用。为此，我认为我们在创设情境时要有的放矢、以生为本，以“生活理论”为支撑，在启迪智慧、培养能力、服务教学等方面多加努力，“有效情境”是我们课堂常态目标，在“有效”的观照下，创设有效情境、发挥情境的价值，这些都是我们思考的问题。

“有效情境”的创设我们可以从以下方面进行努力：(1) 挖掘乡土资源，合理重组教材内容，将数学问题蕴涵在情境之中。“乡土的”是学生喜欢的，也必能激起学生学习兴趣的，学生对这些很熟悉，借助这些来帮助自己进行教学，学生感觉到特别亲切和自豪，这样的数学情境必然是有效的，学生在这样的课堂中也一定能把数学学好！(2) 充分发挥情境功效，创设“主题情境”，力求全课情境前后主旨一体、首尾呼应。主题情境的要求比较高，但是往往有“事半功倍”的作用，这样的情境使课堂的深度加大，充分而又淋漓尽致地发挥了情境的价值，这样的情境也一定能使我们的小学数学课堂更有效！

我在教学《折线统计图》(人教版四年级下册)一课时，在“谈话导入”环节将课本“陈东0～10岁身高情况统计图(条形)”的教材原型，转换为同年级同龄学生“阳阳5～11岁身高情况统计图(条形)”，引导学生“复习条形统计图”和“解读条形统计图”；在“探究展开”环节，将“阳阳5～11岁身高情况统计图(条形)”课件绘制成“阳阳5～11岁身高情况统计图(折线)”，让学生解读“折线统计图”，从而使学生掌握了“折线统计图”的组成、特点和制作；在“练习巩固”环节中，我又创设了“阳阳跳绳前后每分钟心跳情况统计图”、阳阳所在四(3)班“某日教室室内温度统计图”、阳阳妈妈所开服装店“毛衣和衬衣销售情况统计图”等三个不同层次、不同难度的练习题。

本课以学生身边的、认识的“阳阳”同学为学习媒体创设情境贯穿整课，本课情境虽然进行了“移花接木”的加工、“细巧精致”的处理，但我们欣喜地看到整节课学生学习兴趣盎然，学生切实体验到身边有数学，从而对数学产生亲切感，增强学生对数学知识的应用意识，取得了很好的教学效果。

本文刊发在《河北教育》2010年第9期

5. 立足区域教研　关注农村教师

——上虞市小学数学“区域性活动”教研掠影

2009 年 12 月《浙江省小学数学学科教学建议(试行稿)》(以下简称《教学建议》)颁布,落实《教学建议》、丰富《教学建议》内涵,是近两年上虞市小学数学教研的着力点。为此,上虞市教研室以“落实学科教学建议　探寻有效教学策略”为教研主题,在全市范围内开展了“上虞市小学数学”区域性教研活动暨学科指导组服务行动”。2010 上半年至今,全市 14 场高质量、高效率的“小学数学区域性教研活动暨学科指导组服务行动”在全市 14 所农村小学先后展开。来自全市各个学校的 56 位骨干教师开课(他们中 42 位是农村教师,其余有绍兴市学科带头人韩洪刚、范立军老师,上虞市学科带头人傅佳俊、徐玲芬老师,绍兴市优质课一等奖获得者石灵芝老师);14 位老师讲座或观点报告(他们中 5 位是农村教师,其余有浙江省教坛新秀厉建康、邱爱国老师,浙江省教科研先进个人夏春峰老师,上虞市学科师傅樊曹阳、祝浩军老师,上虞市学科带头人陆建江、陆军、杨通老师)。来自 6 大学区的 500 余位老师参与了活动,老师们共聚一堂、深入研究,这样的区域教研既搭建了教师相互学习、相互交流的平台,又提高了教师的教研意识和教研水平,促进了学校教研工作深入发展。

突破瓶颈,创新教研模式

“聚焦问题、丰富形式、促进参与、提升实效”是新时期小学数学教研活动的价值追求,近年来我市小学数学也在追求的路上不断探索,我们也组织了不少高档次、大规模全市的教研活动,取得了很好的教学研讨效果。但每次活动总有一部分农村教师“抱怨”:我也很想上市级公开课,很想把自己的想法在课堂上进行展示,以得到专家和名师的指点,但这样的上课太紧张了,我怕出洋相;其实刚才××名师的发言我也想到了,但一百多个老师坐在台下我就是不敢说,怕被人家笑话……

综观老师们的“抱怨声”,我们不难理解,我们的农村老师有强烈的教研“欲望”,减少大型市级活动、缩小活动范围、提升教研活动普通教师的参与度,便成了上虞市教研室思考的命题。目前,上虞市有 21 个乡镇、街道,34 所镇级、直属小学分 6 大学区,农村小学占了多数,这其中有山区小学、海边学校,还有下属的中心完小和完小。

如何让每一个农村教师参与小学数学教研,上虞市教研室在“主题式教研、专题性研讨、任务型活动”的教研途径上不断探索,提出了“上虞市小学数学区域性教研活动”。“区域性活动”立足农村学校,根据“区域联动、资源共享,专题研讨、重点突破,校际互补、和谐发展”教研工作思路,以农村学校为承办学校,以农村教师为开课对象、评课主力和听课教师,教研室每场指派 1～2 名市级名师领衔,每场活动有 20～40 位老师参与,学区范围内各校都能派教师参加。

这样的"区域性活动"虽然范围小，但每节课都作为市级公开课，教研室均颁发市级《开课证明》。在外延和内需的驱动下，每到申报时期，各农村学校积极申报"承办学校"，浓厚基层学校的数学教研氛围的机会农村学校不想错过；各教师也积极性高涨，总是争先恐后、跃跃欲试，纷纷上报题目争取开课。而每次的活动，平时鲜有机会上市级公开课的农村教师，纷纷在教研员、名师面前崭露头角，一大批农村实力新秀脱颖而出；听课教师也大胆评课、畅述己见，"草根、本土"的声音此起彼伏，教研气氛高涨；而教研员的引领、名师的点拨，使每次活动在高效中更具实效。

综观 14 场活动，容量大、形式多、观点实、会场静、效果优，充分折射出组织者的周密谋划、展示者的精心准备、参与者的好学姿态。"区域性教研活动"使农村学校数学教研活动丰富、扎实，"区域性教研活动"使农村教师"敢上、敢评、敢说"，"区域性教研活动"使农村教师的专业水平得以提升，校长、教师戏说"区域性教研活动"是家门口的盛宴。

主题鲜明，关注教师需求

落实《教学建议》的有效途径之一是开展主题教研活动，"主题教研活动"可真正激发教师的参与热情，营造教师之间的互动氛围，使教研工作焕发勃勃生机，使教师的教育教学水平获得真实成长。一次教研活动确定一个好的"主题"至关重要，因此，每一场的"区域教研活动"教研室以一线老师普遍关心的"热点问题"为基础，以解决老师们在落实《教学建议》中的"疑难问题"为任务，场场有主题、次次有任务，在申报学校自主设想的基础上，教研室统筹安排，遵照"严控次数、确保质量、力求均衡"的原则，确定了优化课堂练习提高教学效率、"算""用"结合教学策略研究、关注学生表达——促进有效参与、小学数学教学环节有效性研究、小学数学"生态课堂"研究、小学数学有效教学策略研究、小学数学课堂提问有效性研究、小学数学"童心课堂"的实践与研究、关注数学课堂"教学反馈"的有效性、基于"解决问题"思想的小学数学教学研究、基于"同课异构"的课堂提问有效性研究、智慧理答——成就精彩课堂、减负提质与有效教学、数学常态课中"学生活动方式"探究这样 14 个主题，并以文件形式在学期初予以发布，这样就使"区域性教研活动"意义得以提升。从活动现场看，执教老师皆能围绕各个活动主题，精心设计，巧妙选材，尊重儿童的主体潜能，关注学生的独特思考，为参加研讨的全体老师提供值得借鉴的教学经验；评课老师也都是"有备而来"，立足主题意蕴，就如何体现主题的深刻内涵、如何落实《教学建议》畅所欲言；讲座老师又能整合自己多年的教学经验，深入浅出地向与会教师介绍各自对主题的独到观点和实践成果。

"课堂教学——互动评课——观点报告——专题讲座"这样的模式是老师们最喜欢的教研模式，是关注教师需求的教研模式，也是最富实效的教研模式，这样的教研模式也已逐步成为上虞小学数学教研的常态！

精心准备，呈现精彩课堂

每场活动"课堂观摩"是重头戏，综观 14 次活动的 56 节课，涵盖了人教版小学数学知识体系的各个领域、各册教材，开课老师精心准备，凭借自己精湛的教学技能，无穷的教学魅力围绕主题作课，受到了与会老师的一致好评。尤其，三汇小学(农村中心完小)“小学数学教学环节有效性研究”活动中，樟塘小学(农村中心完小)孙伟娣老师执教五下“数学广角”《找次品》，孙老师大气干练，通过精心设计、层层引导，紧扣“环节有效”主题，拓宽学生视野、训练学生思维，为老师们如何上好“数学广角”提供了有益思考；谢塘镇小(农村镇小)关注数学课堂“教学反馈”的有效性活动中，棉粮小学(农村完小)金国新老师五上《用字母表示数》一课，课堂语言幽默风趣，极富感染力，且非常注重学生原生态数学思维的发掘，充分体现了学生学习的主体性；通明小学(农村完小)“算”“用”结合教学策略研究活动中，通明小学宋园园老师三下《估算》一课，围绕“算用结合”的活动主题，精心设计、巧妙选材，尊重儿童的主体潜能，关注学生的独特思考，为参加研讨的全体老师提供了值得借鉴的教学经验；驿亭镇小(农村镇小)“关注学生表达——促进有效参与”活动中，横塘小学(农村完小)陈文表老师执教的三下《长方形、正方形的面积》一课，打破常规的设计，让每一个学生参与在动态的情境中，通过对学生语言的关注，让学生理解长方形面积计算公式的原理，又通过层层提高的设计，让学生在不知不觉中巩固长方形的面积计算公式的运用。

精心准备，成就理想课堂，这样的课例不胜列举，“区域性教研”给了农村教师一个展示自我的平台。

高层引领，指明前进方向

教育科研离不开专家、名师的引领，为提升每场活动质量与吸引力，同时也为了进一步发挥名优骨干教师的示范引领作用，教研室每场保证一个名师，安排本市范围内省、市、县三级名师轮番登场，每场活动使“上课”与“讲座”结合，用“理论”指引“实践”。名师们在上展示课的同时，《谈新授课课堂练习设计》《略谈教学方式的细节创新》《开发学生的“属己语言”》《如何搞好数学思维训练》《学科教学案例研究》《有效教学：从把握起点开始》《小学数学自主探究障碍及策略研究》《回归童心：数学课堂的应然追求》8个报告深入浅出、理论联系实际，具有很强的借鉴性和操作性，使老师们受益匪浅；除此之外，6个由上虞市学科指导组成员所作的针对当天主题的专题点评，肯定优点、指出不足，每场的专题点评把大家的目光从实践中抽离出来，聚焦在课堂教学研究的新高度，刷新了老师们对于课堂教学的理解！

每次活动，叶老师结合当天案例，将“课标”与“建议”做了细致的解读。叶老师告诉大家，在“解决问题”教学中，要重视“列式意义”的深入追问，要重视“基本数量关系”的反复训练，要重视“活动兴趣”的有效激发，要重视“数学思维”的适度拓展；在小学数学课堂提问中，要切实体现四大准则，提问要“指向明确”，提问要“丰富形式”，提问要“精心预设”，提问要“顺势而动”；在课堂现场的“智慧理答”中，可以在方向迷失处“智慧理答”，可以在典型细节处“智慧理答”，可以在知识重点处“智慧理答”，可以在表达转换处“智慧理答”，可以在学生错误处“智慧理答”。叶老师的点评高屋建瓴，使《教学建议》本土化、具体化、常态化，为农村学校准确把握教研方式、为农村教师有效提升教学方式提供了理念导向，指明了实践方略，使教研活动更好地为一线教师的教学服务。

本文刊发在《小学数学》2013年第3期

6. 体验:让学生真正理解数学知识

【摘要】 体验学习,是指学生参与特定的数学活动,经历数学知识的形成和应用过程,积累个人的经验,从而获取知识、应用知识、解决问题的学习方式。恰当、适机的运用"体验",能清晰概念、明白算理、轻松建模、自纠错误,能帮助师生突破教学重难点,让学生真正理解数学知识。

【关键词】 体验 清晰概念 明白算理 轻松建模 自纠错误

小学数学体验学习,是指在小学数学课堂教学中,学生在教师的组织、引导和合作下,通过一定的情境,让学生参与特定的数学活动,经历、体验数学知识的形成和应用过程,积累个人经验,从而获取知识、应用知识、解决问题,达到促进学生自主发展的数学学习方式。在体验中,主体以自己的全部"自我"(已有的经历和心理结构)去感受、理解事物,因发现事物与自我的关联而生成情感反应,并由此产生丰富的联想和深刻的领悟。《数学课程标准(2011年版)》(以下简称《课程标准》)指出:"在呈现作为知识与技能的数学结果的同时,重视学生已有的经验,使学生体验从实际背景中抽象出数学问题、构建数学模型、寻求结果、解决问题的过程……"毋庸置疑,在小学数学教学中,恰当、适机的运用"体验",能取得"事半功倍"的教学效果。

"纸上得来终觉浅,绝知此事要躬行。"解读《课程标准》的理念和陆游的诗句,我们不难明白,要想认识事物内部的本质,真正弄明白蕴涵的深意,往往需要自己亲身去尝试,依托实践中自身的真切体验,才能真正感悟内隐的道理。反观当下,也有不少教师轻视知识的形成过程,忽视数感的形成和数学能力的培养,依靠大量的机械重复练习,使学生获得高分,学生虽能被动掌握知识,却对知识的形成过程很迷茫,甚至不明白。在追寻"让学生真正理解知识"的数学课堂目标下,体验无疑是一种有效的学习途径。运用"体验"突破小学数学教学重难点,能让我们看到教学的另一道美景。

一、体验,让"概念"更清晰

数学概念是数学知识的基础,是构成数学教材的基本因素,也是数学思想与方法的载体,正确理解数学概念,是学生掌握数学基础知识的前提。而许多数学概念具有抽象性,有些时候我们花了大力气,但学生还是似懂非懂,不能真正体会到知识的核心。由此,使学生对数学概念有清晰的认识,是我们必须要解决的问题。

【案例一】《毫米、分米的认识(新人教版三上)》

1. 利用实物,感知生活中"毫米"

师:看来同学们对"毫米"已经有点了解了。请你从老师为同学们准备的信封中找出1

毫米的物品。(信封内有:电话卡、1分硬币、1元硬币等)

生大喊:电话卡、1分硬币是1毫米。

师:电话卡的哪里是1毫米?1分硬币的哪里又是1毫米?请用手指指出来。

2. 借助实物,体验“毫米”

师:校讯通卡人人有,这个卡的厚度刚好是1毫米。让我们借助这个卡,再来感受一下这个神奇的1毫米。请大家像老师这样用大拇指和食指夹住卡片,然后轻轻地抽出卡片。现在两个手指尖的空隙就是(学生大喊:1毫米),瞪大眼睛看一看哦,好小啊!保持这个动作,手指不能抖动哦,同桌互相看一看,好了吗?保持了这么长时间,你的1毫米还是1毫米吗?把你的卡插回去,有没有太宽或太紧?

师:请你闭上眼睛想一想1毫米到底有多长。睁开眼睛,老师相信大家,肯定已经把它深深地记在心里了,1毫米这么小,你会用吗?

通过教学,学生了解和记住“毫米”这个数学名词不难,但1毫米到底有多长?如何帮助学生建立细胞记忆和形象记忆?以上教学中,教师为帮助学生建立起1毫米的直观印象,设计了“看卡片、看硬币、夹卡片、记厚度”等体验活动,引导学生借助自己肌体来帮助记忆,包括认识分米中类似的体验活动,必定能帮助学生留下1毫米的深刻印记,这样建立的1毫米概念,学生会终生难忘。这样的深度体验,既揭示概念的内涵,又把握了概念的外延,也为今后的用毫米和分米解决问题打下了扎实的基础。

二、体验,让“算理”更明白

计算教学一直被认为是“题目枯燥”“训练机械”“结果易错”“学生讨厌”,成了一块“难啃的骨头”,教师教得“累”,学生学得“苦”,但教师“累过了”,学生“苦过了”,遗憾的是学生还是不懂,尤其对算理一知半解!怎么办?下面的教学预设,也许能给大家有益的启示。

【案例二】《有余数的除法(新人教版二下)》

(创设情境,完成有余数的除法算式教学后。)为了尽力顺利突破难点——余数要比除数小,预设了以下两种策略,意在借体验,破难点。

策略1:用小棒摆独立正方形的操作中,特别是不能摆一个独立的正方形时,课件出示两种图示法的交替出现,这样可以更清晰地使学生明确当小棒数小于4根时,不能摆一个独立的正方形。这样有助于“余数比除数小”的这一教学难点的理解。将两张图片组合在一起(见图1),先数一数多出来几根,再搭一搭,发现不能搭成一个正方形。

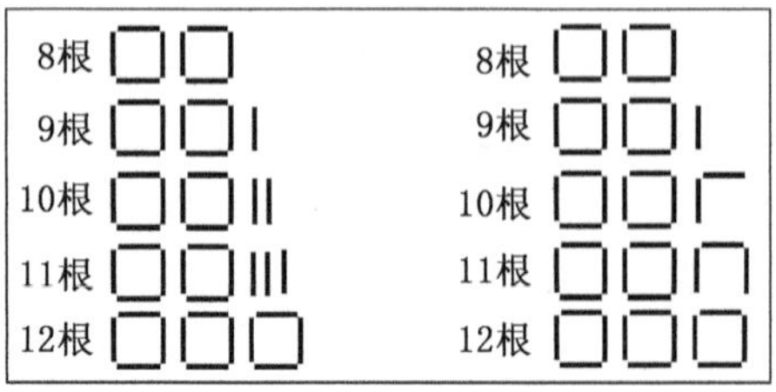

(图1)

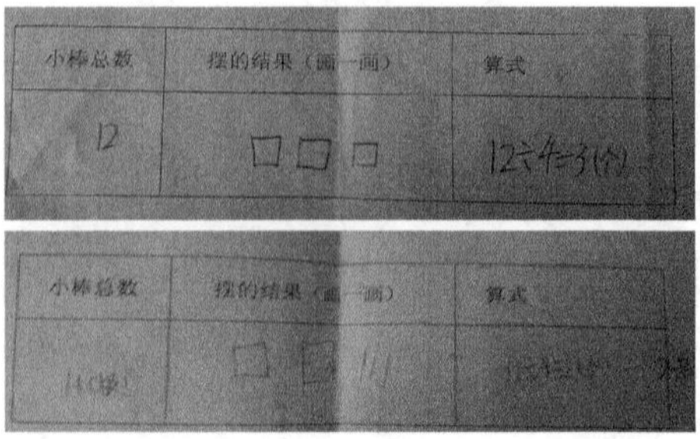
(图2)

策略2:给每个小组都准备10～12根不同数量的小棒，请学生用手中的小棒一个一个摆出独立的正方形，并把摆的结果以及所列算式写在记录单上(见图2)。这样一来，学生有充裕的时间去摆好，还能对自己的成果进行检查和修改。同时，在交流反馈时，学生对不同情况也会更感兴趣。

上述教学过程中，教师根据知识的系统性以及二年级学生的思维特点，创设了有效的操作体验活动，深化对余数意义的直观理解，同时对于验证“余数是否小于除数”这一结论的普遍性也就顺理成章了。学生通过亲手操作体验，摆一摆、分一分，发现问题，然后又通过老师的正确引导，充分感受到在平均分时会有剩余的情况，使学生更好地理解余数及有余数的除法的含义。上好一节数学课，关键是真正地让学生参与进来，充分调动学生的各种感官，自主发现新知，教师注重在操作、对比中使学生理解有余数的除法的含义，而不是由老师去告诉学生种种规律、现象，从而抹杀学生的学习热情，促使学生在学习过程中感受到:数学知识来源于生活，用于生活。

三、体验，让“建模”更轻松。

《课程标准》明确指出:“让学生亲身经历，将实际问题抽象成数学模型并进行解释与应用的过程，进而使学生获得对数学理解的同时，在思维能力、情感态度与价值观等多方面得到进步和发展。”这就要求教师把学生学习数学知识的过程当做建立数学模型的过程，从中培养学生的数学应用意识，引导学生自觉地用数学方法去分析、解决生活中的问题。因此，教师在教学中既要重视结果，更要关注学生自主建立数学模型的过程，让学生在进行探究性学习的过程中科学、合理、有效地建立数学模型。

【案例三】《植树问题(新人教版五上)》

(前期:自主探究、交流20米和30米的路上，每隔5米种一棵树，形成以下板书)

	两端都种	两端不种	只种一端	间隔数
20米/5米	5	3	4	4
30米/5米	7	5	6	6

师:假如一条路有100米，在它的一边每隔5米种一棵，要种几棵?用自己喜欢的方式，求出要种几棵树，你可以只算一种情况，也可以算出三种情况。(学生开始操作体验，有画图的、有计算的、有找规律的)

汇报交流:(1)问画图的学生，你画了几棵?数一数，间隔数都是20吗?

(2)计算的同学答案怎样的?你们的间隔数是怎么来的?

师:假如一条路有200米，在它的一边每隔2米种一棵，要种几棵?

通过这几种情况的解答，如果画图显得很麻烦时，要求出棵数的关键是什么?

师:在一条10 000米路的一边种数，如果知道了间隔数，你能求出棵数吗?假如不知道每隔几米，只说有500个间隔、2 000个间隔，你怎么办?

如果现在有N个间隔，棵数怎么求?($N+1$,$N-1$,N,N)

结合交流，随机形成如下板书(接上表):

100 米/5 米	21	19	20	20
200 米/2 米	101	99	100	100
…	…	…	…	…
	$N+1$	$N-1$	N	N

观察表格，横着看你有什么发现？（明确：两端都种比“间隔数”多1，两端不种比“间隔数”少1，只种一端与“间隔数”一样。）

竖着看你又有什么发现？（所有的两端都种，都是加1；所有的两端不种，都是减1；所有的只种一端，都是等于。）

师：是的，不论横看还是竖看，都能确定：两端都种比“间隔数”多1，两端不种比“间隔数”少1，只种一端与“间隔数”一样。

“植树问题”是新编人教版五年级上册（原人教版四年级下册）《数学广角》里经典又眼熟的一节课。特级教师汤春燕老师曾说：“因为它经典，关于该课的教学设计、课堂视频多有看到；因为大家眼熟，要有所突破就显得比较困难。”难在哪里？通过教学让学生去熟练掌握植树问题的策略，并以植树问题作为数学思想的一个学习支点，也就是建立植树问题的解题模型，真正培养学生解决问题的能力，增添学习数学的兴趣。

数学规律的得出、数量关系的总结，只有通过一定量的体验——至少有三个及以上的算式或题组的观察、计算，学生才有可能理解。上述教学片断中，教师先让学生找寻“20米和30米”路长上植树棵数，这两种情况相对简单，学生通过画图，既准确又快速地找出三种不同情况的答案；然后，教师又设计了“100米”的路长，显然这个长度画图解决已经有一定麻烦了，但学生“咬咬牙”还是画下来了；之后，“200米和1 000米”路长的出现，这就逼着学生不得不去思考找寻解决问题的新方法，并提炼蕴涵其中的规律；最后，根据“N个间隔”来决定三种情况的植树数量，使学生轻松建模并解决问题。在“画图解决”和“画图不能解决”的认知冲突产生时，及时引导学生思考：画图太麻烦了，怎么办？学生才会主动思考间隔数怎么求出来？同时，教师又配以“横着看”和“竖着看”这两个经典“提问”，引领学生及时地从画图数数转向寻找数量关系，充分经历这个过程，有了足够的、完全的体验，体会到解答植树问题的关键所在。在这个学习过程中，学生的思维逐渐从具体走向一般，从形象思维向抽象逻辑思维过渡。这样体验教学，使学生不再死记硬背某些规律和数量关系，而是真正理解了数学知识。

苏霍姆林斯基说：“成功的体验是一种巨大的情绪力量！”的确，成功的体验能帮助师生突破教学重难点，让学生真正理解数学知识。

本文刊发在《小学教学参考》2016年第1期

7. 几何直观:让小学数学学得更明白

——例谈几何直观在“数与代数”领域的教学运用策略

《义务教育数学课程标准(2011版)》首次将“几何直观”作为新增的4个核心概念之一,它不仅存在于“图形与几何”,而且对“数与代数”“统计与概率”“综合与实践”领域的学习都发挥着重要作用,可以说几何直观贯穿于整个数学学习中。正确理解“几何直观”的意义与价值,有利于教师借助“几何直观”帮助学生有效地分析和解决问题,从而发展学生的几何直观能力。“几何直观”在“数与代数”领域的教学运用策略可以有:以形释数,抽象概念直观表征策略;以形探理,理解算理直观再现策略;以形辅数,解决问题直观促思策略;润数于形,梳理知识直观构建策略。

无论是数学教育家还是一线教师,对“几何直观”的关注与研究方兴未艾。教师如果能认清几何直观的本质,找准提升学生直观能力的实践策略,就能提高学生的学习兴趣、学习效率,并对学生的数学学习起到助推作用。

一、几何直观的意义与价值

什么是几何直观?“几何直观”的提出并不是构建一个新的数学概念,而是化抽象为具体,帮助学生加深对数学的理解。课标(2011版)指出:“几何直观主要是利用图形描述来分析问题,借助几何直观可以把复杂的数学问题变得简明形象,有助于探索解决问题的思路,预测结果。几何直观可以帮助学生直观地理解数学,在整个数学学习过程中发挥着重要作用。”正如数学家希尔伯特在其名著《直观几何》一书中指出:“图形可以帮助我们发现、描述研究问题;也可以帮助我们寻求解决问题的思路;还可以帮助我们理解、记忆所得到的结果。”几何直观就是凭借图形的直观性特点,将抽象的数学语言与直观的图形语言有机地结合起来,整合抽象思维与形象思维,充分展现问题的本质,突破数学理解上的难点。由此,几何直观于学生而言,是一种有效的学习方式;于教师而言,是一种有效的教学手段。它是小学数学课堂教学中不可缺少的,重要的数学思想方法。

二、几何直观在“数与代数”领域教学运用策略

根据课标的内容目标要求,在第一、二学段中,几何直观所涉及的图形主要有点、线、面、体以及由它们组成的其他几何图形。几何直观既是一个过程,同时也是一个结果。说它是过程,主要体现在“利用图形”来描述和分析问题;说这是结果,是因为可以把几何直观看作是一种能力或是素养。在小学数学课堂教学中发展学生的几何直观,能帮助学生更好

地理解数学本质和促进其思维的发展，提升儿童分析问题和解决问题的能力，而且有助于创新意识和实践能力的培养。发展几何直观能力在小学数学的各个领域均有不同程度的渗透，在这里重点阐述在“数与代数”领域中如何凭借“几何直观”，帮助学生有效地描述和分析问题，笔者结合自己的教学实践，作如下尝试。

(一) 以形释数——抽象概念直观表征策略

小学生正处于由具体形象思维向抽象逻辑思维过渡的阶段，具有较强的直观性。受到知识经验和思维水平的限制，数学概念的学习比较抽象，有些概念很难用学生理解的语言进行表述。这时，图形直观往往会成为有效的表达工具，学生对看得到的或是自己动手操作的学习，往往更是容易接受理解。

【案例 1】 “最大公因数”教学片段

传统教学最大公因数都是教师先出示2个自然数，让学生直接找各自的因数，从中发现哪些数是这两个数公有的因数，从而揭示公因数与最大公因数的概念。这样的教学方式学生是被动学习，只是浅尝辄止，并未真正建构。在将教学内容重新整合后，利用数与形之间的相互联系，学生从知识产生的需要本身，理解公因数与最大公因数的意义。

教师出示问题：长方形纸片长18厘米、宽12厘米；要把这张长方形纸剪成边长是整厘米数的正方形，且没有剩余。正方形的边长可以是几厘米？最长是几厘米？

1. **师**：猜一猜，正方形的边长可以是几厘米？能验证一下你的猜测吗？

生：猜测可能是1厘米。(**师**：你怎样来验证？)用边长1厘米的正方形来摆一摆。长1厘米，1厘米的摆过去，可以摆18个，宽1厘米，1厘米地摆下来，可以摆12个。教师根据学生的说理，课件演示：边长是1厘米的正方形可以摆满，并且没有剩余。(如图1)

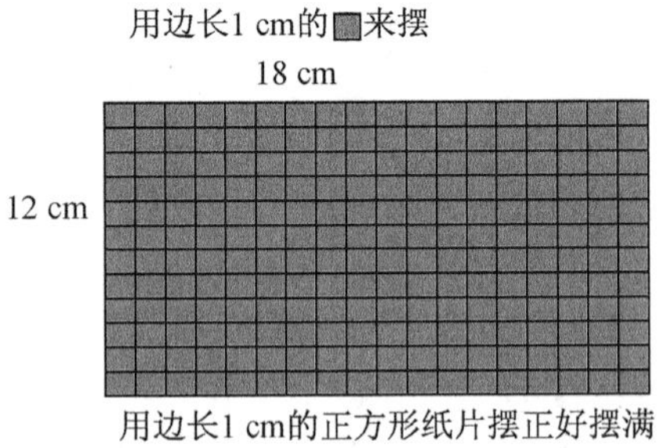

(图 1)

2. **师**：用其他的正方形纸片来摆，有没有剩余呢？学生先铺摆，然后交流2、3、4铺摆的情况。

3. **师**：不通过计算，你可以推断出能否摆满，并且没有剩余？课件呈现用边长2、3、4厘米摆的情况和思考过程。(图2)你能推想出用边长是5厘米、6厘米、7厘米的正方形纸片摆的情况吗？

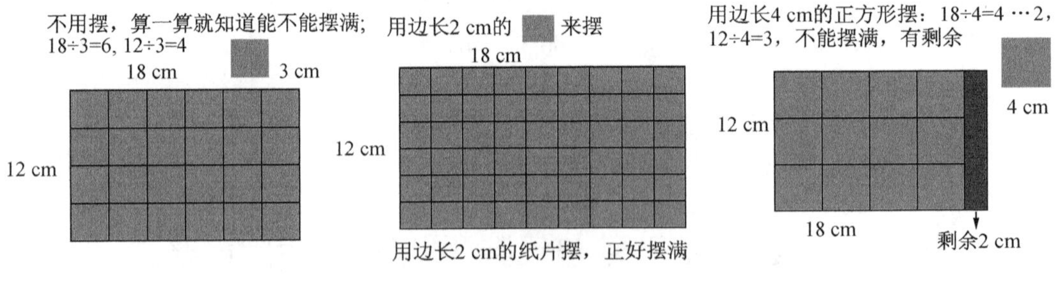

(图 2)

4. 小结归纳：用边长是1厘米，2厘米，3厘米，6厘米的正方形摆都正好摆满，而且没有剩余。用边长是4厘米、5厘米……的正方形摆，就有剩余了。

5. **师**：1、2、3、6与18、12有什么关系呢？

6. **生**:这些数都是18的因数,也是12的因数。只要是18和12都有的因数就一定可以摆满,而且没有剩余。学生说理太棒了,教师在学生的回答上用韦恩图揭示公因数和最大公因数的意义。(图3)

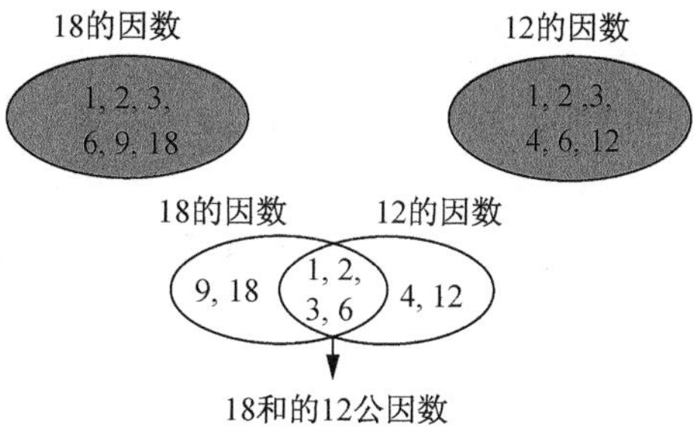

(图3)

这样的教学方式打破了传统“最大公因数”的教学,在抽象的数概念的情境下学生学习公因数与最大公因数都是只限于表层意义的理解;这样的教学方式旨在着力改善学生的学习方式,引导学生经历动手操作→直观感知→思考碰撞→想象推理→讨论思辩→明确意义,充分利用图形描述和分析问题,进行数学思考和想象,经历了因数和最大公因数的形成过程,感悟数形结合的思想,发展几何直观意识。另外,用韦恩图表示公因数和最大公因数的意义,能够使学生在几何直观的作用下加深对抽象概念的理解。

(二)以形探理——理解算理直观再现策略

算理是算法的依据,而算理教学又是计算教学的瓶颈。教师往往注重计算方法的教学,忽视算理理解,造成部分学生即使能掌握计算方法“是这样”,然而对算理“为什么这样”的理解较难深入,常常是知其然而不知其所以然,停留在形式模仿阶段。因此教学中要根据学生的认知规律,采用生动、直观、有效的手段,帮助学生弄清算理。为了理解算理,我们常用的方式就是动手操作。低年级常用计数器和直尺,通过动手操作在人脑中形成知识表象,而高年级就是引导、鼓励学生动手画图。

【案例2】 “分数乘分数”教学片段

师:我们已经学习了分数乘整数,像这样的分数乘分数你会计算吗?$\left(\frac{2}{5}\times\frac{1}{3}\right)$

生:会。分子乘分子,分母乘分母。

师:看来,分数乘分数,你们都已经会了,那这节课我们没什么好研究的了。

生:不是的,我们还要研究为什么可以这样算。

师:学习数学不仅要知其然,更要知所以然。你能画图解释吗?

(教师请学生自主举例,画图验证计算结果,并进行交流。这时,有学生举手示意教师)

生:老师,我写的分数是$\frac{2}{5}\times\frac{98}{99}$,怎么画图证明结果呢?

师:能画出来吗?

生:画起来太麻烦了,要画到什么时候?

生:我想到了一个办法,先画几行几列,然后用省略号。

师:有创意!我们可以在脑海中想象出$\frac{2}{5}\times\frac{98}{99}$的图是什么样子的。闭上眼睛,继续发挥你的想象力,在脑海中想象画出$\frac{2}{3}\times\frac{4}{5}$的过程;再想象$\frac{21}{100}\times\frac{9}{10}$的图是什么样子。

师:现在你能领悟到为什么分子乘分子,分母乘分母的道理了吗?

生:我感觉到两个乘数的分母就把这个长方形分成了几行几列,所以分母乘分母就是乘积的分母。(其他学生露出恍然大悟的表情)

生:(在黑板上边比划边说明)先把长方形平均分成a行,涂上b列,表示$\frac{b}{a}$,再把涂色部

分平均分成 c 列，涂上 d 列，你们看，长方形就被平均分成了 a 行 c 列，所以 $a\times c$ 就是结果的分母；涂色部分是 b 行 d 列，所以 $b\times d$ 就是结果的分子。（全班响起了热烈的掌声）

学生充分经历了几何直观表征分数乘分数意义的过程，积累了丰富的直观经验，并形成相关几何表象，当教师追问“为什么分子乘分子作为积的分子，分母乘分母作为积的分母?”遇到这样一个复杂、抽象的问题怎么办？我们自然想到用画图的方法把它描述和刻画出来，化难为易，这是一种直观能力。我们欣喜地看到，学生在一次次的尝试画图中，先分再取，后又分再取，将抽象的算理直观化、形象化地体现出来，懵懂地感受到分数乘分数的算理，足矣！

在小学阶段，分数四则运算意义和算理比较抽象，学生理解起来困难较大。用图形描述，可以在算理直观与算法抽象之间架起一条桥梁，降低思维难度。基于此，教师不妨运用“几何直观”这个利器，引导学生化抽象为直观，明确算理，提炼算法，真正提高学生的运算能力。

（三）以形辅数——解决问题直观促思策略

小学生的思维特点决定其在很大程度上离不开直观的支撑，脱离不了对图形表象的依赖。虽然教材也遵循学生这一认知规律，解决问题在编排时呈现问题的形式是多种多样，有图画式，对话式，图表式，文字式等等，但随着年级的升高，以文字形式为主的问题解决将成为主流。纯文字的问题语言比较简洁，枯燥乏味，致使学生常常读不懂题意。如果学生能够在纸上画一画，理一理，排一排，借助直观图形把抽象的数学问题具体化，就能帮助学生读懂题意，找到解决问题的思路，从而提高学生解决问题的能力。

【案例3】 “打电话”教学片段

“打电话”是五年级下册的综合实践活动：一个合唱队共有15人，暑假期间有一个紧急演出，老师需要尽快通知到每一个队员。如果用打电话的方式，每分钟通知1人，请帮助老师设计一个打电话的方案。

1. 整理问题的关键信息

要通知的人数	15人
通知的方式与用时	打电话，每人1分钟
对于通知的要求	尽快

（运用表格整理问题信息，指向性更明确）

2. **师**：你打算怎么解决呢？

生：可以一个一个地通知，但是这样太慢了，需要 $1\times15=15$ 分钟。

师：我们可以分组，由老师通知组长，组长通知组员，试试看。学生出示了图1。

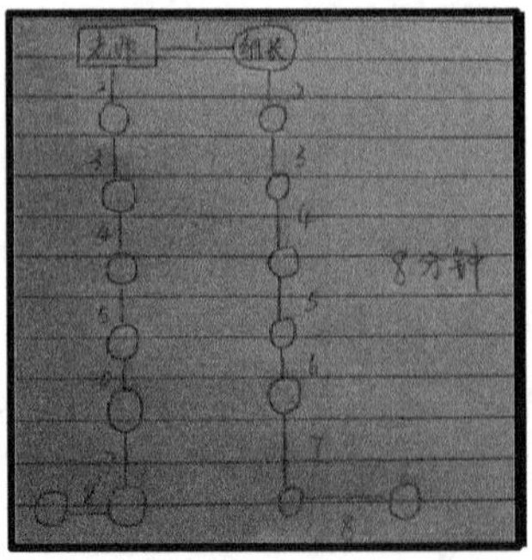

（图1）

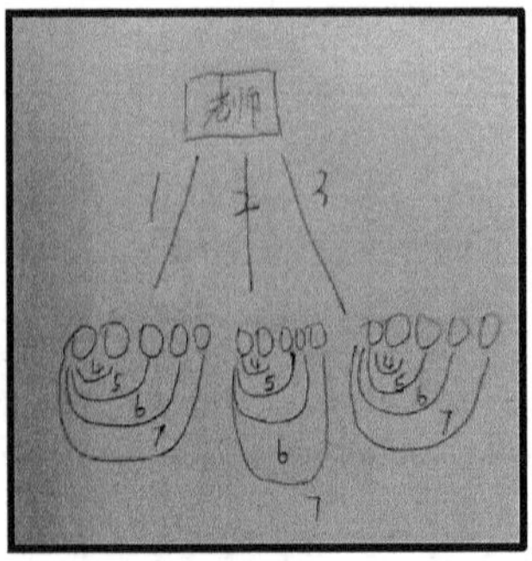

（图2）

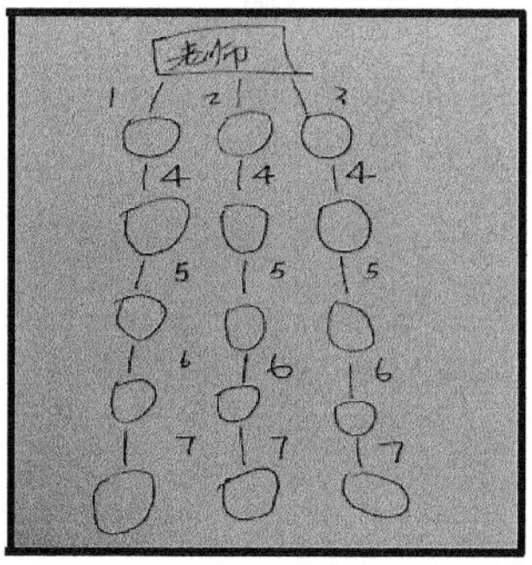

（图 3）

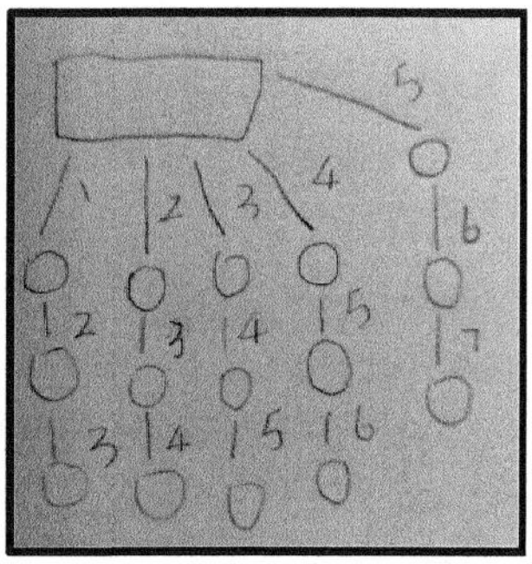

（图 4）

3. **师**：还有更快的方法吗？观察刚才我们在分组打电话的过程中，有没有可以再节省时间的地方？

生：有些人空下来了。像刚才的图 2 中，老师通知完 3 个组长后，他就不打了，剩下的人数都是组长在通知，其实老师还可以继续通知呀！

生：是呀，我们可以让每个队员接到通知后马上通知别人，别让人空下来。

师：这是个好方法！那我们怎么来表示呢？

生：我们可以用□表示老师，○表示学生，这样画起来会更快！

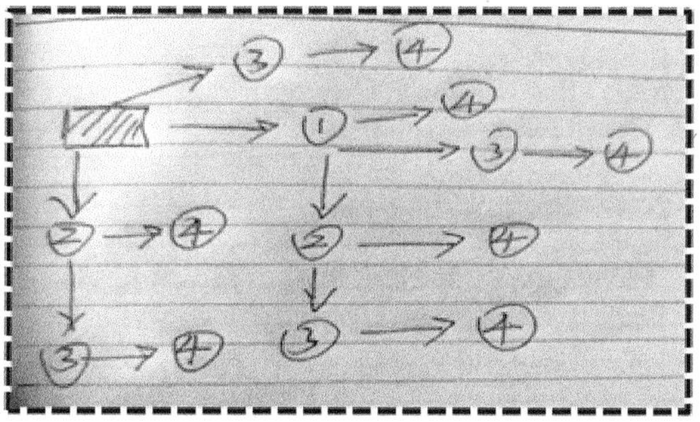

（图 5）

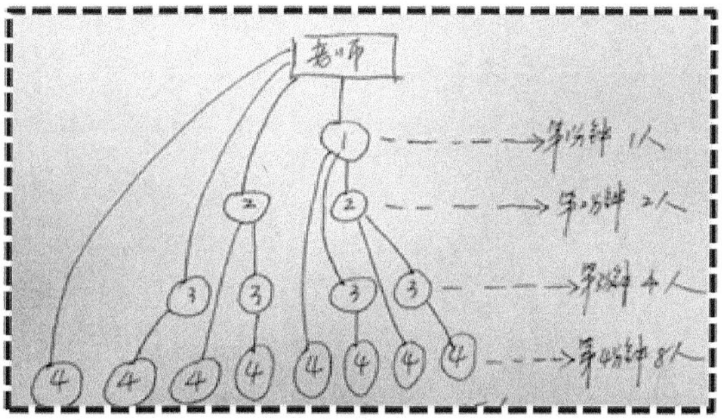

（图 6）

在表达思考的过程中，绝大多数的学生利用树状图的形式来描述。这样，把复杂的数量关系简明、直观地呈现出来，并且学生借助示意图发现了其中的规律：从第 2 分钟开始，新增接到的人数是前 1 分钟人数的 2 倍。学生借助简约符号直观对问题逐渐深入的过程，也再次说明了几何直观是推动思维展开的基础，也是获得对数学深入理解的依托。

线段图依然是学生解决问题的重要学习工具。能够将枯燥的文字翻译成图形本身就离不开学生的思考，图形较之于文字可以直观形象地呈现数量关系，使许多隐藏在文字背后的数量关系显现于做题者面前，从而帮助做题者找到解决问题的突破口。比如解决"稍复杂的分数应用题"就离不开线段图的支撑。所以教会学生通过线段图直观表达数量关系，就是在经历一个完美的数学发现过程。

（四）润数于形——梳理知识直观构建策略

在课的总结或者是单元复习整理时，理清知识之间的联系是教学目标之一。在日常的教学中，老师们对新授课的研究较多而对于复习课或练习课关注很少。对教师们而言，复习课就像是一根"鸡肋"，不复习不放心，复习就像走过场，如果赋予复习课一条主线，借助几何直观帮助学生梳理知识，构建知识框架是一种值得探究的模式。

【案例4】 “运算定律与简便计算单元复习”教学片断

1. **师**：课件展示：看到这个长方形，你能想到什么问题？

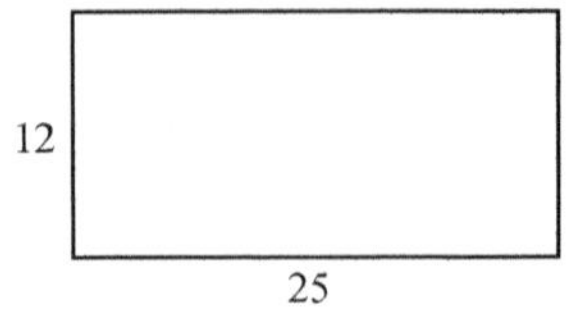

生：这个长方形的周长，还能知道它的面积。

师：你能计算这个长方形的面积吗？如何列式？

生：12×25，也可以是25×12。

2. 课件呈现：12×25　25×12

师：这两个算式之间有什么联系？

生：$12\times25=25\times12$。

师跟进：你是怎么想到的？

生：它运用了乘法交换律。

师：具体说说，你是怎么看出来的？

根据学生的回答，老师整理板书：$a\times b=b\times a$。

3. 口答这个长方形的面积：

$$\begin{aligned}&25\times12\\=&25\times(4\times3)\\=&25\times4\times3\\=&300\end{aligned}$$

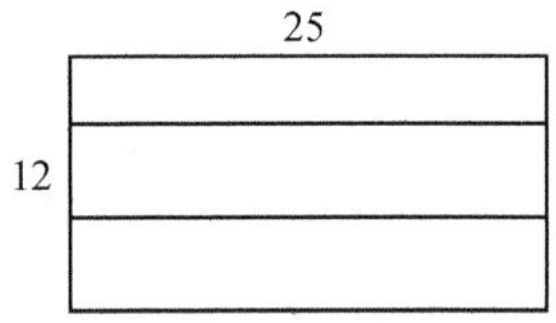

师：从图上看，$25\times4\times3$可以表示什么？

生：将这个长方形的宽平均分成了3份，每份就是4。25×4就是一个小长方形的面积。（老师根据学生的回答将长方形平均分成3份。）

师：我明白了原来这个25×4是在计算一个小面积呀，那么这个等式又运用了什么性质呢？

生：乘法结合律，教师整理板书：$(a\times b)\times c=a\times(b\times c)$。

4. **师**：如果是这样的情况，你能求出这个长方形的面积吗？

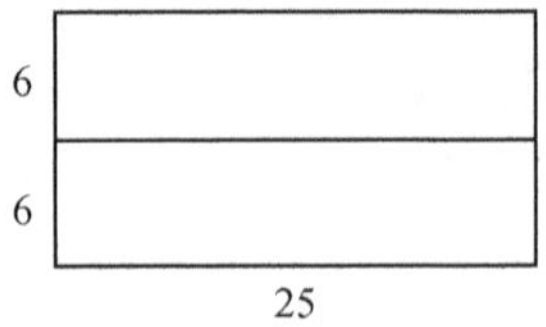

生：能。$25\times6\times2$　　（是从刚才的方法中得到启发！）

$25\times6+25\times6$　　（换了思路，打开了一番新天地！）

$25\times(6+6)$

师：计算长方形的面积时既可以整体考虑，又可以分一分再计算。这样的规律就是……，用字母表示为$(a+b)\times c=a\times c+b\times c$（教师板书）

能否用一条主线贯穿我们的复习课堂？在上面的案例中，老师尝试以"数形结合的思想"为主线，利用"长方形面积"计算，指引学生积极主动地回忆整理所学知识。课堂中，让学生经历了由图→式，式→图的双向过程，自然而然地回忆起"运算定律"这个单元的知识，并通过整理、分析、综合的过程理清知识的来龙去脉。当学生口答 25×12 时，自然而然想到了乘法结合律，但教师并没有满足于此，而是出示相应的图形，让学生说说 24×4×3 的含义，这些活动，不仅巧妙沟通了运算定律与以往所学知识间的联系，更让学生感受到运算定律的产生及其应用。

其实数学复习课不乏用几何直观图整理知识的案例，像六年级总复习《数的认识》中，教师用数轴呈现数的分布情况，学生能直观感受到数的分类以及它们之间的联系，看到数想到图这就是几何直观能力。几何直观图有的重在知识网络整理，有的重在知识技能运用，有的重在思维能力的拓展……

数学家张广厚曾说：数学无疑是一门高度抽象的学科，需要人们具有高度抽象思维的能力，但是也同样需要很强的几何直观能力运用于"数学代数"领域中，恰恰彰显它的意义与价值。基于此，教师在教学时要根据儿童的年龄特点，以学习内容为依托，用直观架起具体与抽象的桥梁，逐渐引导学生借助"形"研究和思考问题，引导学生穿梭于图形直观抽象概念之间进行探索，发展学生的几何直观能力，让数学变得更简单。

本文刊发在《学习数学与研究》2021 年第 4 期

8. 例谈四年级教材“数学文化资源”的开发与利用

多少年来，数学课堂一直都是“定理”“法则”“运算”的代名词。这种现象的逐步形成，与数学教学一味注重知识传递、技能训练，而无情漠视“数学”依托的丰厚社会背景、“数学”蕴涵的鲜活文化背景、“数学”发展变革过程中人类探索发现的精神力量以及“数学”与人类社会千丝万缕的密切联系是分不开的。因此，新理念下的数学教学，应努力挖掘关联数学知识的厚重文化资源，实现数学教学“科学求真”与“人文熏陶”的视界融合。

翻阅“人教版”教科书各册教科书“数学文化资源”都有体现，如何用活这些“教材资源”？在梳理教材、活用教材的前提下，我们根据教学需要，以四年级教材为研究载体，开辟了链接“社会文化”、引入“历史典故”、感悟“阅读欣赏”、体验“实践操作”、优化“人文环境”五个研究视角。

1. 链接“社会文化”。用数学思想来解读社会现象，这是“数学文化”的重要内容。作为立足新理念精神、依附新时期背景的数学教学，理应带着博大包容的人文姿态，去全心眷注时代特质下的社会现实，并精心选择那些蕴涵数学意义、富有思辨价值的社会现象以恰如其分的合理方式呈现于课堂现场，以便引导学生灵活应用数学知识、适度透析社会现实，从中既增长知识、锤炼思维，还能感悟数学的文化内涵，体味现象的社会根源。

如《加法运算定律》（四下）一课中，新课伊始，教师根据教学学校崧厦镇小所处上虞崧厦镇“块状经济”伞的特点，进行如下数学文化资源链接，并将“伞”这个主题贯穿全课。

1. 素材呈现：同学们，你们“崧厦镇”是“中国伞城”，一年伞产量约是5亿把，可以说家家户户都与伞有着千丝万缕的联系。前几天，傅老师和崧厦镇上的一个李阿姨聊天，她告诉傅老师，“她上午能做雨伞32把，下午能做雨伞54把”。

2. 引入“历史典故”。数学的科学内涵无疑是严谨刚性的，但其间所蕴涵的历史文化却是浪漫柔性的。如果数学教师能够更多关注数学知识历史背景的挖掘追索，那么，定然能为数学教学“脱去僵硬外衣、显露蓬勃生机”提供更为丰富的可能性。鉴于此，我们设想在开发、设计“数学文化资源”时理应把与数学知识密切相关的“历史事件”“文化传闻”“科学趣事”“童话故事”等一并纳入资源组合的广阔视野，力求以丰厚深邃的课堂信息来拓宽学生的知识领域，丰富学生的精神世界！

如《商不变性质》（四上）一课，教师在教学中引入以下童话故事。

师：花果山上，猴王在分桃子。猴王说：“三只猴子，6个桃子！”小猴子听了，觉得太少了，着急地喊到“太少了，太少了！”猴王说：“是太少了，那就30只猴子，分60个桃子吧！”小猴子听了，感觉是比上一次多了，但还是不满意，又说：“大王真小气，不够不够！”于是，猴王又说：“还不够呀！那就300只猴子，给你们600个桃子吧，够多了吧！”这下小猴子可高兴了，高声喊道：“大王万岁！大王万岁！”猴王和小猴子都开心地笑了！

3. 感悟“阅读欣赏”。苏霍姆林斯基说过：“阅读是学生通往知识世界的一个重要窗口。”因此，我们将会让学生有机会充分阅读、欣赏、感悟“古文典籍”、课外阅读材料等，通过数学阅读不仅开阔学生的眼界，而且可以激发学生探索数学的兴趣，感悟数学文化的魅力。

如《折线统计图(四下)》中，教师出示折线统计图概念后，紧接着出示6组生活中的折线统计图，某汽车4S店6月份汽车销量图、病人心电图、某急诊病人48小时体温图、股票大盘走向图等。

4. 体验“实践操作”。现代教学理论认为：在手和脑之间有着千丝万缕的联系，手使脑得到发展，就能使学生更加聪明，从而更具有创造力。因此，我们会开发设计有关重视数学操作的活动，编写一些动手操作类的作业，以培养学生多方面的能力，提高学生的综合素养。让学生在实践操作中体验数学文化的韵味，从而获得创造新文化的意识和能力，获得终身受益的文化力量。

如《三角形的特性》(四下)一课中，教师要求每一个学生通过“实践操作”活动，将抽象的数学知识与生活实际相结合，通过动手，使学生更加聪明，使学生更具创造力，从而完成对数学文化资源链接。

(在完成寻找生活中三角形的原形后)**师**：生活中有这么多的三角形，那你能不能运用身边的材料(描一描、画一画、围一围、折一折……或你喜欢的方法)创造出一个三角形呢?

汇报：印、画、围、折、搭、切……

5. 优化“人文环境”。当然作为教师，尤其是数学教师，我们教师要努力培养自己乐观、开朗的性格，课题组将搜集富有幽默感的格言、警句、妙语、急智之言、风趣的小故事、笑话等。同时要尊重学生的意见，构建和谐的课堂文化，为学生感受数学文化提供良好的人文环境。

如《加法运算定律》(四下)一课中，课的最后“机动延伸：拓展知识视野”环节，教师运用学生好奇的心理，通过风趣幽默的语言，将数学课堂练习与数学文化链接。

师：课的最后，傅老师要请同学们破一个案，这是怎么一回事?破案!破什么案?当然不是杀人命案了(学生大笑)。

师生一起解题……

通过五个研究视角的成功运用，使我们重视了“数学文化”的人文性，重视情感、态度、价值观等人本教育，也重视了对学生实践能力、创新精神的培养；重视了将数学知识与学生的生活有机结合，重视数学学习和学生情感体验的有机融合；在学习方式上给了学生动手实践、自主探索、合作交流的机会，重视挖掘“数学文化内涵”，激发学生的学习动机，重视调动学生的生活经验，培养学生主动参与数学学习的意识和兴趣。

本文刊发在《启迪与智慧(教育版)》2013年第4期

9. 关于小学数学课堂导入有效性的思考

现代教学理论认为，一节完整的数学课包括“导入、新授、巩固、小结”四大基本版块，“导入”部分作为一节新课的起始之笔，起着“至关重要”的作用。无数成功的教学实践证明，一个优秀的导课设计能迅速集中学生的注意力，把他们的主体思绪带进特定的学习活动中，从而有效地开启其思维的闸门，激发联想，激励探究，为一堂课的成功铺下坚实基石。

一

目前，尽管越来越多的教师已经接受了新课程理念，并能努力将新理念运用于导课设计之中，但有时往往只是形式化地给课堂导入披上了华丽的外衣，本质上却并未创新，反而与有效教学“背道而驰”。以下，仅列举几种较为常见的“无效”导课类型。

1. “总结反馈”型

“总结反馈”指的是上课铃声响后，教师不是直接讲新课内容或跟新课有关的内容，而是对前一节所布置的作业情况进行反馈、评价。对于这种导课方式，浙江舟山的陈红芬老师在《小学数学课堂教学有效时间的调查与研究》一文中指出：有 11.45％的数学教师喜欢在上课之前，先讲评前一天的作业，对做得不好的学生还要进行批评，这样就浪费了学生听课的“黄金时间”，更为严重的是影响了学生上课的情绪，使整堂课的教学效率低下。

笔者也曾是 11.45％中的一员，那种“恨铁不成钢”的心情可以理解。但正是这种“恨铁不成钢”的心态使我们越讲评越“愤怒”、越总结越“懊恼”，我们因此常常这样反问自己：重点、难点我在前一节课已经讲得这么透彻了，为什么学生就是不懂呢？为什么作业本的错误率还是这么高呢？在这种思维的指导下，我们往往就会“失去理智”变得“怒发冲冠”“面目可憎”，我们的学生坐在位置上低着头、大气不敢出，满耳是老师的怒斥声。这样的情形，一般情况下会维持十分钟左右。试问经历这样的“黑色十分钟”后，学生的上课积极性还会存在吗？在接下去的新课讲授中，学生还听得进去吗？

2. “弃近就远”型

【片断】《轴对称图形》(浙教版第十一册)

师：今天数学课上老师先要剪一个喜字，请同学们仔细观察。

(教师用了 2 分钟时间在红纸上剪了一个喜字。)

师：好看吗？同学们喜欢吗？(生回答喜欢)那好，请你拿出老师为你准备的红纸，也动手剪一个喜字。(学生用 5 分钟时间剪了一个喜字。)

师：请四人小组欣赏你们的喜字，它们有一个共同的特点，你发现了吗？(学生回答)

师：是的，将纸对折在一起，可以完全重合。像这样可以完全重合在一起的图形数学上

称为轴对称图形。今天我们就来学习"轴对称图形"。(板书课题)

毋庸置疑,实物比语言更有说服力和真切感。运用实物、模型或投影等直观手段,可以为学生提供丰富的感性经验,直观鲜明地揭示客观事物的关系,从而有助于学生的思维建构。但是,在以上片断中,为了揭题绕这么远的路,难道学生只有通过这样的体验才能理解"轴对称"吗?案例中的操作确实对小学生起到了吸引注意力的作用,但是创设操作的目的不仅仅是感受物体、接触物体,更重要的在于是否能让学生在体验的基础上萌生数学思考。我们要努力避免教学中"唯情境论"。

二

那么,怎么样的导入才是我们需要的导入?或者说怎样的导入才是有效的导入?当前教育专家普遍认为,教师在设计一节课的导入环节时,应注重以下目标的达成:(1) 吸引和集中学生的学习注意力,激发学生的学习动机,调动学生的学习兴趣和欲望;(2) 迅速与学生的心理建立沟通,师生共同进入新课内容教与学的协调状态;(3) 帮助学生建立学习新内容的信心,启迪他们学习的主动性和积极性。本着"有效"主旨,以"数学教学生活化"为支撑,着眼以上设计目标导向,笔者在日常教学进行了导入改革的有益尝试。现就自己日常的实践和听课的感受,将"有效导课方式"分为以下几个类型:

1. "开门见山"型

有位同事上课时,师生问好后,直接告诉学生今天所要学习的内容,然后用小黑板出示本节课的学习目标,让学生带着明确的目的进行学习,在课即将结束时这位同事会带领学生对照目标逐一检查目标的达成情况。

笔者跟同事班中的学生进行过以下对话:

笔者:你喜欢你们老师的这种上课风格吗?为什么?

生1:喜欢!我觉得这样可以很快地知道学习任务,当老师讲这些知识点时我会听得特别认真!

生2:我觉得挺好。我会在课后检查老师提出的学习目标,对自己还不是很清楚的知识点我会请教老师、同学和家长。

……

我们暂且先不议论每节数学课这样处理是否可取,而是站在教科书的层面分析:对一些前后联系不十分密切的教学内容,教师可通过简洁、生动、明确的谈话或设问,开门见山地提示课题,这样定能引起学生的注意,使学生带着明确的目的进行学习。这样的导入设计使学生在开课伊始产生一种需要紧迫感,激发学生的学习动机、高涨学生的探究热情,这样的导入显然是有效的!

2. "情境激趣"型

【片断】 《求一个数的几分之几是多少应用题》(浙教版第十一册)

(教师课件大字体的显示以下词语:入学、工作、结婚)

师:同学们,有位社会学家指出人的一生很漫长,将会经历许许多多的事情,但入学、工作、结婚是一个人的关键经历,称为人生"三部曲"。今天,我们将来研究一下老师的人生三部曲,同学们有兴趣吗?

生：有！（声音响亮，兴趣盎然地回答。）

……

这是一个简洁、朴实的教学情境，我们看到了学生求知欲望的激起、思维火花的开启，也使学生真正感受到生活处处有数学。《数学课程标准》指出："要让学生在现实情境中体验和理解数学"。而数学情境的核心是蕴涵一定的数学问题，一个优秀的情境能拨动学生思维之弦，激活求知欲、唤起好奇心，使看似枯燥、抽象的数学知识充满亲和力。教师放弃了课本例题，创造性地将新知隐藏在教师的各年龄段中，而学生也对老师的这些"隐私"特别感兴趣，使新知和现实生活紧密连接，这样也使我们的数学课堂变得富有诗意，也使课堂蕴涵了"珍惜人生每一步"的哲理教育。与此同时，新知构建也在师生互动中自然生成。

3. "新知铺垫"型

【片断】《倒数》(浙教版第十一册)

师：我们的黑板是什么颜色？

生：黑色。

师：教室的墙面又是什么颜色？

生：白色。

师：黑与白在语文上是什么关系？

生：黑是白的反义词。

生：白是黑的反义词。

师：能说黑是反义词或白是反义词吗？

生：不能，因为黑与白是相互依存的关系，必须说清楚谁是谁的反义词。

师：那么，数学上有没有相互依存关系的现象呢？

生：约数和倍数。

师：你能举例说明约数和倍数的相互依存关系吗？

生：例如8是4的倍数，4是8的约数。不能说成8是倍数或4是约数。因为8和4是相互依存的。（板书：相互依存）

师：今天，老师和同学们继续学习有"相互依存"关系的数学知识——"倒数"！（板书课题：倒数）

"黑板""墙面"是我们教师天天可以见到的物体，能够从"黑""色"的词性延伸到数学概念相互依存的关系，这样的处理使人耳目一新。这样的导入设计立足"学生身边的事"，借助"反义词"这一学生"耳熟能详"的概念，为新知的学习铺平了道路，降低了知识的难点，帮助学生理清了思路，使原本抽象难懂的知识点变得易懂、易记、易掌握。

4. "学科整合"型

【片断】《观察物体》(人教版第九册)

师：（教师出示一个杨桃）同学们认识这种水果吗？

师：是的，这是杨桃。可是有人把它画成了五角星！你听说过这样的事情吗？

师：这个故事就来自我们三年级曾经学过的课文《画杨桃》，谁能简要介绍一下故事的内容？

师：同学们，不止你们，这个故事也给作为数学教师的我，留下了深刻的印象。尤其是课文结尾处，老师的那一番话更是让傅老师难以忘怀。（课件同步播放文章录音）

师："看到什么，就画什么！"今天，就让我们带着这样的一种实事求是态度，开始今天的

数学学习。（板书课题：观察物体）

作为课程资源的智慧创生者，执教教师颇有深意地引入了语文课文《画杨桃》。师生通过对文本内容的简要回顾，一起品味了文中所蕴涵的“从不同角度看同一物体，会有不同的观察结果”这一辩证思想。而这，恰恰也是本节数学课所要引领学生亲身体会的目标思想。这样的引入设计，既巧妙实现了新课程所积极倡导的学科整合，更为数学课堂在“看到什么，就画什么”的“诚信宣言”中增添了浓郁的人文色彩。

5. “关注起点”型

【片断】《分数的意义》(浙教版第十册)

师：你知道分数吗？你能说几个你喜欢、熟悉或是你听到、见到过的分数吗？（学生报分数，教师随机板书。）

师：是呀！分数还有很多很多，那么关于分数你已经知道了哪些知识了呢？

生 1：我已经知道了分子、分母、分数线！

生 2：我知道写分数时应该先写分数线，再写分母，最后写分子。

师：对于分数，同学们已经知道了很多，那么分数到底是什么意思呢？今天我们要继续学习有关分数的知识。

笔者就“关于分数你已经知道了哪些知识?”这个问题的设计意图和上课教师进行了交流。上课教师认为，分数的各部分名称、写法属于“分数的初步认识”的教学内容，在浙教版第八册中已进行学习。教师预设如果施教班级学生对这块知识已经淡忘或者记忆已经模糊，将再一次进行复习回顾；如果学生掌握较好时，就跳过这个预设直接进入下一环节，把更多的时间放在新课知识的讲授上。把握住课堂的学习起点、找到学生的最近发展区、调整预设的数学过程、构建好知识结构体系，这是一堂好课的关键。把握好现有起点，课堂教学就起到了事半功倍的效果。

当然，数学课堂导入的类型远不止上述这些。导入是一门艺术，需要我们花更多的时间和精力去探究、去摸索、去充实。总之，不管采用什么方式导入新课，都应当在传授知识、启迪智慧、陶冶情操等诸方面取得好的效果，力求做到生动有趣、引人入胜、言简意赅、有的放矢，真正为数学课堂的深入展开有效服务！

本文刊发在《读算写》2013 年第 7 期

10. 凸显数学活动的整合性

——《吨的认识》知网为"教学实践与反思"

【缘起思考】

"吨"是一个较大的质量单位，虽然在生活中应用非常广泛，三年级的学生也一定听到过或者看到过"吨"，但也不难发现，现实生活中学生真正与"吨"直接接触的机会是非常少的，显然学生对"吨"是十分陌生的！既然"陌生"，如何帮助学生建立1吨重的"观念"和"量感"，便成了我们的教学思考。翻阅《教学指导用书》，要求教师"重视创设从学生的生活经验出发的教学情境，在教学中注重学生活动经验的积累、注重在解决问题的过程中让学生感悟基本的数学思想方法"。

那么该如何落实这现实的教学指导呢？"吨"很大，我们很难让学生进入真实的物理环境之中，因此，我们就无法让学生像学习"克"与"千克"那样，可以"看一看""称一称"和"掂一掂"，教师无法把1吨的物体搬到教室里来，这就阻碍了学生对1吨的"直接体验"和"直观视觉"，直观教学有困难，我们就选择了"由小及大"的"间接体验"！由此，我们对本课的教学目标进行了整合，教学目标层层递进，我们希望通过本课的学习，首先，要让学生感受并认识理解单位"吨"，这也就是"基础知识目标"的达成；同时，让学生在经历"由小及大"的质量积累过程中，体会将"大质量"转化为多个"小质量"之和的"转化思想"，这也就是本课"基本思想目标"的落实；最后，通过本课的学习，我们希望学生能够积累"由小及大"的推算经验，今后能解决更多类似问题，这也是本课"基本活动经验目标"的祈盼。

【案例片断】

(一)"由小及大"，初步构建"1吨"

师(手持500 mL的矿泉水)：同学们，这样的娃哈哈矿泉水，经称重，一瓶的质量约是500克，想掂一掂吗？感觉怎么样？

生：我感觉还是有些重的！

师：是的，500克也不轻了！1瓶是500克，那么2瓶就是多少克呢？1 000克也就是1千克。2瓶1千克，照这样推算，20瓶就是多少千克？很不错！(板书"1瓶　500克"，"2瓶　1千克"，"20瓶　10千克")

师(20瓶装成一袋)：老师今天带来了20瓶矿泉水，谁想来掂一掂？感觉怎么样？

生(女)：我感觉好重呀，我拎不动！

生(男)：我能拎起，但坚持不了多久！

师：是的，10千克比较重了。继续，200瓶又是多少千克呢？课堂上，老师没有带来这么多的矿泉水，现在请大屏幕帮忙！(板书"200瓶　100千克"，课件出示图1)

(图1)

(图2)

师:二(3)班的小朋友,推算能力真强,再来一个!2 000 瓶又是多少千克呢?(板书“2 000 瓶　1 000 千克”,课件出示图 2)

师:同学们,2 000 瓶矿泉水重约 1 000 千克,为了记忆和读写的方便,数学上将 1 000 千克也说成 1 吨,所以 1 000 千克就是 1 吨,1 吨就是 1 000 千克。(板书“1 吨=1 000 千克”)2 000 瓶矿泉水是 1 000 千克,从现在开始,我们就可以说 2 000 瓶水的总质量是 1 吨。

师:我们班有 39 个小朋友,算上傅老师就是 40 人,如果将 2 000 瓶矿泉水平分给大家,那么,每人大约就能分到这样的 50 瓶。(教师出示一袋 50 瓶矿泉水)这里有 50 瓶,谁想掂一掂,怎么样?

生(女):实在太重了,我拎不动!

生(男):我一个肯定拎不动,我想请我的好朋友一起来抬。(两人一起抬后)好重呀!

师:嗯,50 瓶确实很重,真的分你 50 瓶水,靠你自己的力量,你还真带不回家呢!(全场大笑)刚才我们知道了,2 000 瓶水是 1 吨,那么 2 000 瓶水合在一起会是怎样的情况呢?

全班学生大喊:“不得了,很大一堆水!”

师:哈哈,“堆”,小朋友们真可爱,那这将是怎样的一堆水呢?(课件出示图 3)同学们请看这个塑料水桶,老师很认真地试了,这样的塑料桶,一桶可以倒进 50 瓶矿泉水,那么这样的两桶可以装下多少瓶矿泉水呢?

(图3)

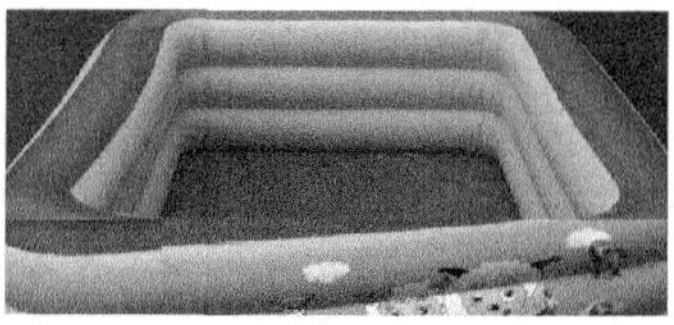
(图4)

师(课件出示图 4):这是一个塑料游泳池,长 2 米,你可能也用过!

师:接下去,睁大眼睛,见证奇迹的时刻到了!(看视频。倒进 1 桶后,暂停)现在倒进了多少瓶?两桶呢?100 瓶。一起数下去?150 瓶……2 000 瓶,也就是 1 吨!

(视频截图)

师:今天数学课上老师带来了这个装下一吨水的游泳池(教师出示游泳池实物),感觉怎么样?

生(惊呼):好大呀!(板书:大)

师:装满的时候,你们能抬起吗?

师:嗯,肯定抬不起,老师也抬不起!1吨确实很重。

【思考】 建构主义认为:学生不是空着脑袋进入课堂学习的,学习过程就是用已有的知识经验对新知进行同化和顺应,完成内部认知结构的重构。由此,教学中我们整合教学材料,考虑学生已有认知基础,选择的学习材料基于学生的现实认知起点,将学生熟悉的材料串联起来,这样就有利于新知的学习和理解。我们选取生活中常见的矿泉水,从1瓶开始,一直叠加到2 000瓶,在这个过程中,通过学生参与其中的推算,让学生亲身掂量了“1瓶”“2瓶”“20瓶”“50瓶”,从中“体会”和“联想”1吨的“巨大”。随后借助视频,真实展示将“个体水”合并成“一池水”,又通过现场出示“游泳池”给学生以视觉的冲击,这样基于“个体水”“一池水”的教学转换,所建立起来的概念,学生是“铭记一生”的,通过这样的整合,将多个、零散的材料穿成一条线,使材料有序,更有利于学生的学习!

(二)“由大化小”,深入构建“1吨”

师:同学们,我们见过这种桶装矿泉水(课件出示图5)。

1桶重约20千克

(图5)

(图6)

(图7)

师:一桶约是20千克,那么这里一大池的水,就可以装成这样的50桶(出示图6),用小卡车来装,那是满满的一车(出示图7)!50桶摆放在教室里,也将是大大的一堆。

师:怎么样?现在对这个1吨有感觉了吧!接下来,我们继续来感受“吨”!

【思考】 遵循《数学课程标准(修改稿)》指出的“要重视从学生的生活经验和已有知识中学习数学和理解数学”的教学指导,基于前面环节已经建立起来的对“1吨”的认识,我们又“由大化小”,将“1桶水”“50桶水”“一车水”这些身边熟悉的材料进行了整合,帮助学生又一次理解“1吨”,感悟“1吨”虽然很大,但身边处处存在,这样的整合拉近了学生与知识之间的距离。教育心理学的研究表明:当学习的材料与学生已有的知识和经验相联系时,能更好激发学生学习和解决问题的兴趣,也只有这样的数学才具有活力、富有生命力!

(三)“再次化聚”,深度理解“1吨”

师:刚开始上课的时候,我们知道了二年级的小兰同学体重约25千克,还知道了一个苹果约重200克。(出示图片)

二年级的小兰同学体重是25千克。

像小兰这样的二年级同学(　　)个,总质量约是1吨。

一个中等大小的苹果重约200克。

(　　)个这样的苹果,总质量约为1吨。

师:现在,老师请你们四人小组合作,选择其中的一种情况,进行推算。

学生四人小组合作推算,教师巡视。

生1:我们小组选择的是第1题,我们觉得是40个。因为1个是25千克,那么4个就是100千克,所以40个就是1 000千克,也就是1吨!

师:你真棒,老师为你竖起大拇指!你们小组答案正确,而你把理由讲得这么清晰、有条理,实在了不起!选择第1题的其他小组你们答对了吗?请所有小组再说说理由!

师:假设我们班每个同学的体重都是25千克,那么我们全班同学的总体重有1吨吗?请你抱抱你的同桌,感觉怎样?抱1吨,也就是40个小朋友,你抱得动吗?1吨果然重。(板书:重)

生2:我们小组选择的是第2题,是5 000个苹果。因为1个是200克,那5个就是1千克,50个就是10千克,500个是100千克,1吨就是5 000个!

师:嗯,你也讲得很好!答案就是5 000个!也请所有小组再说说推算的过程!

师:二(3)班的同学们真聪明,这么难的推算也做得得心应手,请给自己鼓掌!5 000个苹果,不得了,这个苹果就是200克,假如一个人一天吃1个苹果的话,吃完1吨这样大小的苹果,13年还吃不完,1吨的苹果果然多。(板书:多)

【思考】 整合材料就是要求教师将精心设计的典型教学材料进行重组,这些材料所呈现的问题情境可能不同,但问题所要蕴含的知识是一样的。在前面环节学习的基础上,此环节的教学,是让学生感悟"1吨"除了由常见的水组成,生活中还有更多的物体可以组成"1吨","苹果""体重"等学习材料天天见,具有亲切感。学生学到这里,经历这样的整合和选择,可以说"基础知识目标""基本思想目标"和"基本活动经验目标"已经圆满达成,这样的整合是促进学生形成数学素养的有效途径!

【教学赏析】

综观整课,教师通过对教学目标的整合和学习活动的整合,借助丰富的信息资源、仿真的情境创设、恰当的视频展示、适时的实物呈现、和谐的课堂氛围,充分调动学生对"吨"的学习热情,让学生感受了"吨",也使数学和生活相结合,变得有血有肉,富于生气!"整合"是重要的教学方法之一,我们在解决某些数学问题时,会遇到多种不同的情况,需要对各种情况加以分类,将整体问题化为若干个部分来解决。

一、整合教学目标,体现教学价值

教学目标的设计是教学设计的核心内容,一节课上完,我们给学生留下什么?仅仅是数学知识的掌握吗?答案显然是否定的。教学目标是教师在充分分析学习、分析教材、分析内容、分析任务的基础上,根据一定的教学思想和学习理论设计的对学生的学习结果的一种预期。我们希望通过一节课的学习,学生在掌握基础知识的同时,能够收获更多的内容。

案例中,教师对本课教学目标的设计是螺旋上升、内涵丰富的,这样的目标整合体现了对于数学价值的认识,学生通过数学学习不仅仅获得必需的知识和技能,还要在学习过程中积累经验、获得数学发展和处理问题的思想。这样的整合也是"四基"目标追求的充分体现!

二、整合学习材料,感悟数学本质

众所周知,课堂中的教学材料是帮助学生解决数学问题、获得数学知识、提高数学能力的基本载体，是学生感受数学与生活的联系、体验数学价值的重要资源，数学课堂学习中会甄选、汇聚大量的材料丰富和适当的材料，可以提高学生的学习效率、改进学生的学习方式。心理学研究也表明，学生在面对不“熟识”的材料时，很难激发主动参与的兴趣，而一旦学生置身于能够自我陶醉的“兴趣圈”，学习积极性更易调动，也更能揭示数学本质，贴近数学核心！

在案例中，因为教学的实际需要，必须借助于大量的包含生活气息的学习材料，我们也有实践体验，一节课上过多的材料展现，往往使课堂零碎、不完整，过多的材料展现，也会在一定程度上干扰学生的学习。上述环节中，教师通过对众多材料的梳理和整合，使各个材料环环相扣，不再凌乱、不再碎片，使各个材料有机联系，成为一个系列的材料。这样的处理，既尊重了教材，体现整合资源的意识，还将教材意图和生活中现实资源进行有效的融合，真正为学生的数学探究提供蕴涵智慧、散发趣味的学习材料。

本文刊发在《小学教学研究》2017 年第 4 期

11. 对比教材　明确意图　有效施教

——我教五上“和倍和差倍”问题“做一做”

一、原题呈现

图 1　(人教版 2013 教材)

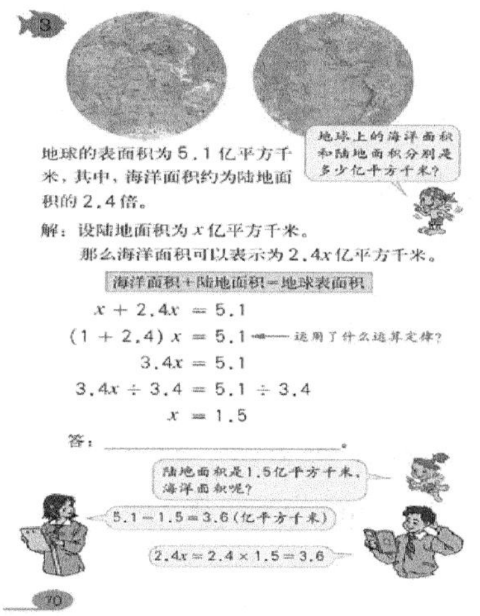

图 2　(人教版 2001 实验教材)

二、教前思考

众所周知，用方程解决实际问题的思考过程比较直观、简明，能使某些实际问题的解决化难为易，列方程解变“逆向”为“顺向”，有利于减少学生的学习困难，克服解决实际问题的畏难情绪，提高解决实际问题的能力。

人教版五上教材“简易方程”单元，第 78 页“例 4”(见图 1)，以算术角度分类是“和倍”问题，也是传统算术中“和倍、差倍”问题的一支，如用算术方法解题，思路特殊，对不少学生来说有一定的难度。改用方程解，都可归结为形如“$ax\pm bx=c$”的方程，列方程解可以使思路统一、解法统一。由于这是根据《课标(2011 版)》修订的义务教育教材，笔者在日常教学中有个习惯，在备课时，会将原先的实验教材(以下简称“旧教材”)与修订教材(以下简称“新教材”)进行对比，寻找两个版本教材编排上的异同，解读不同之处的修改意图，从而更好把握教材的重难点，由此促进教学、落实课程理念！那么，在这个内容的编排上，新教材有修订之处吗？

此内容，在旧教材中，编排在第70页中（见图2），为例3。比较两个版本，一目了然的是，新教材增加了“做一做”环节（见图1红框标注处），而旧教材中只有例题。发现了不同，笔者不禁要发问，为什么要增加“果园里种着桃树和杏树，杏树的棵数是桃树的3倍。（1）桃树和杏树一共有180棵，桃树和杏树各有多少棵？（2）杏树比桃树多90棵，桃树和杏树各有多少棵？”这一题呢？笔者将新教材继续向后进行翻阅，例4之后是“列方程解相遇问题”的例5，紧接着的是“练习十七”，“练习十七”中共15道题，分析发现没有一题是和倍或差倍。笔者又将旧教材进行翻阅，发现例3之后是“练习十三”，“练习十三”中共12道题，也没有一题是和倍或差倍。

教材对比到此，笔者大胆设想，在旧教材试验过程中，广大教师肯定反映，光有例题没有配套练习，对学生完全掌握此类题的解法是不够的，而且只有和倍问题的呈现，对学生知识类型的构建不够“丰满”，差倍问题也应有体现。编者在收到这些反馈后，增加了“做一做”，编者的意图至少有二。第一，通过“做一做”，使学生明确本节课学习的内容和要求，并对知识系统进行拓展，将同类型的差倍问题也进行学习，使知识系统完整；第二，通过“做一做”的试做，获取学生对新授知识的掌握程度和班级正确率的反馈，从而有针对性地进行巩固练习，使学生真正掌握知识点！

对比了新旧教材，也就真正解读了教材，体会了编者意图，由此教学“做一做”，笔者有了清晰的教学思路。

三、教学描述

在教学完例4之后。

（一）“和倍问题”练习

师：同学们很聪明，都学会了解答这样的题，接下来，我们赶紧练一练！（出示第1小题）

学生独立完成，教师巡视，一男一女两学生板演。

师：有两个未知数，怎么设x呢？

生1：我设桃树是x棵，那么杏树就是$3x$棵。

师：完全正确，看来我们五(2)班的同学掌握了一题有两个未知数的设。答案也正确的同学请举举手！

（二）“差倍问题”教学

师：再来一题（出示第2小题）。

师（学生独立完成后）：这题与第1小题有什么不一样？

生2：还是有两个未知数。

生3：刚才是已知两种树的和，现在是告诉我们两种树的差。

师：是呀，第2小题告诉我们的是两个数的倍数关系和两个数的差，像这样的情况数学上称为“差倍问题”。怎么列方程呢？

生4：$3x-x=90$。

师：为什么这样列方程呢？

生4：$3x$是杏树、x是桃树，杏树比桃树多90棵，也就是$3x-x=90$。

师:说得真好！其他同学做对了吗?

(三) 归纳“和倍差倍”

师:做了和倍与差倍,说说以后你怎样解答这类题?

生5:和倍加起来、差倍减一减。

师:说得太有趣了！大家明白他说的意思吗?我们可以利用“$ax \pm x = c$”来表示所有的情况(板书“$ax \pm x = c$”)。

师:能看懂吗?看懂了什么?请四人小组交流。

……

四、实践反思

完成这节课的教学之后,内心很庆幸！庆幸将教材进行了对比,庆幸揣摩了编者的修改意图！在日常教学中,我们往往重视例题的教学,会轻视后面的配套练习,备课时也会注重例题的教学,自然地将“做一做”理解为纯粹的尝试练习,从而忽略其中更深层次的意义。笔者加重了“做一做”的时间,设置了“巩固和倍”“新授差倍”“归纳提升”三个环节,通过这样的对比和梳理,可以说,学生建立起来的“和倍与差倍”问题的模型是永固的,而基于自身参与而得到的通用公式又是永恒的。在后续的课堂作业本及相关检测中,对于此类题学生的正确率很高,我想这得益于课堂教学时的比较与归纳。

《浙江省小学数学教学建议》第5条指出:“研读课时教学内容时,教师应熟做每一道例题和习题,深入分析例题和习题蕴涵的知识点,关注例题与习题的匹配与关联,分清习题的层次。”这要求我们“认真、用心”对待教材中的每一道习题,在教学理念和教学技术日新月异的今天,作为一线教师的我们要善于分析、解读教材,而人教版教材在经过多年的实验之后,已日趋完善,尤其是修改之处我们要舍得花时间,会对比、会揣摩,立足读懂教材的教学,才是真正有效的教学！

本文获上虞区一等奖

12. “生活味”练习:基于“小课堂” 折射“大社会”

【缘起】 新课程改革日益深入的今天,让数学课充满“生活味”,让“生活味”弥漫我们的数学课堂,成了我们的共同的追求。遵循“数学来源于生活,运用于生活”的原则,如何在课堂上让更多的学生感受生活数学,成了我们思考的问题。为此,在“生活数学”的理论支撑下,我们是否可以考虑将生活同课堂练习有机统一,在课堂练习中着力体现“小课堂、大社会”的理念,将枯燥的练习同生活结合,变机械地重复为快乐地接受,让练习蕴涵生活的芬芳。

【案例 1】 万以内数的读法

教师在教完数位表后,要求学生在拨数器上拨数。

师:5 个一、6 个十、3 个百。(逐一拨出以下各数:365、2 008、8 844、1 949、3 070、10 000、8 000,同时教师板书。)

师:现在我们就把这些数读出来。

教师指着 365 说:一年是( )天。 学生大喊一年三百六十五天。

教师指着 2 008 说:北京奥运会是在( )年举行。 学生回答在二〇〇八年举行。

师:对! 我们也可以说是二千零八年。

教师指着 1 949 说:中华人民共和国在( )年成立。

教师指着 8 844 说:世界第一高峰,我国的珠穆朗玛峰高约是( )米。

教师指着 3 070 说:去北京旅游,往返机票的价钱是( )元。

教师指着 10 000 说:世界七大奇迹之一,我国的长城大约长( )米。

教师指着 8 000 说:北京中关村,一台中档笔记本电脑的价钱是( )元。

(此过程中,虽然教师采用传统的一问一答式的教学模式,但看似随意的几个数字包涵了社会的多个方面;看似平常的数学彰显了教师的睿智;看似普通的设计提升了学生的学习积极性。这样的练习,学生容易接受,也乐意接受。)

【案例 2】 商的近似值

在做完用“四舍五入”法求近似值的基本练习后,出示以下两个选择题。

1. 友谊伞厂有一种雨伞的伞柄长 0.8 米,一根长 3 米的不锈钢管可以做这样的伞柄( )把。

A. 3.75　　　　B. 4　　　　C. 3

学生独立完成后,问:你选择了什么? 为什么?

生 1:我选择 A,因为题目没要求保留。

生 2:我选择 B,虽然题目没要求我们保留,但考虑到实际情况,雨伞是没有 3.75 把的,按“四舍五入”的方法,应该选择 B。

生3:我赞同×××同学的意见,但他考虑得还不够周到,4把伞柄需要3.2米的不锈钢管,而实际才3米不够4把的,做完3把后余下的0.6米只能作为废料,所以我选择C。

师:说得真好!在生活中这样的事情还有很多很多,这里我们就不能使用“四舍五入”的方法,我们要结合实际,不管小数部分是几都应舍去,这种取近似值的方法叫作去尾法。

(完成第1题后,教师跟进出示第2题)

2. 码头有一堆黄沙共13吨,一辆汽车载重4吨,要把这堆沙运完需要(　　)次。

A. 3.25　　　　　　B. 4　　　　　　C. 3

学生独立完成后,多名学生反馈交流答案,并说出自己的理由。

……

师:同学们真棒!马上就能解决实际问题了,像这种情况生活中还有很多很多,这个时候不管小数部分是几,我们都要向前一位进一,这种取近似值的方法我们称之为进一法。同样,根据实际情况,在这里我们也没有用到“四舍五入”法。

(此过程中,教师选取的练习是最为常见的生活现象,但来源于生活又高于生活,在练习中以练习的“基础性”和“发展性”为依托,不露声色地将“去尾法”和“进一法”进行了教学,将生活现象和课堂练习进行了有机结合,在练习中增强了学生的生活经验、加重了课堂教学的厚度、挖掘了学生思维的深度、拓宽了学生知识的宽度。)

【反思与讨论】

练习是使学生掌握知识、形成技能、发展智力的重要手段。根据现代教学观念,一节课中设计好的练习不仅能给学生提供数学实践活动和交流的机会,而且能使他们在学习过程中体验到数学的乐趣,能让学生体验到数学与日常生活的密切联系,体会到数学知识的实际运用与存在价值。

《全日制义务教育数学课程标准》十分强调数学与现实生活的联系,通过教学使学生“认识到现实生活中蕴藏着大量的数学信息,数学在现实世界中有着广泛的应用;面对实际问题时,能主动尝试着从数学的角度运用所学知识和方法寻求解决问题的策略;面对新的数学知识时,能主动地寻求其实际背景,并探索其应用价值”。以上两则案例中,教师通过新授后的练习来巩固所学知识,但又不是单纯通过练习来巩固,教师将练习与生活实际进行有机的统一和整合,着力体现“小课堂、大社会”的理念,大改过去常用的“出几道题——让学生做——由教师讲”的练习模式,使学生感到数学不再是空洞的理论,而就是生活的一部分、是与生活紧密相连的,促使他们积极主动地投入解决问题的探索过程中。

案例1中,练习将简单的数据与现实生活中的各种事物、事件结合,不但达到了巩固的目标,而且使学生经历了一次爱家乡、爱祖国的思想教育,把小课堂和大社会紧紧地联系起来,这样的设计看似简单,但我们的孩子乐于接受,不仅学到了数学知识,同时也使学生立即感受到学习数学的作用。案例2中,教师设计的两个选择题具有十分重要的社会意义和使用价值,通过简单的练习使学生完全置身于现实之中,通过这两题的教学,可以增加学生的生活经验,提升学生的解题能力,使学生真真切切地感受到数学学习的现实价值。

数学教育家波利亚说过:“数学教师的首要责任是尽其一切可能,来发展学生的解决问题的能力。”为此,我们要不断改进练习的方式、练习的内容、练习的内涵。在我们的数学教学中,往往比较重视解决现有的数学问题,即课本上已经经过数学处理的问题,学生一遇到实际问题就显得不知所措。解决这个问题关键要求我们教师善于发现和发掘生活中一些具有发散性和趣味性的问题，从学生的生活经验出发，组织学生进行创造性的学习活动。因此，数学练习设计要充分考虑学生的身心发展特点，结合他们的生活经验和已有的知识，设计富有情趣、有意义的练习题，使他们有更多的机会从周围熟悉的事物中学习和理解数学。综上所述，我们要善于利用学生已有的生活经验，引导学生将数学与生活联系起来，多创设反映现实、折射社会、联系生活的练习，在练习中努力体现“小课堂、大社会”的教学理念！

本文获上虞区一等奖

13. 关注细节:毋让“理想课堂”留下遗憾

【缘起】 “泰山不拒细壤,故能成其高;江海不择细流,故能就其深。”细节虽小,但细节是一种创造,细节是一种功力;细节,存在于时间的长河中,存在于生活的方方面面。在教育过程中,同样也存在着一些场景和细节。这些细节,因其小,往往被教师所忽略,而正是这忽略,导致我们的课堂在美中似乎有那么一丝遗憾!

镜头一:【分数的意义】——示范的失真

(师生问好后)

师:同学们,在四年级的时候我们已经学过分数,今天我们要继续学习分数。在生活中,我们经常用到分数,比如我们现在要测量黑板的长度。

教师拿出米尺,在黑板上1米、1米地测量(细节:教师每次测量时,尺尺之间没有连在一起,能够清晰地看到每两次测量的间距。),当量完3次时教师提问。

师:同学们,剩下的还够1米吗?当有些数据不能用整数来表述时,我们怎么办呢?

生:可以用分数。

师:是的!当数据不能用整厘米来表达时,我们就要用到分数。

分析:我们抛开本课的教学设计,就教师在测量黑板时的这种动作,给学生起了极差示范。数学是一门严谨的学科,讲究数据的正确性,我们平时极力要求我们的学生测量时要精确、要细致,当我们的学生看到教师这样马虎地测量时,心里是否会留下测量可以随便的印象?“润物细无声”,学生往往以老师的言行作为自己的标准,作为教师我们应该为学生做好每一个示范动作,“欲正他人,必先正其身”。

镜头二:【三步计算应用题】——“停!停!”可恶的打断

课本例题　一个玩具厂计划生产4.2万辆电动汽车,已经生产了6天,平均每天生产0.4万辆,余下的要求4天完成。平均每天应生产多少万辆?

学生独立审题后,教师要求学生说出解题的思路,同时说出题目的数量关系式。一学生站起,很好地表达了自己的解题思路后,说起了数量关系式。

生:余下的电动汽车辆数÷……

“停、停!”(细节:教师声音较响地说。)正当学生想继续往下说时,教师严厉地打断了学生,听课老师、学生都抬起头看教师,原来是教师要把学生所回答的数量关系式写在黑板上,因为来不及写,就打断了学生。

……

分析:聆听是一种美德,仔细听完是对学生的尊重。新课程下,要求我们给予学生充分展现自我的机会,“说”就是其中的一个有效途径。案例中,应该说教师的出发点是好的,但是这样的打断无疑给学生莫名的恐惧。为此我们在要求学生仔细聆听同学发言的同时,作为教师首先要仔细地听，在仔细听的同时不应打断学生的发言，不管学生正确与否，不管学生流利与否，不管教师有什么样的原因，让学生说完！

镜头三：【角的初步认识】——老师，我能下来了吗？

教师教学完新授知识后，要求学生利用硬纸条、图钉、皮筋、尺、吸管等创造一个角。学生完成后，教师请一个学生上台进行演示。学生演示完后，教师不知什么原因忘记叫学生下来（这个多媒体教室中讲台与学生的课桌有一定的距离），就开始问其他学生：同学们还有其他的方法吗？（细节：上台的学生几番想走下讲台，但就是不敢迈步，我们看到学生望着背对着自己的老师，脸上挂着尴尬的微笑。）

1分多钟后，上课教师终于想到还有个学生在台上，这才叫学生下来坐到自己的位置上。

分析：或许是因为公开课的紧张，而忘记叫学生坐下了。在我们的课堂中还是经常可以见到学生回答完问题、学生板演完、学生上台演示完教师忘记叫学生坐下的场景，从某种意义上说，请学生坐下是对学生回答问题的肯定，是教师提问环节中一个不可缺少的环节，为此不管什么时候、不管什么课、不管教师心情何如，当学生回答问题后，不管正确与否，老师别忘了说声："××，请坐！"

镜头四：【用字母表示数】——课堂时间是学生的！

在新授环节中，教师要求学生用四根小棒围成正方形，寻找所围成正方形个数和小棒总根数的关系，从而引出用字母来表示数。

师：老师给同学们3分钟时间，看看你们能摆出几个？（细节：课堂时间就是学生的，教师这样说不妥。）

学生操作，交流汇报后。

师：如果老师再给你们时间，你们还能摆出多少个？

……

分析：新课程指出：学生是数学学习的主人，教师是数学学习的组织者、引导者与合作者。"给你们时间"，这样的提法笔者认为不妥（或许笔者有点咬文嚼字）。课堂时间是学生的，教师是指导学生合理使用时间的组织者，而不是替学生支配，更不应该说给学生时间。虽然是简单的一句话，但使整节课显得那么不自然，学生似乎不是在自己的空间里学习，而是游离于教师的时间中。

镜头五：——激励乎？批评乎？

在很多时候我们在课堂中能听到教师这样的评价：

1. 某位学生被老师点名发言，但是回答错误。"××没动脑筋，老师要批评的哦！"

（细节：此学生听罢此言，脸"刷"地一下，马上红了。）

2. 完成小组操作后，学生都在整理学具，这时有一个学生比较慢，还在整理。"最后整理完学具的同学难为情的。"

（细节：教师言毕，全班同学把带着"鄙视"〈或许笔者言重〉的目光投向了这位学生。）

分析：一个个不和谐的声音就这样产生，新课程指出："评价要帮助学生认识自我，建立信心。"上面所列举的不和谐之音只是"冰山一角"，在我们的课堂，教师像这样不负"责任"的评价还有很多很多，或许教师是无心之言，或许是教师在特定环境下、特定情景中的内心写照，但对学生的影响却是无法估量的，可能是这节课不再仔细听讲、不再举手发言，可能是一天闷闷不乐，也有可能是从此这个孩子不再喜欢数学、不再喜欢上学。“赏识、激励”是评价的核心，在不经意之间，教师的一声问候，一个抚摸，一句赞美，一次沟通，有时都会是意想不到的教育资源，成为孩子现在的愉悦和将来的回忆，让我们用一颗宽容的心对待学生、让我们用艺术性的赞赏来纠正孩子们的错误！

综上所述，在新课程指导下的课堂上我们也应该花更多的时间去关注课堂中这些容易被人遗忘的细节，每一个细节都有它丰富的内涵和个性，应该去了解它、尊重它，小现象、小细节中有大学问，让我们都能用自己的慧眼和慧心，关注细节、发现和捕捉细节，寻找蕴藏其间的教育智慧和真谛，让我们从点点滴滴做起，让我们的“理想课堂”更加完美！

本文刊发在《绍兴教育》2006 年第 2 期

14. 有效导入，开启教学成功之门

——“同课异构”，从《周长》小议新课导入

一、缘起

“导入”作为一节新课的起始之笔，对一节课的成功起着“至关重要”的作用。很多案例证明，一个优秀的导课设计能迅速集中学生的注意力，把他们的主体思绪带进特定的学习活动中，从而有效地开启其思维的闸门，激发联想、激励探究，为一堂课的成功铺下坚实基石。近日，笔者有幸聆听了上虞市小学数学“百堂探索课”的评比活动，三位赛课老师从不同的角度导入新课，为我们成功执教了人教版三年级《周长》。笔者以“导入”为“切入口”，对三位老师的导入进行赏析，以飨读者。

二、课堂实录

【案例一】

师：蜗牛要回家了，那我们来看看他们的回家路线。

（多媒体课件演示蜗牛的回家具体路线与行进方向。）

师：像这样走一圈，我们称为首尾相接，这样的图形我们称为“封闭图形”。（板书：封闭图形）

师：请同学们在卡纸上用小棒摆出一个封闭图形。

学生活动，教师巡视。

交流汇报，将学生摆的“封闭图形”粘贴于黑板。

师：对照黑板上的封闭图形，用手指描出“封闭图形”。

……

（**赏析**：“蜗牛”是我们“耳熟能详”的物体，能够从“蜗牛”的爬行路线引申到“数学概念”，这样的处理使人耳目一新。这样地导入设计立足“学生身边的事”，借助“蜗牛”这一学生熟悉的物体，使学生真正理解、感受了“封闭图形”这一节课的难点。“对照黑板上的封闭

图形，用手指描出‘封闭图形’。”教师的这一跟进设计让学生又一次感知了“封闭图形”这一抽象概念，同时这样的设计为新知的学习铺平了道路、降低了新知的难度，帮助学生理清了思路，使原本抽象难懂的知识点变得易懂、易记、易掌握。）

【案例二】

师：同学们，“周”是什么意思？（生答略。）

师：“一周”又是什么意思？

生：物体、图形外面的一圈。

师：物体一周长度，数学上称为“周长”。（板书：周长）

师：请你指一指树叶的周长。

……

（**赏析**：教师颇有深意地引入了语文的专利“词语解释”，从词意出发，理解“数学术语”的含义，而从真正掌握数学概念，而理解周长正是本节课的教学目标。这样的导入是一种创新，在积极倡导“学科整合”的数学课堂中，能够借助语文的教学方法，并使教学方法切实为教学服务，显然这样的导入是有效的！“请你指一指树叶的周长，”教师跟进设计了“临场运用”，这种“学以致用”又使学生感受到数学学习的价值，为扎实地理解周长、熟练地解决生活问题、成功地开展后续教学，添上了浓重的一笔！）

【案例三】

师：同学们，认识福娃吗？请看福娃们在比赛跑步！

（多媒体课件出示，不同福娃跑不同花坛的情境。）

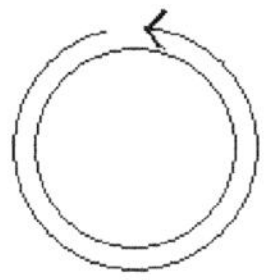

（图 1）

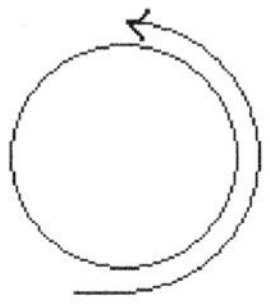

（图 2）

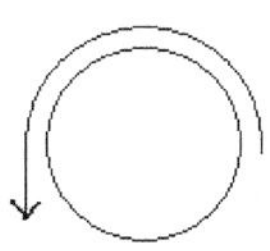

（图 3）

师：谁能说说，福娃跑了多长的路，谁是冠军？

生：1 是冠军，他跑了一周，他的路最长！

师：同学们什么是一周的长度呢？

……

（**赏析**：《数学课程标准》指出：“要让学生在现实情境中体验和理解数学”，“数学情境的核心是蕴涵一定的数学问题，一个优秀的情境能拨动学生思维之弦，激活求知欲、唤起好奇心，使看似枯燥、抽象的数学知识充满亲和力。”案例中教师创设了“奥运吉祥物跑花坛”的情境，我们欣喜地看到学生对“福娃”非常地喜爱、对“福娃赛跑”非常地感兴趣，教师通过“福娃跑了多长的路，谁是冠军？”这一蕴涵于情境中的数学问题，使学生初步感悟了周长的含义，并有效地使学生建立了“一周的长度”这一周长的原始模型。“我的地盘我做主”，学生在自己喜欢的情境中看到了自己喜欢的“福娃”，在自己喜欢的情境中兴趣盎然地学到了数学新知识“周长”，本节课的成功也由此开始！）

三、反思启示

导入是一门艺术，需要我们花更多的时间和精力去探究、去摸索、去充实。不管采用什么方式导入新课，都应当在传授知识、启迪智慧、陶冶情操等诸方面取得好的效果，力求做到生动有趣、引人入胜、言简意赅、有的放矢，真正为数学课堂的深入展开有效服务！为此，我们在设计一节课的导入时应着眼于以下目标的达成：(1) 吸引和集中学生的学习注意力，激发学生的学习动力，调动学生的学习兴趣和欲望；(2) 迅速与学生的心理上建立沟通，师生共同进入新课内容教学与学的协调状态；(3) 帮助学生建立对学习的内容充满信心，启迪他们学习的主动性和积极性。

综上，笔者得到两点启示：◆其一，成功课堂的演绎，需要我们“智慧导入”；◆其二，高效课堂的造就，需要我们“有效导入”。笔者相信，“精彩的导入”配以“有效的引领”，我们一定能够构建“和谐、有效”的成功课堂。

15. 在寻常中追求超常

——叶柱老师《求一个数的几分之几是多少的应用题》教学片段与赏析

细致的预设、巧妙的引导、精彩的生成、欢乐的课堂……，在名师名家、一线教师的公开课上我们都不难见到这样的场景，因为公开课有我们太多的心血和付出。而作为承载师生双方教学互动的核心阵地——“家常课”，我们是否在落实和表达课改的前卫理念？是否在张扬和历练教师自身的个性才华？是否又在培养和熏陶学生的人文素养？带着这一连串的问题，笔者有幸参与了青年教学名师叶柱老师的一节家常课（家常课：学校在学期初组织的一项“随堂听课”活动，指提前一天通知教师、紧跟教学进度的一节“开门课”），让我切实感受到叶老师“在寻常中追求超常”的教学境界。

【片段一】 简洁导入：激起学生兴趣

上课铃声响起。

（教师课件大字体显示以下词语：入学、工作、结婚）

师：同学们，有位社会学家指出人的一生很漫长，将会经历许许多多的事情，但入学、工作、结婚是一个人的关键经历，称为人生“三部曲”。今天，我们将来研究一下叶老师的人生三部曲，同学们有兴趣吗？

生：有！（声音响亮，兴趣盎然地回答。）

师：那好，请看屏幕。

（教师将屏幕内容增补为：刚入学时，叶老师的年龄是今年岁数的$\frac{7}{30}$

刚工作时，叶老师的年龄是今年岁数的$\frac{3}{5}$

刚结婚时，叶老师的年龄是今年岁数的$\frac{5}{6}$）

根据叶老师给你的这些条件，你能分别求出那个时候叶老师是几岁？

生：不能。

师：为什么？

生：条件不够，缺少单位“1”，也就是今年的岁数。

……

【赏析】 这是一个简洁、朴实的教学情境，我们看到了学生求知欲望的激起、思维火花的开启，让学生体验到了数学思考的无穷乐趣，也使学生真正感受到生活处处有数学。新课的导入是教师把学生引入兴趣的大门，越来越多的教师重视导入的设计，如何设计导入也成了我们共同的追求，一个成功的导入，往往令学生心驰神往，使学生倍受吸引，引发学生自觉参与学习活动的积极性，激发学生探索新知的强烈需求。

【片段二】 简单提问：拓宽思维广度

练习第1题，教师出示两幅线段图，要求学生根据线段图说出问题，并列出算式，算出答案。（第一幅为不同数量表示在同一根线段上，第二幅为不同数量用不同线段表示。）

完成反馈后，教师跟进提问。

师：同学们你们发现了没有，都是分数乘法，为什么有些用两根线段，而有些只要一根线段就可以了？

生1：一根线段，说明小的量是大的量的一部分。

生2：两根线段，说明大、小两个量是独立的，具体我也说不清楚。

……

教师明确：数量间存在着包含与并列的关系。

【赏析】 毋庸置疑，课堂提问是一节课的有机组成部分，提问务必要讲究时机更要追求有效性。显然，叶老师的这个提问是有效的，叶老师简简单单的一句跟进提问，将学生的思维引领到了一个更高的层次，使学生在感受线段图表象的同时，让学生的思维向更深的层次进行了延伸；我们很多时候在处理线段图时，总是完成线段图上的问题就算完成教学内容，但叶老师这样的提问充分挖掘习题内涵、明晰数量间的多种关系，由此拓宽了学生思维的广度。提问作为师生双边互动的主渠道，是学生主动探究、答疑解难的桥梁，“智者问得巧”，优化课堂提问、创设有效提问，让每一个问题为课堂教学服务。

【片段三】 文化欣赏：增加课堂深度

课的最后，叶老师出示了一个小学生背着书包的图片。

旁边文字注释：据研究表明，儿童负重最好不超过体重的$\frac{3}{20}$。

师：同学们，能明白这幅图的意思吗？

师：老师想请大家算一算，有一个小朋友体重30千克，书包5千克，他超重吗？为什么？

生1：他超重了。30千克的$\frac{3}{20}$就是4.5千克，5千克大于4.5千克，所以超重了。

师：好的，同学们明白他的意思了吗？这位同学用今天的新知识解决了这个问题，你还能想到用另外的方法来解决吗？

生2：书包重量5千克是体重30千克的$\frac{1}{6}$，他的负重就是身体的$\frac{1}{6}$，$\frac{1}{6}$大于$\frac{3}{20}$，所以他超重了。

师：真能干，你用我们第一单元的知识解决了这个问题。

……

【赏析】 叶老师在课件中，将本题命名为“欣赏”，我想又怎一个“欣赏”了得，这是叶老师颇具匠心地巧妙安排，在巩固新知的过程中巧妙地将课堂知识点前后串联，让人倍感课堂的厚重。立足学生感兴趣的事件，在增长科普知识的同时又使算法多样化的理念在课堂中得到了落实，同时数（数字）、形（图片）结合变换练习形式，最大程度发挥了习题的作用。叶老师这样的设计更是对课堂练习重视“基础性”、关注“发展性”、渗透“人文性”的阐释。

新课程指导下的课堂给了我们更高的要求，新理念、新方法不能仅仅落实在公开课上，让我们上好每一节课，在平淡、琐碎而繁复的家常课上，追寻那份“在寻常中追求超常”的教学境界。

三、探索启航篇

1. “看到什么，就说什么！”

——《观察物体》教学预案

【教学内容】 义务教育课程标准实验教科书（人教版）五年级上册 P38—39。

【教学目标】

1. 通过教学，使学生认识到一个立体图形从任意角度观察一次不能看到所有的面。

2. 通过教学，使学生能将所看到的物体表面用“示意图”进行记录，同时能根据“直观图”或“示意图”判断观察角度。

3. 通过教学，使学生体验生活现象数学化的过程，亲历爱家乡、守诚信的思想启迪。

【教学重点】 根据“直观图”或“示意图”判断观察角度。

【教学难点】 将所看到的物体表面用“示意图”进行记录。

【教具准备】 素描用白色圆球、圆锥、圆柱模型各一个，牛奶盒、牙膏盒等。

【教学理念】

《观察物体》作为课标实验教材的新增领域，事实上并非数学内容的“专利”，科学教材、美术教材也有“观察物体”的相关内容。于是，如何用数学化的方式来引领学生“观察物体”是本节课成败的关键所在。为此，在设计教学时，我用极具“数学味”的教学方式引领学生构建数学模型、发展空间观念、提升思维品质。纵览全课，本课力图展示以下特点。

1. 重组教学内容，拓宽体验空间。就教学目标而言，学生掌握本课内容并不难，但是如何重组教材，以使学习过程更为自主生动呢？我引入语文课文《画杨桃》，同时又以极为常见的生活物品作为教学例题素材，最后以现实存在的实际问题作为练习素材，重组了教学内容，拓宽体验空间，变抽象为形象，化枯燥为有趣，扎实有效地达成了预期目标。

2. 巧用乡土资源，彰显人文内涵。“数学生活化”是课标积极倡导的，将生活素材引入课堂也是教师喜欢，学生向往的教学方式。为此，本课将“大象群雕”“万里长城”“家乡风貌”等颇具文化底蕴和乡土气息的资源引入到教学现场，引导学生有滋有味地学习。这样的设计，有利于拓展学生的观察视野，加深学习的积累厚度，提升学生的认知广度。让学生切身感受“生活处处是数学”的同时，为学生打开了“多姿多彩、美好人生”的人文视窗。

3. 尊重学生主体，提升习题功效。练习设计重视“基础性”、关注“发展性”、渗透“人文性”，这已成为当下数学教师的普遍共识。但是，要真正实现“三性兼顾”却并非易事，它需要数学教师精心选择习题素材，准确把握练习梯度、智慧掌控练习过程。在“三性兼顾”的原则支撑下，我为学生提供了“看大象群雕”“猜物体原身”“品万里长城”“赏家乡风貌”四大应用情境，既充分落实了“不同视角观察物体”的核心目标，又以生动活泼的方式促进了学生空间想象力的深度延展。显而易见，这样的练习设计是扎实而丰满的。

【教学过程】

一、谈话导入

由三年级下册语文《画杨桃》说起……

1. 教师手持杨桃实物,问:同学们认识这种水果吗?

2. 是的,这是杨桃。可是有人把它画成了五角星!你听说过这样的事情吗?

3. 谁愿意带领在座的老师和同学来重温这个故事?

4. 同学们,不单你们,这个故事也给作为数学教师的我,留下了深刻的印象。尤其是课文结尾处,老师的那一番话更是让我难以忘怀。(课件同步播放文章配乐录音)

5. "看到什么,就画什么!"(课件同步显示)

今天,就让我们带着这样的一种态度,开始数学学习。

出示课题——"观察物体"。 让我们读一读课题。

二、探究展开

(一) 例1教学

1. 自主观察:从不同角度观察一个长方体,视角不同观察到的就不同。

(1) 教师手持长方体模型,问:这是什么?

(2) 课前老师为同桌两位同学也准备了一个这样的长方体。请拿出长方体并把它像这样放在两张桌子的中间。

(3) 请你坐正身体仔细观察,"看到什么,就说什么"。在这6个面中,你一次能看到几个面?

(4) 把你看到的告诉你的同桌。

(5) 哪一对同桌,愿意把你们看到的告诉全班同学。(同桌,一先一后,进行汇报、教师板书。)

(6) 为什么同样的一个长方体一位同学看到的是左面,而另一位同学看到的却是右面呢?

是的,他们的观察角度不一样。(板书:观察角度)

(7) 那么,第一位同学是从什么角度进行观察的呢? 第二位同学是从什么角度进行观察的呢?

观察的角度不一样,看到的自然就不一样了。

2. 思辩结论:从不同角度观察一个长方体,一次最多能看到3个面。

(1) 两位同学都看到了3个面,那么教师是不是可以得出一个结论:

"一个长方体从不同的角度看,一次都能看到3个面。"(屏幕显示)

(2) 学生思辩演示,依次明确只能看到1个面、只能看到2个面。(当有学生提出某种情况时,引导全体学生对照长方体模型进行观察。)

(3) 除了可以看到1个、2个、3个面,我们一次能看到4个、5个面吗?能看到全部6个面吗?

(4) 是的!其实,不光是长方体,任何一个立体图形,都无法一次看到它全部的面。

(5) 通过刚才的研究,我们发现这个结论是错误的,你能修改一下,使它正确吗?

(6) 老师把同学们的意见进行了概括,请看屏幕:

"一个长方体从不同的角度看,一次最多能看到3个面!"

(7) 这么辛苦得到的结论，让我们用心地读一读！

3. 配套练习：根据“直观图”判断观察角度。

练习：根据牛奶盒的照片，判断观察角度。

(1) 正面照片　　(2) 上面照片　　(3) 左面照片

(教师也将牛奶盒放在讲台上，当学生回答时，请学生上讲台演示观察的角度。)

(二) 例 2 教学

1. 引导抽象：从正面观察“牛奶盒”与“牙膏盒”(组合装)，指导“示意图”的记录方法。

(1) 出示牛奶盒与牙膏盒重叠的照片。问：你知道这是怎么回事吗？

(2) 同桌合作拿出牙膏盒，像屏幕上那样摆一摆、看一看！

(3) (学生摆完后)谁能指挥教师，把你们的情况在讲台上进行模拟。

(摆完后，教师故意找一个错误的角度进行观看)

(4) 我这样看，看到的不是这种情况呀！我该怎么看呢？

(5) 老师想把看到的情况用数学的方式简洁地进行记录，你能帮我出出点子吗？

(6) 按照学生的回答在黑板上进行记录，并明确：“示意图”。

(7) 老师先画哪个图形？(明确：前面的物体先画，后面的物体后画。)

(指着示意图)老师这样画，能表达这幅画面的意思吗？

2. 实战体验：变换视角、独立观察“牛奶盒”与“牙膏盒”(组合装)，并将看到的画面用“示意图”进行记录。

(1) 请你不移动盒子，换一个角度观察这两个盒子，你可以站起来、也可以离开你的位置，从正面、后面、左面、右面、上面，选择一个角度，并用示意图记录下来。

(2) 实物投影，交流汇报。

(3) 请同桌同学交换作品，互相欣赏。

3. 配套练习：根据“平面图”判断观察角度。

判断：下列各图分别是从什么方向看到的。(教材 39 页“做一做”)

汇报时，你能不发出声音用一个动作来表示你的答案吗？

(共 3 小题，第一题回答后，第 2、3 题用第一题学生创造的方法进行汇报。)

三、梳理小结

1. 知识回顾：这节课学习了什么内容？

2. 个性反思：你有什么收获？还有什么疑问？

3. 悬念解决：那么现在你能说说，为什么那个同学为什么会把杨桃画成五角星呢？

四、练习应用

1. 填一填(出示三张从不同角度拍摄的上虞“舜耕公园”大象群雕照片)

这是老师拍摄的大象雕塑，你知道我分别是从什么角度进行拍摄的吗？

正面照片　　左面照片　　侧面照片

2. 猜一猜(根据示意图，推算观察的物体)

小明从上面角度观察一个物体时，记录是“○”，请你猜一猜小明看到的会是什么物体？

A. 圆柱　　B. 圆锥　　C. 圆球

(准备圆柱、圆锥、圆球的石膏模型放于地面上，当学生出示答案时，请学生上台观察。)

3. 说一说(出示从不同角度观察到的长城照片)

巍峨长城是中国的象征,是世界八大奇迹之一。

有人说:“长城是一根带子!”(从空中拍摄的长城照片)

有人说:“长城是一条天梯!”(从正面拍摄的长城照片)

还有人说:“长城是一堵墙!”(从左、右侧面拍摄的长城照片)

你知道他们为什么这样说?

五、欣赏延伸

在《梁祝》的背景音乐中依次播放以下图片。

(1) 正面拍摄的上虞人民大桥

(2) 侧面拍摄的上虞人民大桥

(3) 正面拍摄的上虞博物馆

(4) 正面拍摄的上虞大通商城

(5) 右面拍摄的上虞社会发展大厦

(6) 空中拍摄的上虞市区

(7) 空中拍摄的上虞白马湖春晖园

六、结束语

“看到什么,就说什么!”希望每一个同学用自己的慧眼,能从多个角度观察世界,这样你的生活就会丰富多彩!

板书设计:

观 察 物 体

观 察 角 度

3个面:上面、左面、前面

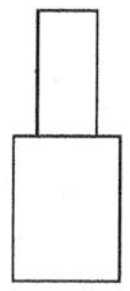

示意图

【教学反思】

一、引入:实现学科整合,增添人文色彩。

毋庸置疑,课堂导入是一门艺术。作为课程资源的智慧创生者,教师颇具深意地引入了语文课文《画杨桃》。师生通过对文本内容的简要回顾,一起品味了文中所蕴涵的“从不同角度看同一物体,会有不同的观察结果”这一辩证思想。而这,恰恰也是本节数学课所要引领学生亲身体会的目标思想。这样的引入,既巧妙实现了新课程所积极倡导的学科整合,更为数学课堂在“看到什么,就画什么”的“诚信宣言”中增添了浓郁的人文色彩。

二、探究:重组教学内容,拓宽体验空间。

在探究新知这个核心环节中,教师正确解读教材提供的例题,把握其中承载的知识点,精心选用适切学生生活的学习材料,重组教学内容,引领学生拓宽体验空间。

1. 例1教学:结论步步明晰

在例1教学中,一个“长方体”成为了师生之间协同体验、平等对话的有效中介。为了让学生逐步体会“不同视角观察物体”的多元结果，教师引导学生深度亲历了两个层面的数学活动：

一是表象观察。通过同桌两人观察同一长方体，交流得出“坐在左侧的人看到长方体的左面，坐在右侧的人看到长方体的右面”的实践观点，顺利揭示“观察角度不同，观察结果就不同”的数学思想。

二是抽象反思。由于长方体所放位置及学生所坐位置的统一性，全班所有学生都能看到长方体的前面、上面、左(或右)面三个面。

对此，教师抛却了机械说教，适时呈示了一个错误的准结论，引导学生凭借面前的直观模型与反思自身的认知经验，最终实现了错误的纠正和认知的提升，真正建立了“一个长方体从不同的角度看，一次最多能看到3个面”的正确结论。整个活动极具操作性和层次感，较好地兼顾了数学活动的趣味性与实效性。

2. 例2教学：思维层层递进

从例1到例2，“单个物体”变成了“物体组合”，“直观描述”递升为“抽象表达”，可以说，例2教学是本课的难点所在。然而，例2所蕴涵的丰富想象，又为学生空间思维能力的发展预设了绝佳良机。因此，例2的教学可谓“机遇与挑战并存”。我们看到，逐步深入，层层递进的教学构思依旧在这里发挥了极其重要的结构功能。

首先，在例1配套练习“牛奶盒”的基础上，教师运用多媒体动态手段在其后方“生长”出了一个“牙膏盒”，这一“组合装”引起了学生的极大兴致。

其次，教师引导学生仿照屏幕画面，亲自摆放、亲身观察，并进行数学化的“示意图”记录，这是“价值引领”。

最后，教师充分放手，让学生变换角度观察“组合装”，并尝试用“示意图”记录画面，这是“实践体验”。

从模糊到清晰，从偏颇到全面，从浅层到深入，学生的空间想象力的培养就在这稳当扎实的“教学三部曲”中得到了有效落实。

三、小结：梳理数学本质，解决开课悬念。

教师在这一环节中，寥寥数语，造就了一个形式简约而内涵丰富的课堂小结，可谓“画龙点睛”。在这里，教师引导学生整理了知识、反思了收获、交流了困惑，使得学生能够跳出纷繁热闹的课堂活动本身，去深层关注数学学习的本质要点。另外，“为什么那位同学会把杨桃画成五角星呢”的结课设问，既给学生提供了一个应用知识、解决问题的机会，更让开课悬念得以最终解决，从而使得本课前后照应、课脉连贯、整体推进、一气呵成。

总之，教师紧扣教学目标，组织学生进行直观感知、抽象概括、实践演练、深层反思等活动，变抽象为形象，化枯燥为有趣，扎实有效地达成了预期目标。这节课，可以说是依托新理念、源自新教材、基于新内容的一次成功尝试。

本文刊发在《小学教学参考》2007年第10期

2.《倍的认识》教学预案

【教学内容】 义务教育小学数学人教版教材三年级上册 P50

【教学目标】

1. 基于观察、操作、比较等活动，感悟“倍”是两个量之间的关系，是两个量比较的结果，结合图理解“几倍”和“几份”的联系，初步建立“倍”的概念。

2. 亲历画一画、比一比、圈一圈、说一说等活动，从而获得“倍”的直观体验，并积累数学活动经验。

3. 引领学生解决简单实际问题，发展观察、比较、操作、表达、概括的能力，感受数学与生活的联系，培养学生学习数学的兴趣。

【教学重难点】

教学重点：理解一个数是另一个数的几倍的含义，初步建立“倍”的概念。

教学难点：初步建立“倍”的模型，理解“倍”的意义。

【教学过程】

一、由画导入，激情引趣

今天的数学课，我们要从老师亲自画的一幅画说起……

二、观察操作，探究概念

1. 在“赏”中引出概念

(1) 你们可不要小瞧这画哦，这里可藏着很多数学知识。

师：请大家认真观察这幅画，你得到了哪些数学信息？(让学生说)

圆形和三角形在数量上有什么关系呢？小朋友们比较一下这两个量！

(2) 初识倍数关系

预设1：学生直接说倍。比较两个数量，除了谁比谁多，谁比谁少这种相差关系外还可以用倍数关系来表示，刚才你们认为三角形的个数是圆形的2倍，到底什么是倍呢？今天这节课我们就要来学一学。(板书“倍”)

预设2：没有学生说倍。比较两个数量，除了谁比谁多，谁比谁少，这种相差关系外，还可以用倍来表示他们的关系！(板书“倍”)

谁比谁多、谁比谁少，这是比较(板书“比较”)，除了用多2、少2这样来表示比较的结果

(板书“结果”)。我们还能用“倍”来表示比较的结果！读一读！

请大家看:如果我们把这里的两个圆形看成1份,圈成一个圈(用红笔直接画:把两个圆形圈一圈),那么三角形的个数就可以圈成这样的2份(用红笔直接画:把四个三角形圈成2份),圆形1份、三角形2份,在数学上就这样说:三角形的个数是圆形个数的2倍。(板书:三角形的个数是圆形个数的2倍。)2份的,是1份的两倍!

大家,想一想,三角形是圆形的两倍,说明,谁多谁少呀?

(3) 出示课题:今天我们就要一起来认识“倍”。(板书“倍的认识”)

2. 在“圈”中理解概念

(1) 判断是不是2倍的关系。

师:从刚才的画中,我们知道了三角形的个数是圆形个数的2倍,老师这里还有3幅画,出示:

第一行○ 第二行△△	第一行○○○ 第二行△△△△△△	第一行○○○○ 第二行△△△△△△

师:这些画中三角形的个数也是圆形个数的2倍吗?

(2) 修改成2倍的关系。

改法1:如果把4个圆形看成1份,那么三角形2份就要8个,所以还需要增加2个。来,请你在作业纸上画上去。(你的方法是改动三角形的个数。)

改法2:如果三角形个数不变,要使三角形个数是圆形个数的2倍,那么只能是3个为1份,所以要去掉1个圆形。(很好,也可以改变圆形的个数,使得三角形的个数是圆形的2倍。)

明确:不论是哪一种方法,最关键的就是要找对1份数。

(3) 圈出倍数关系。

现在这三幅图,都有2倍的数量关系了,接下去请同学们,像这样在黑板上圈出他们的倍数关系吗。谁愿意把你圈的给大家看一看?(实物投影)

教师找男、女学生各1人,指着投影说,1份、2份,是两倍……

通过这样的圈一圈,帮助我们确定他们就是2倍的关系!

(4) 教学1倍数。

通过刚才的学习,老师发现我们班的同学都非常厉害。现在老师要告诉大家一个很重要的知识,我们在确定倍数关系的时候,最关键就是要先确定把谁看成了1份,这样的1份,也就是1倍数(在“1份”旁边板书1倍数)。这个1倍数在研究倍数关系中是非常非常重要的哦!来,跟着老师读一读,1倍数,再来一遍,1倍数。

现在,请你给练习纸上的3幅图,标上“1倍数”。谁的愿意给大家看。(实物投影)

(5) 教学多倍。

请大家仔细观察这4幅画。(黑板一幅+屏幕三幅,教师手指每幅图。)

发现1:

师问:很奇怪,4幅图都是2倍的关系,是不是两个量在比较的时候,只能是这样2倍的关系?(学生自由回答)

师：以这个图 2 为例，如果还是 2 个圆为 1 倍数，要使三角形个数是圆的 3 倍，那么三角形要画几个？5 倍呢？10 倍呢？

发现 2：

好的！还有一个发现，大家要注意，在傅老师的画里，1 倍数是 2 个圆、这幅是 1 个圆、这幅是 3 个圆、这幅是 4 个圆，大家要注意 1 倍数除了是一个、两个、三个、四个，还可以是别的数哦！

评价：真棒！用老师的画，你们学习了倍，现在老师要请你来画一画倍。

3. 在“画”中强化概念

(1) 画图。

想好倍数关系，简单、清楚的画出来。明白要求的可以开始完成练习纸中的练习二。

(2) 学生实物投影展示汇报。展示学生作品，先问其他学生画了几倍？再问作者，是不是？2～3 人后，同桌讲一讲。

(3) 大家画的，都是把第 1 行的当成 1 倍数，可不可以，第 2 行当成 1 倍数？当然可以，

(4) 这位小朋友，你们觉得他画的对不对？（出示 1 倍关系图）。

明确：当数量一样的时候，我们就说第二行是第一行的 1 倍，也可以说第一行是第二行的 1 倍。

大家想一想，对大小一样的两个量进行比较时，你能找到什么规律！

师：通过刚才的学习，大家对倍已经有了进一步的认识，接下去，我们要用学到的知识去解决一些问题。

三、拓展概念，升华意义

1. 浅珠子的个数是深珠子的（　　）倍。（一题多变）

问题 1

问题 2

问题 3

2. 涂色部分是没涂色部分的（　　）倍。

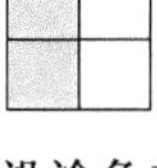

涂色部分是没涂色部分的（　）倍。
没涂色部分是涂色部分的（　）倍。

问题 1

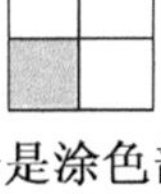

没涂色部分是涂色部分的（　）倍。

问题 2

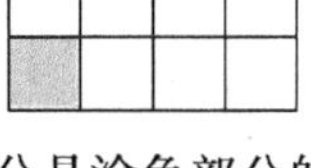

没涂色部分是涂色部分的（　）倍。

没涂色部分是涂色部分的（　）倍。

问题 3

四、梳理反思，内化总结。

通过今天的学习，你知道了哪些新知识？

3.《用字母表示数》教学设计与构想

【教学内容】《人教版课程标准实验教科书/数学》五年级上册 P44(例 1、例 2、例 4)。

【教学目标】

1. 通过基于情境的教学活动,使学生充分认识“字母可以表示数”“含有字母的式子可以表示数量和数量关系”,逐步掌握“用含有字母的式子描述生活现象、表达运算定律”的方法,并从中感受“用字母表示数”的优点所在,初步体会数学学习的“符号化”思想。

2. 引导学生体验“生活现象数学化”、“数学知识应用化”的完整过程,切身品味“数学学科”与“生活世界”之间的密切联系。

【教学重点】 用“含有字母的式子”描述生活现象、表达运算定律。

【教学难点】 初步建立“用含有字母的式子能够表示数量关系”的数学观念。

【教学过程】

一、游戏导入

1. 找规律,破数谜。(例 1 教学)

(1)

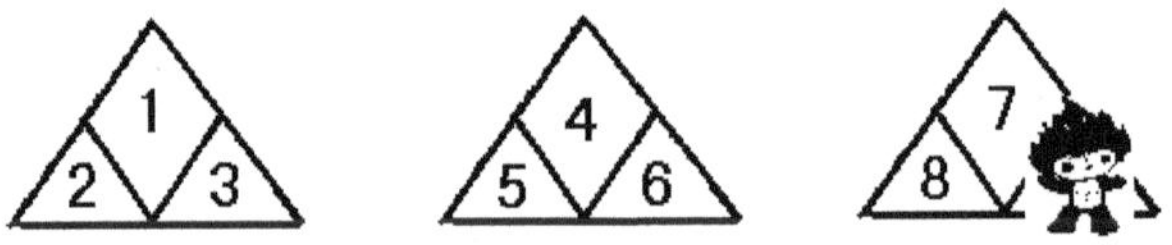

学生填数后,明确:在这个题中实物“福娃”表示了数字 9。

(2)

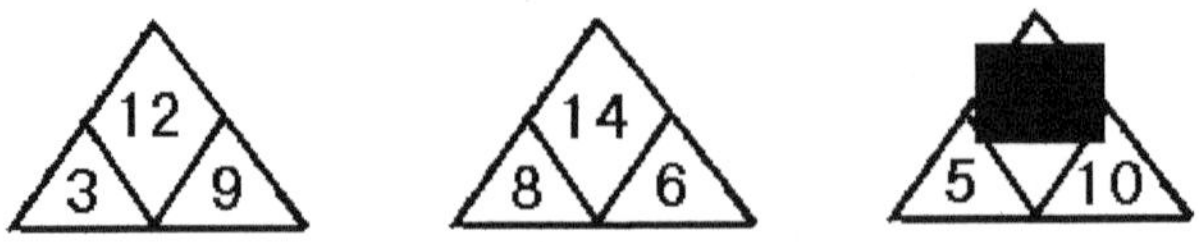

学生填数后,明确:在这个题中图形“长方形”表示了数字 15。

(3)

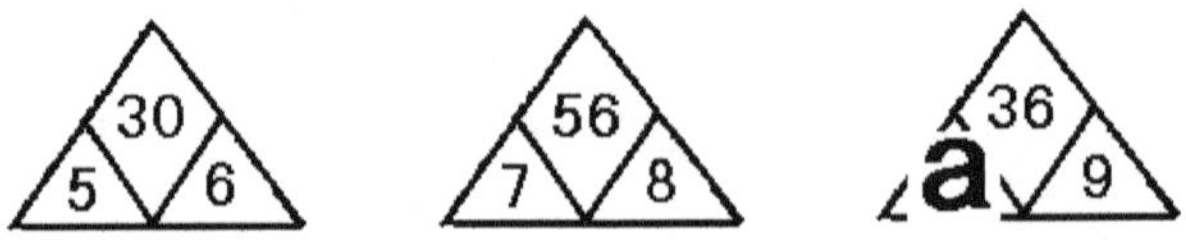

学生填数后,明确:在这个题中字母“a”表示了数字 4。

(教学设想:英国著名数学家罗素说过:“什么是数学? 数学就是符号加逻辑。”数学思想“符号化”的思想越来越被广大教师所接受,“用字母表示数”这一数学内容本身就蕴涵着数学思想“符号化”的初步学习。为此,合理开发教材,将课本例题作为导入题有效运用,改变例题的呈现方式将活动命名为“找规律,破数谜”,在活动中让学生经历“实物”表示数、“图形”表示数、“字母”表示数的学习过程,力求培养学生的数学“符号感”。)

2. 揭题:用字母表示数。

师:在刚才找规律的活动中,我们感受到:实物可以表示数、图形可以表示数、字母也可以表示数。

其实，在数学中，用“字母表示数”是非常重要的一种数学知识。

今天这节课，傅老师和同学们一起学习用“用字母表示数”！（板书课题，学生齐读）

二、探究展开

（一）例 4 教学

1. “年龄”问题

(1) 对话引入：揭示师生今年的年龄。

① 能告诉老师，你今年几岁了吗？（板书：同学们的岁数　11）

② 想知道傅老师今年几岁吗？（板书：老师的岁数）

③ 猜一猜！（学生猜想，教师评价）

④ 同学们各有各的猜法，这样吧，傅老师给你透露一个秘密！（课件出示：傅老师比同学们大 15 岁）

现在知道老师的年龄了吧！怎么想的？

(2) 丰富信息：展示各时段师生对应的年龄。

① 我们来回忆一下过去。当同学们只有 1 岁的时候（板书：1），傅老师几岁？（板书：1＋15）

② 我们再来展望一下未来。当同学们长大到 20 岁时（板书：20），傅老师几岁？（板书：20＋15）

③ 下面，让我们一起进入“时空隧道”。同学们可以回忆过去，也可以展望未来，每人给自己假定一个年龄，并推算出“傅老师那年该是多少岁”，把想法用算式记录下来。（学生活动，教师巡视）

④ 谁来说说自己的想法？（学生汇报，教师板书）

⑤（3～4 名学生后）如果老师要把你们每位同学的想法都记录下来，你觉得方便吗？

(3) 生成新知：用“一个式子”概括出师生年龄之间的数量关系。

① 同学们能不能帮老师想个办法，用“一个式子”概括出所有同学的想法？

② 学生汇报，教师板书学生的式子。

③ 同学们很能干，居然能够想出这么多的金点子来解决问题。那么，在这几种字母方式中，你更欣赏哪一种？说说你的理由。（优化对比后，板书只留下“a”“$a+15$”）

④ 现在，我们达成了一致意见：

如果把同学们的年龄定为“a”，那么，傅老师的年龄就可以表示成什么？

⑤ 先来看“a”，“a”可以表示哪些数？最小可以表示多少？有最大的吗？由于“a”表示的是年龄，所以，它的取值范围是有所限制的。

⑥ 再来看“$a+15$”，这个含有字母的式子表示什么？

从结果看，“$a+15$”是什么意思？　能够表示老师的年龄数。（板书：数）

而从计算过程看，“$a+15$”还表示了“同学的年龄＋老师比同学大 15 岁＝老师的年龄”这个数量关系。（板书：数量关系）

看来，“用字母表示数”真是一举多得！

⑦ 反过来思考，如果现在用字母“b”来表示傅老师的年龄，那么同学们的年龄可以怎样表示呢？（板书：$b-15$）

2. “举重”问题

(1) 情境导入：由“2004年雅典奥运会举重冠军张国政”谈起。

① 张国政在2004年雅典奥运会举重比赛中，举起了160千克的重的杠铃，获得了比赛的冠军，为祖国赢得了荣誉。（图片出示：举重运动员张国政的比赛图片）

② 但是他本人还笑着说：“如果在月球上我还能举得更重！”（课件文本框出示）

你们猜测一下他为什么这样说？（2～3名学生回答）

③ 是呀，科学家研究发现：“在月球上，人能举起物体的质量是地面上的6倍。”

(2) 丰富信息：从“地球上能举起的质量”推算“月球上能举起的质量”。

① 这句话告诉我们：如果一个人在地球上能举起1千克的质量，那么在月球上能举起多少千克的质量？

② 6千克是怎么来的呢？你能列出算式吗？

③ 如果一个人在地球上能举起2千克的质量，那么在月球上又能举起多少千克的质量呢？

如果一个人在地球上能举起3千克的质量，那么在月球上又能举起多少千克的质量呢？

④ 那么照这样推算，谁能说说张国政在月球上能举起的质量。怎么来的？

(3) 生成新知：用“含有字母的式子”概括出两者关系。

① 你能像刚才那样，“用含有字母的式子”表示出人在月球上能举起的质量吗？

② 同样这个含有字母的式子既表示了数，又可以看出怎样的数量关系呢？（$c\times6$）

③ 反过来思考，如果现在用字母“d”来表示人在月球上能举起的质量，那么人在地球上能举起的质量怎样表示呢？（$d\div6$）

④ 含有字母的式子可以用来表示“＋、－、×、÷”各种运算关系。

（教学设想：以上过程中，通过教师、学生年龄关系的分析和对举重问题的分析，力图借助老师年龄这一学生感兴趣的教师“隐私问题”和创设富有童趣的举重情境，多元地呈现“用字母可以表示数”“用含有字母的式子”可以表示“＋、－、×、÷”各种运算关系，让学生在兴趣盎然中完成学习。）

3. 配套练习：用“含有字母的式子”，表示图中的数量关系。

用含有字母的式子填空

现在有______元。

用含有字母的式子填空

现在有______人。

用含有字母的式子填空

每袋有 a 条鱼，一共有______条。

用含有字母的式子填空

有 m 个饺子，每盘装10个可以装______盘。

（二）例2教学

1. 初步感知：从“乘法交换律”字母表达式中引出“用字母表达运算定律”。

请看大屏幕：$a\times b=b\times a$，能看懂这个式子吗？谁能说说这个式子所表达的意思？

2. 自学感悟：自学课本内容，领悟“用字母表示运算定律”的方法与注意点。

① 那么，在用字母表示运算定律的过程中，有什么窍门？又要注意什么呢？

就请同学们自学课本45页的内容。

② 交流汇报：谁来说说你看懂了什么？

（学生主要讲出，在乘法中，乘号可以用小圆点来表示、也可以省略不写。）

3. 应用深化：四人小组分工合作，用“含有字母的式子”表示另外四个运算定律。

① 在信封中抽取“加法交换律、加法结合律、乘法结合律、乘法分配律”当中的一个定律，用“含有字母的式子”进行表示。

② 四人小组内进行交流，同学之间可以相互补充和修改。

③ 全班交流汇报。

如果要求熟记运算定律，你是选择记忆“文字内容”还是“字母内容”？为什么？

（教学设想：联合国教科文组织在关于生存的主题报告中警呼：“未来的文盲，不是不识字的人，而是不会学习的人。”所以，大胆创新将“自学”形式引入小学数学课堂，带着“在用字母表示运算定律的过程中，有什么窍门？又要注意什么呢？”的问题，让学生有效地进行了自学，并将自学知识运用于其他运算定律的字母表达式书写中，让学生切实感受数学学习的价值，更彰显了有活力的教学。）

4. 配套练习：根据运算定律的字母表达式填空。

三、梳理小结

1. 知识回顾：这节课学习了什么内容？

2. 个性反思：你有什么收获？还有什么疑问？

3. 临场运用：用“A、B、C、D”四个等次，为自己在本堂课的表现打分。

四、练习应用

1. 口算练习

(1) ●＋●＋●＝12　　　　●＝________

(2) $5\times a=15$　　　　$a=$________

(3) $x+y=100$　　　　$x=$________　$y=$________

师：为什么前两题的答案都是唯一的，而第三题却有这么多的答案呢？

2. 基本练习

为开展体艺“2＋1”活动，学校体育组决定购买一批球类用品。体育老师到商场后了解到以下信息：篮球：每个60元；足球：每个a元；排球：每个比足球贵5元。

请你说出每个算式的意思。

(1) $60-a$：(　　　　　　)　　(2) $a+5$：(　　　　　　)

(3) $a\times4$：(　　　　　　)　　(4) $60\div a$：(　　　　　　)

3. 发展练习

用含有字母的式子表示生活中的现象。

(1) 我国青少年1980年平均身高x厘米，到2000年平均身高增长6厘米，2000年我国青少年平均身高________厘米。

(2) 科学家研究发现：人的身高早晚可能会相差2厘米，在早上最高，晚上最矮。如果一个人早上身高b厘米，晚上身高可能是________厘米。

(3) 人的骨骼约是体重的0.18倍。如果一个人重a千克，骨骼约是________千克。

(4) 丰惠镇小“九狮桥”文学社，将在今后3年中，培养出n个“小作家”，平均每年培养________个。

(5)“小灵通”每月缴费规定如下:“每月固定月租费15元,每分钟通话费0.1元。”傅老师这个月“小灵通”通话时间为a分钟,我这个月应缴交费________元。

(教学设想:以“生活”理论为支撑,练习的设计清晰了体现了层次性,结合“体艺2+1”和乡土资源,立足学生感兴趣的事件、在增长科普知识的同时感受了数学学习的价值。将所学知识随即运用于生活实际问题的解决中,使学生切实体验到身边有数学,从而对数学产生亲切感,增强学生对数学知识的应用意识,努力使学生观察、分析、创新、实践等能力得到培养。)

五、点化延伸

课的最后,傅老师想把一个“含有字母的式子”送给大家。(课件出示:$A=X+Y+Z$)见过这个式子吗?

教师介绍公式背景:这个式子的创造者是伟大的科学家爱因斯坦。一个爱说废话而不爱用功的青年,整天缠着大科学家爱因斯坦,要他公开成功的秘诀。爱因斯坦厌烦了,便写了一个公式给他:$A=X+Y+Z$。爱因斯坦解释道:“A代表成功,X代表艰苦的劳动,Y代表正确的方法……”“Z代表什么?”青年迫不及待地问。“代表少说废话。”爱因斯坦说。

尽管,这里的字母不表示数,但傅老师还是很想把这个含有字母的式子送给大家。

愿每位同学都能成功!(课件出示:祝你成功!)

(教学设想:有位名师讲过“美妙的课尾总结总能给孩子意犹未尽、回味无穷的美好感受,有效利用课尾总结,加以引导、点化,更能显示出总结在拓展延伸上的巨大功效。”为此,提取科学家爱因斯坦的轶事,让学生微笑之余感受了大师的魅力,在无形之中将数学与德育进行了有机整合。)

4.《三角形》教学预案

【教学内容】 人教版课程标准实验教科书四年级下册 P80—81 例 1、例 2。

【教学目标】

1. 通过动手操作和观察比较，使学生进一步认识三角形，知道三角形的特征及三角形的底和高，会在三角形内画高。

2. 通过实验，使学生了解三角形的特性，能解释三角形的特性在生活中的实际应用。

3. 在数学活动中，培养学生的空间观念，以及积极的学习态度。

【教学重点】 认识三角形的特征及底和高，了解三角形的特性。

【教学难点】 画三角形的高。

【教学过程】

一、建立三角形的概念

1. 揭示课题：

(1) 同学们，二年级的时候我们学过语文课文《纸船和风筝》，同学们请看这就是小松鼠的家，请你仔细观察小松鼠的家是由哪些形状组成的？(预设学生回答：长方形和三角形)

(2) 长方形是我们已经学过的图形，我们已经知道长方形由 4 条边、4 个直角组成，今天这节课我们一起进入三角形的世界，进一步去认识三角形、研究三角形的特性。(板书：写上“的特性”)

(3) 在我们生活的周围到处有三角形，你能找一找吗？老师也找到了一些，你看到三角形吗？图片欣赏：红领巾、电线杆、警示牌、铁塔、房架、自行车……(课件出示)

红领巾是革命先烈用鲜血染红的让我们倍加珍惜；警示牌小朋友们看得懂吗？是呀，小朋友们要慢行上学，放学途中要注意安全。(学生汇报找到的三角形，教师依次点击，课件闪烁各实物中存在的三角形)

教师评价：请找到三角形的小朋友举举手，恩，英雄所见略同！同学们，这些物体的材料不同、颜色不同、用途不同，但他们的形状中都有三角形。

2. 揭示名称：

(1) 生活中有这么多的三角形，那你能不能运用身边的材料(描一描、画一画、围一围、折一折……或你喜欢的方法)创造出一个三角形呢？开始。汇报：印、画、围、折、搭、切……

(2) 同学们真不简单！想了这么多创造三角形的方法，都是成功的发明家！下面，让我们采用画一画的方法，请大家一起用三角板在练习本上任意画几个形状不同的三角形。边画边思考：所画的三角形有什么共同特点呢？

(3) 看同学们画的这么有兴趣老师也用画一画的方法来画一个三角形，老师画的三角形和大家位置不同，它们有共同点吗？(教师评价：不急，同桌之间先商量、商量。)

(4) 反馈交流。明确:三角形都有三个角、三个顶点、三条边。为了表达方便,我们用字母 A、B、C 分别表示三角形的三个顶点,这个三角形我们可以叫它为三角形 ABC。

3. 揭示定义:

(1) 通过刚才的学习讨论,你心中的三角形应该是怎样的图形呢?你能用语言进行概括吗?

(2) 同学们真能干,能这么细致的概括出三角形,那么数学家们又是怎样描述他们心目中的三角形的呢?

(3) (课件出示)由三条线段围成的图形(每相邻两条线段的端点相连)叫做三角形。

(4) 请同学们自由地读一读,根据你对三角形的认识,你认为数学家这句话中哪些词很重要?为什么?在讨论中理解"三条线段""围成""端点相连"(课件将这些词用红色标出)。"围成""端点相连"这些都在告诉我们三角形是一个封闭的图形。

(5) 同学们学习新知识的能力真强,这就是三角形的意义。(课件出示:三角形的意义)同学们重新理解后,读的感受就不一样了,请同学们用心读一读三角形的意义,并把它深深地记在脑中。

(6) 配套练习:

判断:下列图形中哪些是三角形?哪些不是三角形?为什么?(用对或错表示)(出示课件)

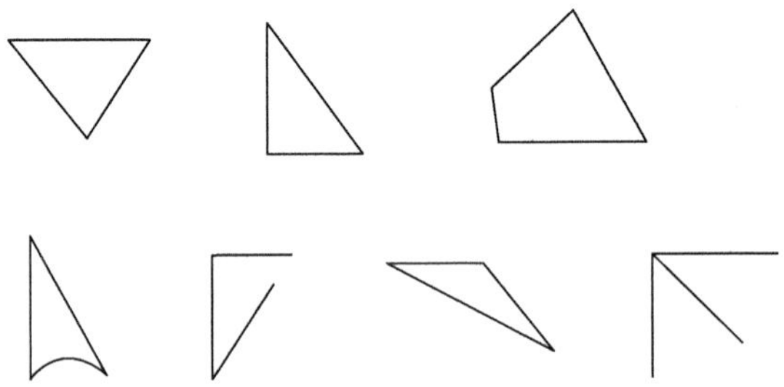

4. "高"的教学:

(1) 一起关注大屏幕,问:这是一个三角形房顶,工人师傅要测量这个三角形房顶有多高,你认为应测量哪条线段的长度?为什么?(预设学生回答:中间那条。课件同步闪烁。)

(2) 这条线段实际上是从上面顶点到下面对边之间所画的一条垂线,这条垂线的长度就是房顶的高。如果去掉这个房顶的内部结构(点击出示 ABC),我们用尺子怎么来画这条垂线呢?(请你用尺子在空中进行模拟)

(3) 课件演示画高(教师口述画高的方法)。

(4) 定义:这条垂线的长度在数学上就叫做三角形的高(课件显示),这条对边叫做三角形的底(课件显示)。三角形的底和高实际上是一组互相垂直的线段(课件出示直角记号)。请同学们注意,"高"和"底"是配套的,三角形有三条边,这三条边都可以作为底,所以你一定要正确区分清楚相对应的高和底。会用尺子画高了吗?

(5) 那好,谁有胆量在黑板上的三角形中,画出右底边上的高(生上台操作,交流评价)。你对她画的高有什么建议呢?现在完整的高已经画完,想不想自己也来试一试?

(6) 配套练习：

请画出下面三角形底边上的高。

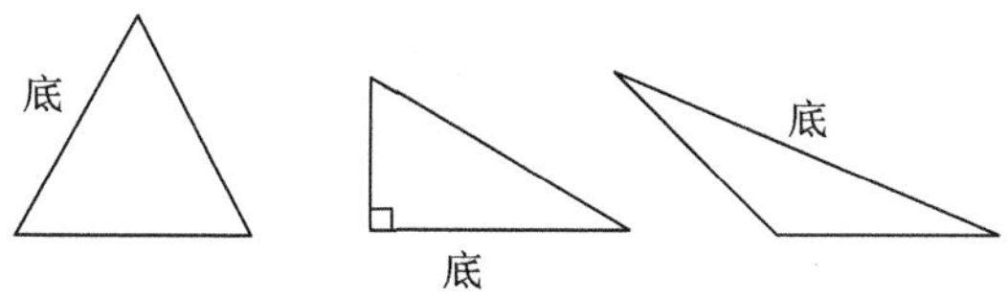

二、了解三角形的特性

1. 猜想：生活中有这么多的物体形状都设计成三角形，请你猜想这是什么原因呢？

2. 操作：老师这有一个三角形和一个长方形，请同学们来拉一拉三角形框架，再拉一拉四边形的框架，谁愿意？你发现它们有什么不同吗？（预设学生回答：三角形不会变形。）

3. 归纳：是呀，三角形拉不动，不会变形，数学上把三角形的这个特性称为稳定性。（板书："特性：稳定性"）

4. 解释：再次仔细观察这些图片，哪些地方应用了三角形的稳定性？选择你感兴趣的一幅介绍。

5. 应用：同学们有办法让这个长方形不变形吗？（预设学生回答：钉一根条子上去。）

教师演示教具，先钉在中间，还是拉得动，要钉出一个三角形。

三、梳理三角形的知识

1. 知识回顾。同学们，今天我们学习了什么内容？能具体谈谈你有什么收获？

2. 解决疑难。你还什么问题想向同学、老师交流吗？

四、运用三角形的知识

1. 想一想，填一填。

三角形有（　　）条边，（　　）个角，（　　）个顶点。

三角形的特性是（　　）。

三角形里共有（　　）条高。

2. 指一指，说一说。

请同桌合作：任意拿一块三角板，相互指出它的三条边，三个角，三个顶点。

3. 想一想，修一修。

请看图中的椅子已经发生了摇晃，你怎样修理，这把椅子才能趋于牢固？

五、欣赏三角形的美感(机动)

结语：今天我们这节课就要上完了，老师希望同学们做一个生活的有心人，用数学的眼光去发现、去探索蕴涵在生活中的数学奥秘！

5.《统计图表总复习》教学预案

【教学设想】

一、准确定位,有效实现复习课的功能

当前,复习课主要有这样几种常见的状态:简单的重复式(就是把新知识重新上一遍)、整理形式化(就是老师满满板书一黑板,但是学生只是抄了一边,知识的整理没有融会贯通)、以练代替复习(也就是题海战术)……

如何破解,关键是对复习课的功能把握:

1. 通过复习使学生形成知识网络,使学生记忆量缩小,使概念构建系统化、简约化。

2. 查漏补缺。

3. 温故而知新,复习课要有拓展。

期待终极目标,通过复习把平时独立的知识串连起来,同时又能在原有知识基础上有所提升。

二、研究学生,把握复习重点

我们的学生,往往对概念性存留,像概念、公式等记忆和把握很好,可以是熟记于心;但是对理解性存留,像关系、变式等把握较差,也就是缺少举一反三的能力,我们有这样的感觉,差不多的题目是讲过的,但是稍一变式,学生就会错误,所以我们在复习的时候要花大力气对理解性存留的进行复习、提点。

这节复习课,对于概念性存留,像三类统计图的特点,我只是点到为止,没有具体去分析特点到底体现在哪里,而是把时间放在了根据特点的灵活运用上,力求让学生去辨析根据学生最喜爱的游乐项目制成的三类统计图,培养学生灵活运用的能力。

三、精心设计,夯实复习过程

1. 抓住关键、整体设计,沟通统计图表的关系,构建知识网络。

也就是,什么不好抓什么!新课程淡化制图,即使制作也是给学生准备好了网格图或者已经制作好了横轴和纵轴,从某种意义上说,学生不是制图,而是在填图,填图就大大降低了难度。但是条形统计图的条形高度和折线统计图的点的正确查找都是难点,所以这两点,我设计让学生填写一张不完整的条形统计图和如何找点的问题,正确找数据是一个难点。

同时,对统计图表的正确分析也是学生的薄弱环节,所以整节课中,设计了针对习题和跟进问题来培养学生的读图分析能力,和预测质疑的能力。

2. 精心设计教学活动,引导学生自主回顾和梳理知识的能力。

在统计图的起始环节中,我的问题是"我们已经学过了哪些跟统计图有关的知识",让学生四人小组讨论交流,并提醒学生可以说一说、也可以记一记。在制图前又问学生,在制图的时候我们该注意什么问题,你对同学们有些什么建议?这些都在引导学生根据已有经验进行自主回顾。

3. 关注学习过程，注重引导学生在比较、沟通或辨析中明晰概念、纠正认识偏差。

“读懂一个学生，走进一个世界！”在整个复习阶段我们要关注的学习过程，学生是有思想的个体，学习方式应该是多元化的，所以当学生有不同的声音或错误的理解时，不要全盘否定，要给学生以信心，出现错误没有关系，注重引导！

【教学内容】 人教版六年级毕业总复习。

【教学目标】

1. 经历提出问题，收集和处理数据等数学活动，掌握条形统计图、折线统计图、扇形统计图的形式与特点，会根据需要选择合适的统计图，能制作比较完整的统计图。

2. 使学生进一步掌握统计的基础知识和基本技能，并能解决简单的问题。

3. 会根据统计图中的信息做合理的分析与质疑，较为完整地理解统计图的价值。

【过程预设】

一、统计表的复习

1. 同学们请看大屏幕。(课件播放四张大象公园游乐场的图片)

教师解说：4 月 2 日那天傅老师所在的阳光学校组织了全校师生到大象公园进行春游，这是同学们参加游玩项目时的一些照片。春游回来后，就“你最喜爱的游乐项目”，六(2)班同学进行了全班调查，请看大屏幕。

2. 课件显示黑板调查信息。

小火车	碰碰车	高空飞人	摩天轮
一	正	正	正
	正	正	正
		正	正
			一

师：你能看懂这些信息吗？　谁看懂了，向在座的老师和同学说一说。

跟进提问：“正”字代表什么？　(预设学生回答：一个“正”代表数量 5。)

师：是的，“正”字统计法是日常生产和生活最常用、最简洁的统计方法。

3. 如果傅老师告诉你，统计时全班同学都在，而且每人只报了一项，你还能得到什么信息？

4. 是的，我们还能知道班级的总人数。全班人数是 42 人。

5. 现在老师要你将这些信息填入到这张统计表中，你会填吗？请完成练习 1。

各年级最喜爱游乐项目人数统计表

2009 年 4 月

项目	小火车	碰碰车	高空飞人	摩天轮	合计
人数					

6. 教师出示表格，依次填写。正确的同学举举手。评价：好的，同学们对已学知识掌握的非常扎实。那么在填写统计表的时候，你对同学们有些什么建议呢？

（注意以下事项：信息要正确、表格名称和制表日期要写上等。）我们已经知道了这个班一共是42人，如果合计项是41，说明什么问题？

二、统计图的复习

1. 刚才我们复习了统计表(板书：统计表)，比较统计图和黑板信息，统计图有什么优势呢？根据学生回答板书成：统计表——梳理信息。

在小学阶段我们除了统计表还学习了统计图(板书：统计图)，关于统计图我们已经学了哪些知识？稍停，咱不急着汇报，同桌之间先说一说。

2. 谁来说？引导学生说出以下几方面：

(1) 统计图的类型。(条形统计图、折线统计图、扇形统计图)当学生说出三种图后，教师评价：这位同学很厉害，说了统计图的类型。板书：类型和三种具体名称

(2) 统计图的特点。(学生说完后课件呈现) 条形——很容易看出各种数量的多少；折线——不但可以表示数量的多少，而且能够清楚地表示出数量增减变化的情况；扇形——很清楚地表示出各部分同总数之间的关系。评价：你回答问题很严谨，详细说出了各种统计图的特点。板书：特点。

过渡：另外同学都知道这些知识吗？评价：很好，为自己能扎实地掌握已学知识鼓鼓掌。

3. 争论辨析：对于统计图除了知道类型和特点，还有一件重要的事情就是灵活合理运用。

傅老师将“六(2)班最喜爱游乐项目人数”制成了“折线”“条形”和“扇形”三种不同的统计图，你认为对于“六(2)班最喜爱游乐项目人数”制成哪一种统计图比较合理。

咱们用手势来进行汇报，老师数1、2、3，你们出手势！ 为什么？

(明确：折线统计图数量增减变化指同一种事物在不同时期的变化情况，而这里有四个项目，显然用折线不合理。条形统计图清晰表示各种不同事物的多少。)

4. 制图讨论：

那么我们在绘制各种统计图的过程中，该注意一些什么问题呢？

引导学生说出：标上数据、依次连接、尺子、橡皮等！

5. 为了能够了解全校同学参与游玩的情况，傅老师抽样调查了200名同学们，统计结果如下：

各年级最喜爱游乐项目人数统计表

2009年4月

项目 \ 人数 \ 年级	低年级	中年级	高年级	合计	占总人数百分比
小火车	28	10	1	39	19.5%
碰碰车	6	50	15	71	35.5%
高空飞人	2	15	20	37	18.5%
摩天轮	4	25	24	53	26.5%
合计	40	100	60	200	100%

这是一张复式统计表，谁来说这个“50”是什么意思，这个“60”又是什么意思？

这个“18.5%”表示什么？

6. **师**：根据表中信息判断：接受调查的人中，高年级有24人喜欢摩天轮、中年级有25人喜欢摩天轮，傅老师能不能说整个中年级比整个高年级喜欢摩天轮，为什么？

（**预设学生回答**：不是，因为受调查的中年级和高年级的人数是不一样的，不能根据人数数量去比，而要根据各自的百分比去比较，这样更能体现数据的普遍性。）

7. 同学们很会看表，这让傅老师很高兴，现在就请你以最快的速度求各自的百分数。（学生计算）

中年级喜欢摩天轮人数占中年级总人数的25%，高年级喜欢摩天轮的人数占总人数的40%。从百分数来看，整个高年级要比整个中年级更喜欢摩天轮。

过渡：同学们，统计表能给我们带来方便，但是我们有些时候也不能只看表上的数据，很多时候要往更深层次的方面进行思考！

8. 读图激疑：

(1) 根据表中信息，老师制作了一张折线统计图(出示复式折线统计图)，与刚才看到的折线统计图相比，老师这张统计图有什么不一样？

(2) 你知道为什么要学习复式统计图吗？(预设：能够清晰比较多个量的增减变化情况)

(3) 从图中，你读懂了哪些信息？得到了哪些结论？

引导学生说出：随着年龄的增长喜爱的游乐项目会发生变化，各个年龄时期所喜好的项目都是不一样的，到了高年级会比较喜欢高空惊险的项目。

三、小结梳理

1. 揭题板书：同学们，今天我们复习了什么内容？(板书课题：统计图表的总复习)

2. 个性反思：今天具体有什么收获？还有什么疑问吗？

好的，看到同学们胸有成竹，老师很欣慰，下面我们要运用统计图表的相关知识去解决一些问题。

四、综合练习

1. 基础练习

(1) 读图填空：

下面是某地2004年的月平均气温变化情况统计图

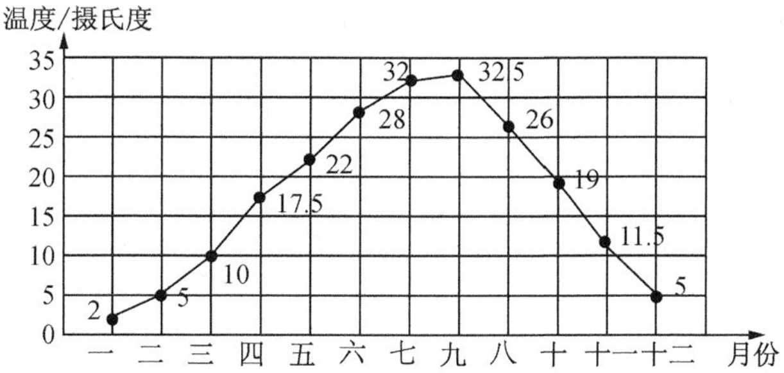

(　　)月的平均气温最高；(　　)月的平均气温最低。　追问：怎么想的？

(　　)月—(　　)月平均气温上升最快；(　　)月—(　　)月平均气温下降最快。

问1：在折线统计图的制作过程中，最难的就是找点，以这个点为例，我们该怎样既准确又快速地找到？

问 2:这个点又是怎么找到的,同桌之间说一说?

(2) 读图感悟:

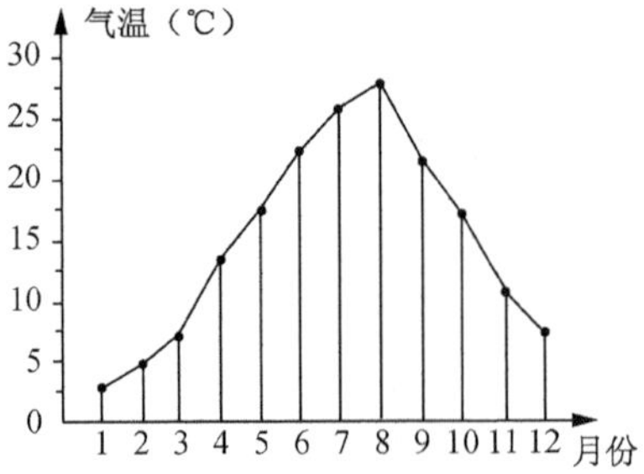

(图 1)

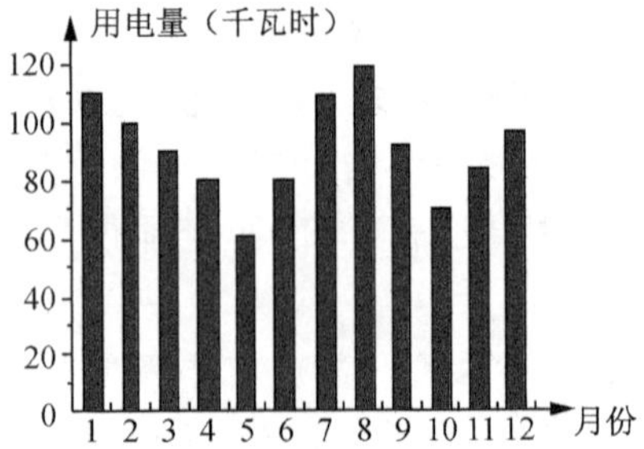

(图 2)

图 1 表示某年 12 个月中每月的平均气温,图 2 表示某家庭在这年 12 个月的用电量。根据统计图,请你描述该家庭用电量与气温间的一些关系。

2. 提高练习

(1)

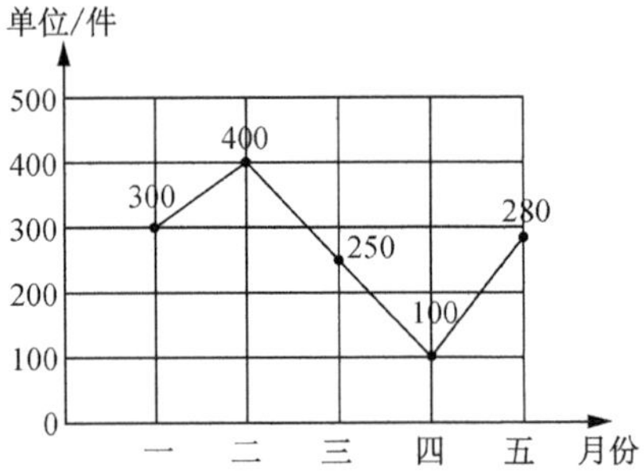

(图 1)

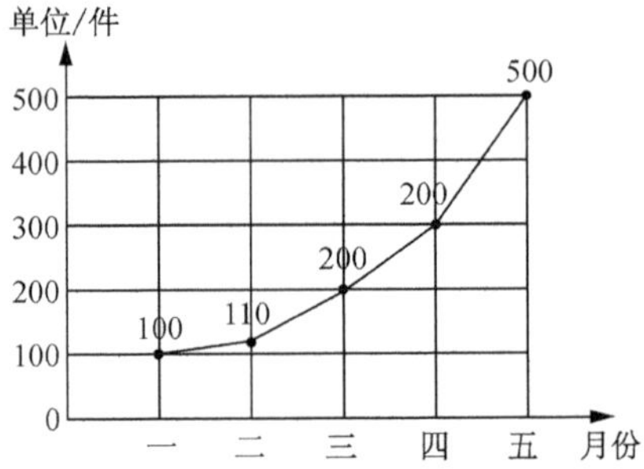

(图 2)

A. 请观察,这是两张某商店毛衣和衬衣的销售情况统计图。猜一猜哪张图表示毛衣的统计图?

B. 如果你是销售经理,在进货方面有什么考虑?

如果你是消费者,又什么打算呢?

C. 小小的两张统计图,居然是进货的依据之一,也为消费者带来启发,我们要真心感谢数学知识为生活带来的便利。

(2) 下图是某公司职工 A,职工 B 下半年月薪情况统计图。你发现哪一位工资增长比较快?为什么?

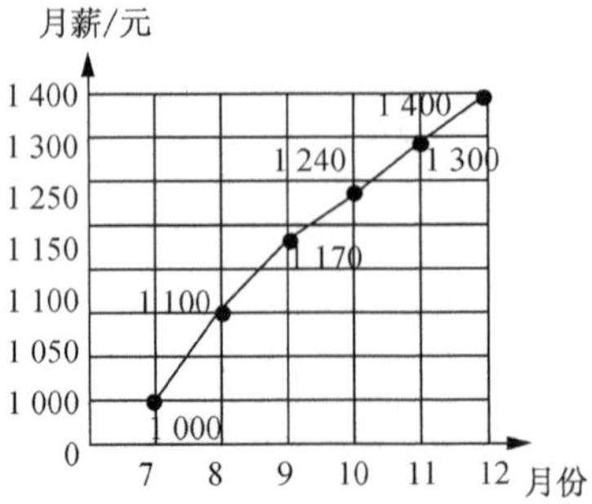

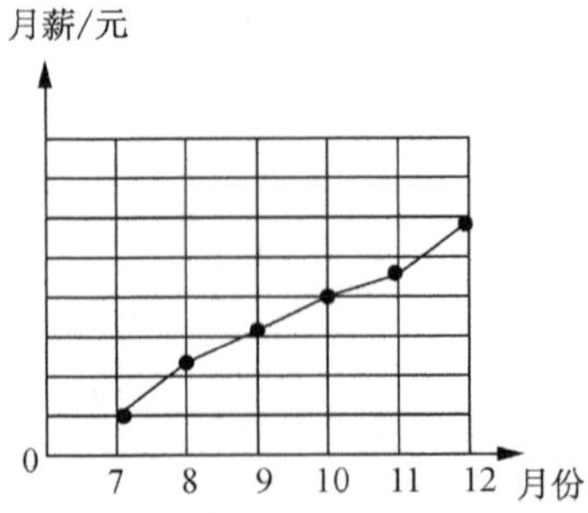

小结:在折线统计图中,虽然折线陡平可以显示数据增减变化的情况,但是也不能只关注线,而忽略了其他的信息。

6.《同分母分数加减法》教学预案

【教学内容】 人教版义务教育课程标准实验教科书小学数学五年级下册 P104～106 页例 1、例 2。

【教学目标】

1. 创设富有数学味的教学情境，引导学生亲历“同分母分数加减法计算法则”的探索过程，帮助学生理解并掌握“同分母分数加减法计算法则”。

2. 凭借贴近生活的学习材料，发展学生的分析、比较、抽象、概括能力，培养学生的计算能力和优化比较能力。

3. 结合凸显主体的学习过程，让学生品味数学学习的成功体验，进一步增强对数学学习的兴趣和信心，初步形成独立思考和探究问题的意识和习惯。

【教学重点】 帮助学生在自主探究中逐步建立“同分母分数加减法计算法则”。

【教学准备】 自制课件。

【预设过程】

课前谈话：感受生活数学。

同学们，这一阶段我们在学习分数，也奇怪了，这几天老师眼里看到的、想到的都是一些分数，你们有这样的感觉吗？不信呀！我们来看一些图片。

1. 社会进步了，人民生活小康了，街上经常看到带这个标志的车（课件出示宝马车标），看到分数了吗？$\left(\frac{2}{4}\right)$ 跟进：哪里是$\frac{2}{4}$？

2. 2010 年世博会上，很多国家的国旗很有意思（课件出示法国国旗），看到分数了吗？

3. 分数不但可以表示部分与总数的关系，也可以用来表示具体的数量！

阳阳和弟弟在吃巧克力的时候，又吃到了分数（课件出示巧克力）。

阳阳吃了$\frac{3}{5}$块，$\frac{3}{5}$块也就是几小块，（3 小块）怎么想的？

弟弟吃了$\frac{1}{5}$块，$\frac{1}{5}$块也就是几小块，（1 小块）怎么想的？

同学们，老师找到了这么多生活中的分数，你能找一找吗？

小结：同学们很厉害，能够很好地将数学知识和生活联系起来，只要是生活的有心人，你就会在生活中处处发现数学。

一、复习铺垫：生成学习材料

1. 同学们，在刚才的谈话中，我们得到了信息：（课件）

阳阳吃了$\frac{3}{5}$块巧克力、弟弟吃了$\frac{1}{5}$块巧克力，看到$\frac{3}{5}$、$\frac{1}{5}$这两个分数，你都想起了哪些

数学知识？（3名学生讲有关分数的内容）

评价：很好，同学们对已学知识掌握得相当不错！那么，这两个分数又有什么共同点？（板书：分母相同→分数单位相同）

明确：边板书边说："分数的分母一样，也就是分数单位一样。"

2. 根据屏幕信息，你能提出一个数学问题吗？（板书学生所提问题）

预设1：阳阳和弟弟共吃了多少块巧克力？

预设2：阳阳比弟弟多吃了多少块？

3. 教师分别提问，要想解决这个问题该怎么列式？（将分数加法和减法的算式分别板书于黑板。）（如果学生说出答案就直接写上。）

二、渐进研探：亲历法则生成

1.（如果列式时学生没出现答案）

预设：那么，我们该怎么计算$\frac{1}{5}+\frac{3}{5}$、$\frac{3}{5}-\frac{1}{5}$这一类同分母分数加减法呢？

过渡语：很多同学都已经知道怎么算了，咱不着急汇报。我们先来计算$\frac{1}{5}+\frac{3}{5}$，把你的想法在本子上写下来，为了便于交流请写清楚，同时想一想还有别的方法吗？

2.（如果列式时学生出现答案）

预设：傅老师告诉大家，这个$\frac{4}{5}$就是正确答案，那么你能证明这个$\frac{4}{5}$就是正确答案吗？请在自己的本子上把过程写出来，为了便于交流请写清楚，如果实在想不出办法你可以借助老师下发的"学习单"！

(1) 好了，请向你的同桌，介绍你的方法？

(2) 你是如何计算$\frac{1}{5}+\frac{3}{5}$的，只告诉同桌不行，也应该与在座的老师和同学共同分享！谁愿意向大家介绍你的方法？

(3) 学生汇报。

预设1：直接看阴影图和线段图得出。

预设2：1个$\frac{1}{5}$加上3个$\frac{1}{5}$等于4个$\frac{1}{5}$(板书)。 同学们很会思考，的确，分母相同也就是分数单位相同，1个$\frac{1}{5}$加上3个$\frac{1}{5}$就是等于4个$\frac{1}{5}$。

预设3：$\frac{1}{5}=0.2$，$\frac{3}{5}=0.6$，$0.2+0.6=0.8$，0.8也就是$\frac{4}{5}$。

(4) 还有不一样的方法吗？

3. 同学们很能干，在短短的几分钟时间内，就想出了这么多好办法算出了$\frac{1}{5}+\frac{3}{5}=\frac{4}{5}$。一起关注黑板，在这些方法中，你最欣赏哪一种？（挑2～3名学生回答。不问为什么？）

评价：真是，青菜萝卜各有所爱，下面就请你用你自己最欣赏的方法计算出$\frac{7}{29}+\frac{3}{29}$。

反馈：

(1) 有用图示法来做$\frac{7}{29}+\frac{3}{29}$的同学们吗？ 跟进：图示法简洁明了，是我们数学上不可或缺的好办法呀，为什么不用？ （引导学生说出，图示法虽然简洁明了，但分母较大时使用起来就会比较麻烦。）

（2）有用分数组成法的同学们吗？（一名学生进行阐述。） 很好，但是每一道题都用文字来表示就会让人感觉费时。

（3）有用转化法的吗？ $\frac{7}{29}$、$\frac{3}{29}$不能化成有限小数，看来转化法使用起来有局限性。

师：同学们，做了这题，傅老师还是问你选择一种方法，你现在会选择哪一种？

师：不管用什么方法只要你是做对的请你举手，学以致用，你们很了不起，给了不起的自己鼓鼓掌。

4. 同学们，通过刚才的计算我们知道黑板上有些方法使用起来有一定的局限性，如果让你选择一种方法作为计算同分母分数加减法的基本方法，你会选择哪一种？

5. 数学是一门严谨的学科，为了规范学习我们有必要把同分母分数加法的计算过程书写完整。我们先擦去$\frac{4}{5}$，因为分母不变，分子相加，可以先把分母5照抄不变，然后把分子相加，最后得到答案。看清楚了吗？当然，以后当我们计算熟练的时候，这个过程可以不写出来，只要在自己脑中思考就可以了！（用红粉笔框出）

好的，一起关注巧克力，咱们借助巧克力继续帮助我们学习，$\frac{1}{5}$块也就是一小块，$\frac{3}{5}$块也就是三小块，把$\frac{1}{5}$块与$\frac{3}{5}$块合起来之后，巧克力还是平均分成了5份，而1小块＋3小块就是4小块，这个4小块也就是整块巧克力的$\frac{4}{5}$块。$\frac{1}{5}$、$\frac{3}{5}$、$\frac{4}{5}$这3个分数的分数单位是一样的。因此，同分母分数加法分母不变，只把分子相加！

6. 同学们，举一反三是数学学习的基本能力，对照"分母不变，只把分子相加"的加法计算方法（手指板书），你能说说$\frac{3}{5}-\frac{1}{5}$的计算方法会是怎样的？

（1）大家一起说吧（分母不变，只把分子相减） 评价：很会思考。 好的，傅老师按照你们的方法计算一遍。教师板书详尽计算过程，同时明确熟练之后可以省略的步骤。

（2）虽然我们已经知道了$\frac{3}{5}-\frac{1}{5}=\frac{2}{5}$，但是"分母不变，只把分子相减"这个方法到底对不对，你能选择其中的一种方法进行证明吗？ 同桌之间先说一说。（2名学生说）

（3）同学们很认真，学习知识就需要你们的这种精神！ 咱们再次借助巧克力帮助我们学习，$\frac{1}{5}$块也就是一小块，$\frac{3}{5}$块也就是三小块，用$\frac{3}{5}$块减$\frac{1}{5}$块之后，巧克力还是平均分成了5份，这个2小块也就是整块巧克力的$\frac{2}{5}$块。$\frac{1}{5}$、$\frac{3}{5}$、$\frac{2}{5}$这3个分数的分数单位是一样的。因此，同分母分数减法也是分母不变、只把分子相减！

7. 同学们，在刚才的学习过程中，我们计算了同分母分数的加法和减法，仔细观察加法和减法，这个$\frac{4}{5}$块表示两个分数的和，这个$\frac{2}{5}$块表示的是……？（两个分数的差）

是的，分数加减法的意义和整数加减法的意义是一样的。

8. 那么，你能用一句话概括出“同分母分数加减法”的计算方法吗？

3 名学生说后，**师**：同学们学得很认真，都有自己的想法，数学家也进行了总结，请看大屏幕。

9. 能理解吗？　好的，这句话也就是“同分母分数加减法的计算法则(课件)”。

这么辛苦得到的法则让我们齐声用心朗读。

9. 下面我们就要用这个法则了。(**师**：要求在自己的纸上写出详细的计算过程。)(两生板书)

(1) $\frac{3}{8}+\frac{4}{8}=?$　一学生报答案后，怎么想的？

(2) $\frac{7}{15}-\frac{2}{15}=?$　学生个别报答案后，问，其他同学同意吗？

是呀，最后答案能约分的一定要约分。你约分了吗？　如果这个后面有一个小括号的话，你会加什么内容？

11. 同桌各向对方出一道同分母的加法和一道减法，考考对方！也是要求写出详细的过程。

三、小结梳理：盘点学习心得

1. 同学们，为了更好地学习，我们有必要将刚才的学习过程进行简单小结。今天我们学习了什么内容？　板书课题：同分母分数加减法。

2. 能具体说说你有什么收获吗？

3. 还有疑问吗？　老师有个问题要问问大家：为什么同分母分数加减法只要分子相加减，分母保持不变？(着重让学生说出，同分母分数的分数单位相同，式子中的分数是什么分数单位，答案也就是什么分数单位，只要把分子相加减就可以了。)

评价：其他同学能明白这位同学的意思吗？　好的，看来同学们对同分母分数的加减法已经很有心得了！接下去，我们就要用今天所学的知识解决一些问题，有信心做正确吗？

四、多层训练：提升知识水平

1. 算一算(口算)。

$\frac{1}{7}+\frac{4}{7}=$　　　$\frac{9}{13}-\frac{2}{13}=$　　　$\frac{17}{25}+\frac{8}{25}=$

$\frac{5}{6}-\frac{1}{6}=$　　　$\frac{19}{20}+\frac{19}{20}=$　　　$1-\frac{1}{4}=$

问：$1-\frac{1}{4}=\frac{3}{4}$，说说你是怎么想的。

明确：当被减数是 1 的时候，我们把 1 转化成分母同减数一样的分数，再进行计算。

2. 填一填(填空)。

(1) $\frac{7}{13}-\frac{2}{13}=\frac{(\quad)}{(\quad)}$　表示(　　)个$\frac{(\quad)}{(\quad)}$－(　　)个$\frac{(\quad)}{(\quad)}$＝(　　)个$\frac{(\quad)}{(\quad)}$

(2) $\frac{7}{11}+\frac{2}{11}=\frac{(\quad)}{(\quad)}$　表示(　　)个$\frac{(\quad)}{(\quad)}$＋(　　)个$\frac{(\quad)}{(\quad)}$＝(　　)个$\frac{(\quad)}{(\quad)}$

(3) $\frac{7}{5}-\frac{(\quad)}{(\quad)}=\frac{3}{5}$　表示 7 个$\frac{1}{5}$－(　　)个$\frac{(\quad)}{(\quad)}$＝3 个$\frac{1}{5}$

(4) (　　)$-\frac{1}{12}=\frac{11}{12}$　表示(　　)个$\frac{(\quad)}{(\quad)}$－1 个$\frac{1}{12}$＝11 个$\frac{1}{12}$

3. 辨一辨(辨析)。

阳阳和弟弟都喜欢课外阅读。弟弟一天看了《淘气宝马小跳》的$\frac{1}{2}$，阳阳一天看了《鲁滨逊漂流记》的$\frac{1}{2}$。两人一天共看了$\frac{1}{2}+\frac{1}{2}=1$(本)　你认为这样的说法对吗?

(1) 全体同学用手势表示答案。

(2) 当意见不统一的时候以理服人很重要，请说说理由。

明确：是呀，同分母分数加减的时候，单位“1”也必须要一样，只有在分数单位一样、分数的单位“1”也一样的时候，才能分母不变，只把分子相加减。

4. 加一加(简算)。

$\frac{1}{5}+\frac{1}{5}=$　　　　$\frac{1}{5}+\frac{1}{5}+\frac{1}{5}=$　　　　$\frac{1}{5}+\frac{1}{5}+\frac{1}{5}+\frac{1}{5}=$

(1) 同学们会算吗? 很简单。

(2) 现在就不简单了。请看:

$\frac{1}{5}\times 2=$　　　　$\frac{1}{5}\times 3=$　　　　$\frac{1}{5}\times 4=$

这可是六年级的分数乘法哦!

$\frac{2}{15}\times 2=$　　　　$\frac{2}{15}\times 4=$

五、机动延伸:拓展知识视野

发挥你的聪明才智，请你创造几个分母小于“10”，计算结果是$\frac{1}{3}$的同分母真分数的加减算式。

(1) 请一学生读题。

(2) 你们明白题目的意思吗? 你认为这题有哪些要求。

(3) 谁马上有了答案，为同学们作个示范。

(4) 黑板交流。

① 先按学生答案板书 4～5 个。问：还有吗?

② 这样写很容易造成遗漏，怎么写才不会遗漏? 引导学生说出，从分母 3 开始，有序思考。

$\frac{3}{3}-\frac{2}{3}$　　$\frac{2}{3}-\frac{1}{3}$

$\frac{1}{6}+\frac{1}{6}$　　$\frac{4}{6}-\frac{2}{6}$　　$\frac{5}{6}-\frac{3}{6}$　　$\frac{3}{6}-\frac{1}{6}$

$\frac{1}{9}+\frac{2}{9}$　　$\frac{7}{9}-\frac{4}{9}$　　$\frac{5}{9}-\frac{2}{9}$　　$\frac{8}{9}-\frac{5}{9}$　　$\frac{6}{9}-\frac{3}{9}$　　$\frac{4}{9}-\frac{1}{9}$

结语：今天我们学习了同分母分数加减法，如果分母不相同，又应当如何解决，是我们下节课所要学习的内容!

【课后反思】

本节课有两个任务需要解决。其一，在基于理解算理的基础上，掌握同分母分数加减法的计算法则；其二，掌握同分母分数加减法计算的基本形式，为异分母分数加减法计算作铺垫。

如何有效落实，完成目标？备课时要特别关注“对教材内容的创新处理”及“对资源内容的有效整合”等，努力突出自己对“教学内容的选择与确定”这一主题的新意实践。因此，逐步形成以“有效导入、深层体验和分层练习”为主线的本课设计。

一、有效导入

本着“务实有效”的设计原则，开课伊始，我改编了教材编定的数学材料，我觉得“吃巧克力”的素材更具现实性，有助于增强计算学习的亲和力；而“巧克力”大块与小块的直观性，则有利于学生数形结合领会算理、逐步抽象掌握算法。当然，在数学材料的呈现方式上，我做了适当调整：在牢牢把握教材意图的前提下，把静态的画面转变为递进的、逐步完善的、与学生生活更为贴近的现场动态情节材料，从而使得“计算活动”与“解决问题”有了极其紧密的内在联系，这样的改动提升了导入的有效性，使数学学习生趣盎然！

二、深层体验

教学过本课的老师都有这样的感觉，本课的内容过于简单，不少学生在不上课的情况下已经掌握了这个同分母分数加减法的计算法则，称得上是“无师自通”，那么在这样的情况下，我们教师在课堂该干些什么，或者要引导学生学习什么？教师能掌握和关注学生的这种“无师自通”，从某方面来说为教师正确把握学生的知识起点和逻辑起点提供了强有力的支撑。为此，本课教学的重点不是让学生掌握怎样算，而是让学生清晰地知道为什么要这样算？怎样来突破这个“怎样算”，我觉得我们的学生在已经能算出答案的情况下不应该再去探究算法，因此我设计为验证已知答案的正确性。在这个过程中，让学生找寻不同的方法，引导学生亲历算理，在充分理解算理的基础上，扎实掌握算法。吴毅松老师听了试教后“高瞻引领”，指出：亲历越充分，体验越深入，计算法则生成建构的张力就越大、学生掌握得就越扎实。

三、分层练习

《浙江省小学数学教学建议》第 12 条：课堂实施要注意教学时间的合理分配，切入重点要快，尽可能在前 20 分钟完成教学的主要任务。第 18 条：要合理选择作业的内容和形式，注重作业设计的针对性和层次性，以求实效性。作业设计的要求是“紧扣目标、促进思维、形式多样、分层要求”。提倡探究性、开放性和生活化的有创意的作业设计。第 19 条：课堂作业是课堂教学的重要环节，具有巩固知识、形成技能、发展思维、培养能力的功能，也是检测教学效果的基本手段。课堂教学中要留给学生充分的独立练习时间，可以将练习穿插在新知学习过程中，也可以安排集中练习的时间。

为体现以上三条，课堂上我努力以 20 分钟时间结束新课教学，剩下 20 分钟做练习。我在练习设计中，有即时的配套练习，有跟进的巩固练习，有提升的发展练习，各个练习层次性很强，兼顾各个层面的学生，体现基础性、关注发展性、渗透延伸性。

其中，口算题虽然看似简单，但我在设计时包含了各种类型：有基础的第 1、2 题，需要约分的第 3、4 题，特殊的第 5 题有 0，有一定难度的被减数 1。

为了巩固算理设计了填空题，填空题第 1、2 两题是基础，第 3 题我在努力渗透方程思想，第 4 题具有浓郁开放气息、给学生以充分习题空间。

在作业形式上，既有学生独立思考的机会又有合作学习的平台、既有快速的口答又有安静的动笔时刻、既有个性的思维展示又有朴素的黑板板演。

7.《折线统计图》教学设计与说明

【教学内容】

《人教版课程标准实验教科书/数学》四年级下册 P108～111(例 1、例 2)。

【教学目标】

1. 创设讨论辨析、自主探究的情境,让学生认识简单的折线统计图,了解折线统计图的结构,体会折线统计图的特点,会在提供的表格图中制作简单的折线统计图。

2. 结合生活实例读懂单式折线统计图所反映的数据信息及其变化规律,并对图中的信息进行简单的分析,能初步进行判断和预测。

【教学重点】

能制作简单折线统计图并进行分析。

【教学难点】

在表格图中正确地“描出”数据点。

【教学过程】

一、谈话导入

(一) 读懂条形统计图

1. 同学们,今天这节数学课我们要来认识一位新朋友,请看大屏幕。

(教师课件出示一学生头像,并依次呈现以下信息:“我叫阳阳,今年 11 岁,是上虞阳光学校四年级的学生。”)

2. 请你根据屏幕上的信息,估计这位小朋友的身高是多少厘米?

3. 究竟阳阳的身高是多少呢? 阳阳的妈妈对阳阳的成长过程进行了记录。

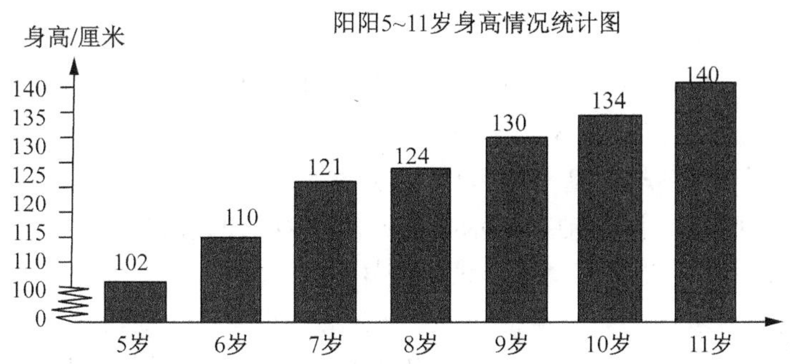

(1) 你能找到阳阳今年的身高吗? 怎么找的?

(2) 那么,还有几根直条表示的是阳阳几岁时的身高呢?

(3) 请大家告诉傅老师这样的统计图叫做什么统计图?

(如何导入新课是我们一直在思考的问题,立足学生身边,以同龄人为学习的素材,通过“分析—猜测—观察—迁移”，在兴趣盎然中得出了阳阳的年龄。同时在看似随意的谈话中，教师引领学生有效复习了“条形统计图”，并着重对“读图”进行了指导，这为学习“折线统计图”铺平了道路，降低了难度。）

（二）揭题

是的，这是条形统计图，今天我们要学习另外一种常用的统计图——折线统计图。（板书：折线统计图）

二、探究展开

（一）画法教学

1. 你以前听说过折线统计图吗？（根据学生回答教师适时评价）

2. 让我们一起关注大屏幕，静静地看折线统计图是怎么画的。

（课件演示如下：在原条形统计图上出示网格图→将直条隐去、在直条顶部闪烁数据点→依次连接数据点）

（1）你看懂这个过程了吗？同桌之间相互说一说这个过程。

（2）学生汇报交流。（引导学生归纳出画折线统计图的步骤：先描点再连线。同时完成“描点”“连线”的板书。）

（3）在“描点”“连线”的过程中我们要注意什么问题。（引导学生说出要找准数据点，并在连线时要依次连接。）

（4）（课件隐去折线和数据点。）现在，老师把折线和数据点都隐去了，请你在脑中进行想象，把各个点描出来。

（5）请你对照屏幕，在脑中将各个点依次连接。（稍停，课件动态演示连线过程。）

（6）同学们很会学习，已经掌握了画折线统计图的方法。（板书：画法）

（画图的方法虽是本课的重点所在，但是教师抛弃了机械的说教，基于学生已经学习过“条形统计图”，借助电脑准确无误地演示了画法。观察是智慧最重要的能源，要会学习就必须会观察，同时也只有在个体自主观察、思考的基础上得到的知识，才能真正掌握，因此“静静地看”培养了学生自主学习的良好习惯。采用“静看—口述—交流—书空”教学流程，教师扎实地做好了每一步，学生学得轻松、学得有效。）

（二）读图教学

1. 请你仔细观察这幅图，回答下面的问题。

（1）阳阳（　　）岁到（　　）岁长得最快。教师跟进提问：你是怎么知道的？

（2）阳阳身高 123 厘米的时候（　　）岁。

（3）阳阳 9 岁半的时候，身高大约是（　　）厘米。

说说你是怎么想的。（课件动态演示找到 9 岁半身高的过程。）

（4）阳阳的身高从 5 岁到 11 岁，折线是怎样变化的？

（“读图”也是本课教学的一大重点，课件动态演示 9 岁半身高的过程，为学生形象、直观展示了读懂图的方法和技巧，运用动静结合的有效途径为学生作了较好的示范。）

2. 游戏体验：请伸出你的右手，我们要用手势表示从春天到冬天，梧桐树上树叶数量的变化。

冬天刚过，树上几乎没有树叶；春天到了，树叶一片一片长出来了，越长越大、越长越多；夏天到了，树叶更加茂盛；秋天到了，树叶开始下落，落、落；冬天到了，树叶几乎落光。

3. 小结过渡：好的，在游戏的过程中我们体会到，折线统计图不但可以表示数量增加的情况也可以表示数量减少的情况。

（让学生学习生活的数学，创设有价值的生活游戏情境，使学生产生积极的心理需求，主动参与到活动中来，学生跟着教师的描述体会了折线的变化趋势，交流了解到的折线统计图的不同变化形式，充分感受折线统计图的不同变化情况，将统计内容化枯燥为生动、变抽象为具体，做到了在生活中找数学、学数学、用数学。）

（三）比较“条形统计图”和“折线统计图”的异同

（课件先后出示折线统计图和条形统计图。）

1. 请同学们观察这两幅图，它们有什么相同点和不同点？把你的想法在小组里进行交流。

2. 交流汇报：谁愿意把自己的想法与同学们进行交流。（引导学生归纳出“条形统计图”和“折线统计图”都能表示“数量的多少”，但“折线统计图”跟更加清晰地表示“数据的变化”。）

（折线统计图是在学生认识了条形统计图之后进行教学的，但是折线统计图和条形统计图有着明显的区别，而且两种统计图在生活中也有着不同的用处。虽然从两种统计图中，人们都可以清楚地看出所需要的信息，但条形统计图侧重于几个具体数量的多少和比较，而折线统计图则能直观地看出某一事物在一段时间里的发展变化，展示的是事物发展的趋势。怎么让学生体会不同的特点，教师可谓想尽办法，自主观察、比较分析便是最好的方法。）

（四）画图练习（完成课本第 111 页，做一做）

1. 学生独立完成。

2. 一学生上台实物投影进行汇报。

（1）请同学们欣赏这幅作品画得怎么样？

（2）教师询问学生某一个数据点是如何找到的。

（3）汇报交流图下的问题。

（在历经了前面的教学后，学生已经对画画跃跃欲试。“学到现在你想不想画一画折线统计图？”此问一出，有效激发学生动手绘制的兴趣，学生便“迫不及待”地开始了画图。令人欣喜的是，稍后的汇报评价的过程，学生争着发表自己的意见和见解，课堂成了学生展示个性的舞台。）

三、梳理小结

1. 知识回顾：今天我们学习了什么内容？

2. 个性反思：你还有什么疑问呢？

3. 答疑思辨：为什么这样的统计图要称为“折线统计图”？

四、巩固应用

1. 基本练习（口答）

2. 基本练习（选择）

下面是教室室内温度的统计图，哪一张是正确的？

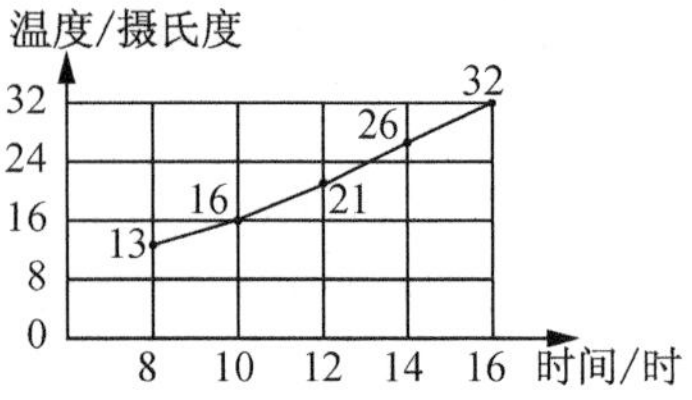

(图 1)

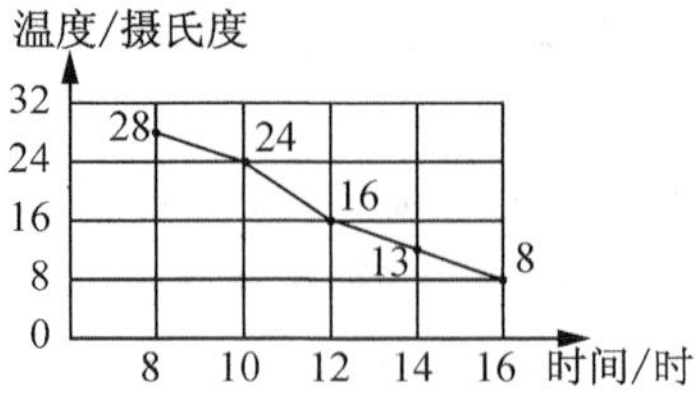

(图 2)

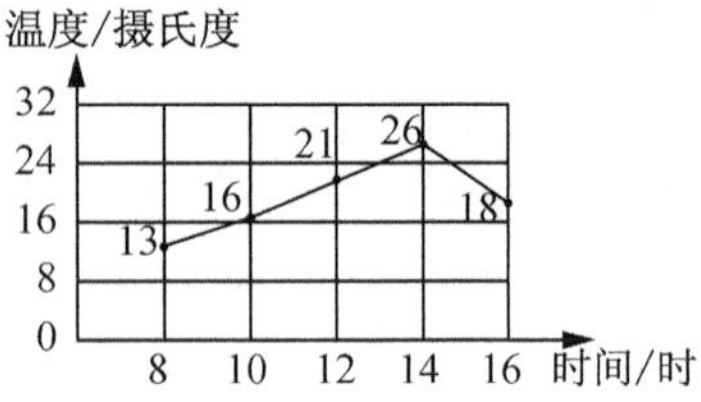

(图 3)

3. 综合练习(简答)

(1) 这是两张某商店毛衣和衬衣的销售情况统计图。猜一猜哪张图表示毛衣的统计图?哪张是表示衬衣的统计图呢?

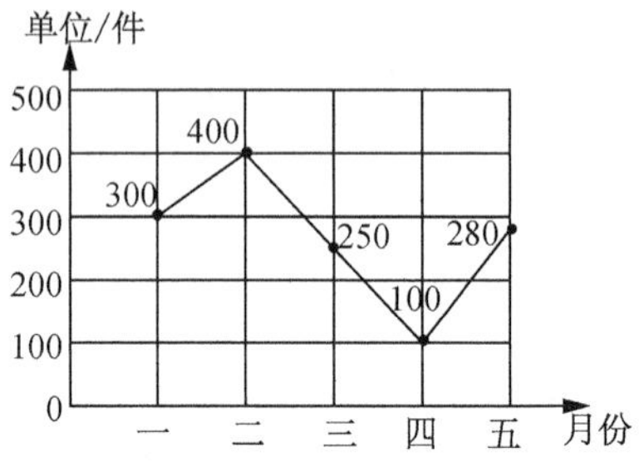

(图 1)

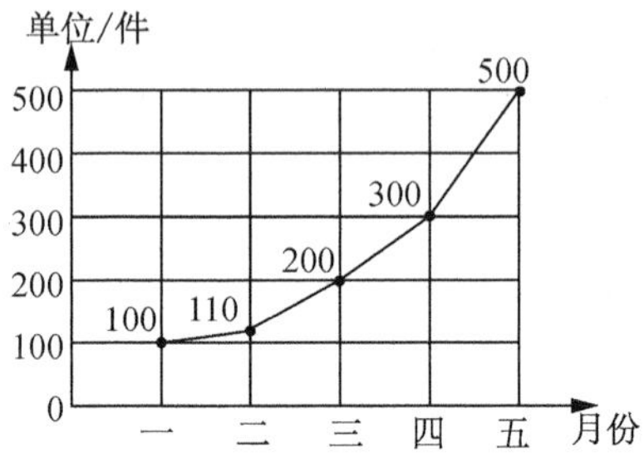

(图 2)

(2) 从 2 月开始毛衣的销量一直在下降,为什么这里会出现突然上升的情况呢?

(3) 如果你是销售经理,在进货方面有什么考虑?

(练习的设计清晰体现了层次性,无论是最简单的读图还是看图综合分析,都立足学生感兴趣的事件,在增长生活经验的同时感受了数学学习的价值。将所学知识随即运用于生活实际问题的解决中,使学生切实体验到身边有数学,从而对数学产生亲切感,增强学生对数学知识的应用意识。"从 2 月开始毛衣的销量一直在下降,为什么这里会出现突然上升的情况呢?"这个看似与数学不相关问题,却充分调动了学生已有生活经验,通过在数学中对生活经历的挖掘,使学生观察、分析、创新、实践等能力得到培养。)

(有位名师讲过"美妙的课尾总结总能给孩子意犹未尽、回味无穷的美好感受,有效利用课尾总结,加以引导、点化,更能显示出总结在拓展延伸上的巨大功效。"为此,选取颇具上虞本土气息的"大通商城"、"大象公园"和"高丰家园",让学生微笑之余感受了数学学习的亲切,即使此题学生在课堂中无法完成,相信学生在课后也会"乐此不疲"。)

本文刊发在《小学教学设计》2009 年第 7 期

8.《“简便计算”总复习》教学预案

【教材分析】

内容概要:本单元具体内容可分为三个小节:加法运算定律(例1加法交换律,例2加法结合律,例3加法运算定律的运用)、乘法运算定律(例1乘法交换律,例2乘法结合律,例3乘法分配律)和简便计算(例1连减的简便计算,例2加减计算的灵活运用,例3连除的简便计算,例4乘除的灵活运用,例5乘加的灵活应用)。

教学提要:充分利用学生已有的感性认识,促进学习的迁移。对于小学生来说,运算定律的概括具有一定的抽象性,尽管在第一学段的学习中对部分运算规律有所了解,但如何帮助学生把这些零散的感性认识上升为规律性的理性认识成了本单元复习的重点;注重算法多样化,培养学生灵活、合理选择算法的能力。运算定律的运用可以培养和发展学生思维的灵活性,复习时注意让学生探究、尝试、交流、质疑,洞悉学生的真实想法,打开他们的思路,让算法多样化。

【教学目标】

1. 通过整理与复习,使学生形成知识网络,加深对加法、乘法运算定律的理解,能运用运算定律进行一些简便计算。

2. 在梳理、交流、争论等活动过程中,树立自主探讨和合作交流的意识。

3. 使学生能感受到运用运算定律使计算简便过程当中的观察、比较、分析等数学思想方法。

【教学重难点】

重点:指导学生整理学过的运算定律,加深对运算定律的理解,能运用运算定律进行一些简便计算。

难点:能比较运算定律之间的联系与区别,能选择合理的运算定律进行简便计算。

【过程预设】

一、开课导入

1. 同学们,近段时间我们六年级在进行毕业总复习,可以说是“争分夺秒、热火朝天”,大家都很辛苦!傅老师也一直坚信“天道酬勤”,我们每一个人在艰苦的付出后,一定会有美好的收获!

2. 今天,傅老师要和大家一起对“简便计算”进行一个梳理和复习,首先让我们读一读课题。(课前直接板书,并评价:读得很精神!)

二、知识梳理

今天的复习课我们要从“有理”说起。(教师粘贴:“有理”)

(一) 有理

1. “有理”就是指,我们在进行简便计算时要有理有据,谁来说一说,小学阶段可以作为简便计算依据的定律有哪些？（预设学生回答：加法交换律、加法结合律、乘法交换律、乘法结合律、乘法分配律） 评价：记得很完整，说得有条理，大家都想到了吗？

好的，这些运算定律我们是从四年级时开始学习的，按照课本学习的先后顺序，傅老师把这些定律以及这些定律的字母公式在屏幕上进行了显示。

2. 现在呀，再请你用心地记一记。但是，现在傅老师要告诉大家，这些定律虽然是四年级开始学的，但其实我们在一年级的时候就已经开始接触了！我们来看一看！感受运算定律在低年级时的运用，下面老师要考考大家了，请大家根据老师出示的计算过程，说出这题的简算依据。

(1) $\frac{6}{7}\times0.25\times7\times4=\left(\frac{6}{7}\times7\right)\times(0.25\times4)$ 依据：(学生回答后屏幕显示)

那么你是怎么看出的呢？

(2) $0.625\times6.2+4.8\times\frac{5}{8}-1\div\frac{8}{5}=\frac{5}{8}\times6.2+4.8\times\frac{5}{8}-1\times\frac{5}{8}=\frac{5}{8}\times(6.2+4.8-1)$

是的，“乘法分配律”。傅老师知道，要运用“乘法分配律”，找到公有因数是关键，你是怎么找的？傅老师要告诉大家的是这个分配律不但可以用在两组数，(能明白老师说的两组吗?)还可以用在3、4组或者更多的组数中，同时，各组数不但可以用加法还可以用减法，也可以像这样一题中加、减混合。

(3) $3.6\div2.5=(3.6\times4)\div(2.5\times4)$

这题的依据还是前面的五大定律吗？除了定律，我们学过的有些性质也可以作为简算的依据。这题中就是利用了“商不变性质”，谁能带领大家说说这个“商不变性质”？好的！除数×4，为了使商不变，这个被除数3.6也要×4，这里是×4，有些时候我们还可以“除以”。能理解吗？真的理解，再来一题，在自己的纸上做一做。谁愿意到黑板上进行计算。

$70\div12.5=(70\times8)\div(12.5\times8)$

(4) 这里又利用了什么呢？这叫减法性质(粘贴)，用字母表示就是 $a-(b+c)=a-b-c$(粘贴)，一个数减去两个数的和，就是连减这两个数。

这是其一，还有一个 $a-(b-c)=a-b+c$，一个数减去两个数的差，就是减第1个数，加第2个数。

刚才我们说到了减法性质，与减法性质相类似的，其实还有一个除法性质，首先请同学们在自己的纸上用字母表示出这个除法性质，与老师进行校对。

教师手指字母公式讲解符号的变换。

(5) 最后还有一题又是依据什么呢？ $489+198=489+200-2$

以上两个都不是，这里依据的是和的变化规律，我们知道多加了要减、少加了要加，还有多减要加、少减要再减。和、差、积、商的变化规律也是我们进行简便计算的依据。

3. 在刚才的学习过程中，我们围绕“有理”，梳理了五大定律、三条性质和“和、差、积、商的变化规律”。我们再来看一看，这些题目，第1题依据定律进行了凑整，第2题通过转化帮我们找到了公有因数，第3题依据商不变性质使本来很难口算的题目变成了口算，第4题依据定律以原本要通分题目不必通分了，最后一题依据规律进行了拆分！

(二) 有利

同学们，虽然在简算的过程中，为了解题的规范，我们有可能会增加解题的步骤，但通过“凑整、转化、口算、不通分、拆分”这5个目标，帮助我们降低了计算的难度、提高了计算的正确率，简算对于我们的计算还是“有利”，其实“有利”也是我们今天复习的第2个关键词！

(三) 有度

同学们，周二的时候，傅老师委托范老师给我们做了6道“怎样简便怎样算”，今天在课堂上我们就要来讲一讲这6道题。你们觉得我们班这6题做得怎么样？

不好意思说，请看统计图。批改了同学们做的题，有些错误是粗心，咱们今天就不展开分析了，对于一些典型错误，我们有必要来进行一番分析。

1. 44×25 （4人错，2人错误同）

2. $24\times99+24$ （全对不分析）

3. $72\times4.35+43.5\times5.3-0.25\times435$ （全对不分析）

4. $\left(\frac{3}{7}+\frac{3}{7}+\frac{3}{7}+\frac{3}{7}\right)\times2.5$ （全对不分析）

5. $\left(\frac{3}{29}+\frac{1}{13}\right)\times13\times29$ （21人错，其中10人错误相同，另2人的错误相同）

6. $12.78-(4.5-2.78)$ （这就是无度，没有简便，就是死搬硬套）

因此，咱们在做简便计算的时候，要分析数据特点，灵活应用，切不可绕圈子、走歪路，这也是本节课我们要复习的第3个关键词——“有度”！我们要先思考再下笔！

同学们，分析错误，是为了今后我们有更高的正确率，这些错误只要不出现在毕业测试中，我想这些错误就是我们学习中最宝贵的财富，你们说是不是？那么，通过这些错题的分析，你想对同学们提些什么建议呢？

三、巩固练习

整理了知识、分析了错误，接下去我们就要去解决有关简便计算的题了，你们有信心吗？声音很响亮，傅老师也相信你们一定会有出色的表现！

1. 填空。在横线上填上一个数，使计算简便。

$25\times138\times$(　　) 是的，看到25马上想到它的好朋友是4，看到125马上想到好朋友是8。没有4,2、6、8也行，没有8,2、4也行！

$35\times77+$(　　)$\times$(　　) 怎么想的，如果35是公有因数，先写35，再写23；如果77是公有因数，先写77，再写65。

$15.92-6\frac{1}{7}-$(　　) 通过这一题，傅老师要告诉大家的是，凑整不一定就是凑成整十、整百、整千，凑成整数也是凑整。

最后一题很难哦！ $\frac{2}{25}\times15+0.12\div$(　　)

2. 辨析。小明说：“下面两题没必要进行简便计算，你怎么想？”

$499-297$　　　　$\frac{5}{8}\times2.4+\frac{1}{6}\times2.4$

老师要告诉大家，做简便计算时不要急于下笔，一定搞清楚“能否简算、怎样简算、是否有利”。如果每题允许你改动一个数或者一个符号，使它变成有必要，你会怎么改？

3. 计算。

(1) $28.4\times187-154\times28.4+3.3\times16$

(2) $\frac{1}{2}+\frac{1}{6}+\frac{1}{12}+\cdots\cdots+\frac{1}{90}$

四、回顾小结

复习课的最后，傅老师要请大家，用一个填空来结束今天的复习。“简便计算中，(　　)变了，(　　)没变。”

前测题

怎样简便就怎样算

姓名：

1. 44×25	2. $24\times99+24$
3. $72\times4.35+43.5\times5.3-0.25\times435$	4. $\left(\frac{3}{7}+\frac{3}{7}+\frac{3}{7}+\frac{3}{7}\right)\times2.5$
5. $\left(\frac{3}{29}+\frac{1}{13}\right)\times13\times29$	6. $12.78-(4.5-2.78)$

9.《认识分数　分一分(一)》教学设计

【教学内容】

新北师大版小学数学三年级下册第六单元 P67～69“分一分(一)”。

【教学目标】

1. 基于均分纸片等活动，带领学生经历直观操作，初步理解分数的意义，体会学习分数的必要性，会认读分数。

2. 基于折纸、涂色、阅读书本等体验活动，会利用面积模型表示简单的分数，能写分数，知道分数各部分名称并能比较“几分之一”的大小，同时对集合模型和数轴模型有一定了解。

3. 感受学习活动的成功体验，培养学生观察、思考以及自主探索精神，训练思维的灵活性。

【教学重难点】

分数有别于整数，不能通过计数活动来理解、建构，努力在直观感受和动手操作中使学生真正理解分数。

【教学构想】

1. 聚焦知识、贴合学情，厘清教学脉络。

本节课的学习内容是认识分数，而分数的认识对于学生来说是一个全新的领域，虽然分数的意识在学生大脑中存有印象，但要上升到概念的理解则需要一个较长的认识和熟悉的过程。

2. 巧设情境、重视操作，凸显概念要义。

分数本身比较抽象，为了让知识变得更能使学生理解和感受，我们充分解读教材主题图，并将主题图改组成“动态”的均分糖糕，通过“亲经历、全员性、卷入式”的情境让学生思考“平均每人分得糖糕的一半，用什么数来表示”？在这样直观式的过程中，一方面让学生理解用学过的数无法来完成“一半”的表述，另一方面让学生感受到表示一半的方法很多，但用$\frac{1}{2}$表示“一半”更为简捷有效，从而体会学习分数的必要性。接着，让学生在折一折、涂一涂的活动中学得多个分数，从而理解分数意义，并能比较一些简单分数的大小。

3. 材料简单、体验充分，造就高效课堂。

材料简单、课堂高效，是小学数学课努力的方向，这就对材料的选择和使用提出了更高的要求。本课教学，精选学习材料，重视体验过程，全课以纸片为主线，用透、用足、用充分每一个出现的材料，尤其使纸片的作用发挥得“淋漓尽致”，纸片材料虽看似简单，但能有利调动学生的学习积极性，这样的动手操作、亲身体验、合作交流，不强求学生在某个环节实现知识的“全盘掌握”，而是步步落实、层层递进、持续推动、水到渠成！

【过程预设】

活动一：探究表示“一半”的方法。

1. 引出“一半”

(1) 同学们，今天我们的数学课要从分东西开始。[课前板书课题：分一分(一)]

(2)(课件出示4个糖糕)看到了什么？(4个糖糕)要将4个糖糕平均分给两个小朋友，每人分得(　　)个呢。(组织学生用手势表示结果)　课件显示结论

(3) 课件出示：把2个糖糕平均分给两个人，每人分得(　　)。　课件显示结论

(4) 真好，看来这两个问题都难不倒大家，请看第三次分：[课件出示：把1个糖糕平均分给两个人，每人分得(　　)个]。

现在，每人能得到多少糖糕呢？老师看见这次有很多同学不举手了，你们怎么不举呢？

还有不少小朋友都攥着拳头，怎么了。(答案已不能用整个手指表示了)

如果没有人举手就直接问：这个问题的答案还能用举手的形式回答吗？(不能)

手指已不能表示，那么，如果发给你一个红糖糕(用圆形纸片代表)，你能找到答案吗？

校对。

(1) 先找分得不正确的，教师可以准备不平均分的。分析主因，没有均分。

(2)(教师手持一个正确均分的)现在符合要求了吗？老师把它剪开，(注意两块都贴在黑板上)其中一块打上斜线，等一下，小朋友们也可以像老师这样，用“打斜线”的办法来表示。

现在，我们知道了结果，那么怎么来填呢？

把自己的答案写在练习纸上。

2. 表示“一半”

(1) 学生在学习单上画或写，教师巡视，选择三种情况：画图2个；0.5；$\frac{1}{2}$。

(2) 实物平台展示。(0.5、$\frac{1}{2}$与$\frac{2}{1}$)

(3) 学生讲解自己的答案。

(4) 老师觉得同学们的答案都非常好，都能正确地表达一半。

3. 优化方法，并认识二分之一

(1) 那么，对于这样的一半，我们数学上怎么表示的，你们想知道吗？

(2) 其实，有很多同学们都已经用到了，非常聪明。(指着学生的作品说)就是这个$\frac{1}{2}$，现在老师要把它写到黑板上，大家仔细看，老师是怎么写的。(口述，先写一短横，再写线下面的数，最后写线上面的数)

(3) 请大家，用手指写一遍。同时，教师口述顺序。

(4) 大家想一想，下面的2是什么意思？上面的1，又是什么意思呢？

(2表示分的份数)　(1表示涂色的部分)

(5) 小朋友们，这样的数，我们称为分数(板书课题：分数)。今天这节课，我们就要来认识分数，分数怎么读呢？板书(读作：二分之一)先读下面的数。一起读一读。

(6) 小朋友们开动脑筋，想想，用$\frac{1}{2}$来表示“一半”，有什么好处呢？(主要：意思清楚、书写方便)是呀，分数的好处真多。

4. 明确要点，厘清涵义

（1）小朋友们，现在我们知道了，当结果不是整数的时候，可以用分数来表示，分“红糖糕”的时候，一半就用$\frac{1}{2}$来表示。

（2）那么，这个$\frac{1}{2}$到底是什么意思呢？

（3）大家请看。（手指黑板上两个半块的红糖糕）这个$\frac{1}{2}$，既可以表示$\frac{1}{2}$个红糖糕，也可以表示（手指黑板上的半个）这样的“一小块”是整个红糖糕的$\frac{1}{2}$。

活动二：涂一涂，感受$\frac{1}{2}$

1. 涂一涂

（屏幕切换到电脑）现在我们成功解决了问题，课件完成$\frac{1}{2}$的填写。

（1）$\frac{1}{2}$除了可以表示糖糕的一半，还能用来表示什么呢？老师这里为大家准备了几个美丽的图形（课件出示教材 P67 图片：正方形、棱形、六边形、小房子、花瓶）。你们能涂出它们的二分之一吗？请同学们翻开数学书第 67 页找到这几个图形，让我们一起来涂一涂吧。

（2）教师巡视，选择有代表性的作品，准备投影展示。

2. 交流涂法，深化意义

（1）涂完的同学，请先在小组内互相交流检查一下，并说说你是怎样得到这个图形的$\frac{1}{2}$的？

（2）老师找了同学们的一些涂法，请看这个同学涂的是图形的$\frac{1}{2}$吗？（对的）

（3）还有其他不同的涂法吗？（投影展示不同学生的涂法）

（4）展示前几个图形不同的涂法。

（5）为什么正方形、菱形都能横分、竖分、甚至斜分，而后面的房子与花瓶只有一种分法？

（6）请同学们先把你们的数学书合起来，老师看谁的动作最快，桌面收拾得最整齐！

3. 看来，$\frac{1}{2}$既可以表示红糖糕的一半，也可以表示其他物体的一半。

那么，问题又来了，这些图形都不一样，而且有大有小，为什么 1 份都是$\frac{1}{2}$呢？

答案要点：都均分为两份，其中的 1 份就是$\frac{1}{2}$。

4. 好的。现在我们重点关注，这个正方形。教师实物投影手画 1 格、2 格、3 格、4 格，现场问分数怎么表示？并说明是（　　）个$\frac{1}{4}$。

5. 这个正方形，除了$\frac{1}{2}$、$\frac{1}{4}$、$\frac{3}{4}$，还能表示其他的分数吗？

6. 为每个人准备了 1 个正方形，请先折一折，然后，用彩色笔涂出你想到的分数。

7. 四人小组，先商量下，最好 4 个人的分数能不一样。

活动三:用折纸涂色的方法“创造”更多的分数。

1. 创造分数。

2. 选择小组进行汇报。教师寻找 4 人分母是一样的分数,寻找分母不一样的分数。

3. 汇报按以下步骤进行。

① 将小组 4 人的作品一并实物投影。第 1 组,尽量选择$\frac{1}{4}$的,分母是 4 的。

② 你们不要说,大家能看出,你们表示的分数吗?

③ 问 4 人,他们说的对不对?

④ 让别人一眼看出,有什么诀窍吗?

⑤ 着重引导学生说出,必须要平均分。

⑥ 分的份数,有超过 4 份的吗?

⑦ 教师准备一个满份的分数,问,是不是分数?

结论:分子与分母一样大,也是分数,表示全部。

4. 老师又想到一个很有意思的问题。大家分数都是 2、4、8 之类,分的份数都是双数的,有单数的分数吗?

5. 教师出示$\frac{1}{3}$、$\frac{1}{5}$、$\frac{1}{7}$的分数。

活动四:认识分数的各部分的名称。

1. 同学们,通过刚才的活动。我们得到了这么多的分数,学到了许多的新知识。现在,请同学们打开书本 67 页自学下面的“认一认”,相信,自学了课本之后,你还能学到更多的新知识?

2. 学生看书后提问:你又学到了什么新知识呢?(根据学生回答,补充各部分名称)

老师小结并板书分数各部分的名称:一个分数,分数中间的横线叫分数线,表示平均分;分数线下面的数字叫分母,表示平均分的份数;分数线上面的数叫分子,表示份数。

活动五:巩固提升

1. 涂一涂。我会涂出下面图形的(　　)/(　　)。

2. 估一估。先估计,再出示均分线,最后比大小。

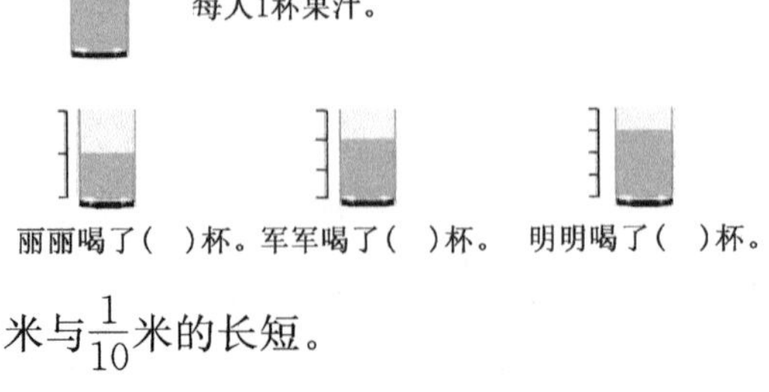

3. 比一比。比较$\frac{1}{4}$米与$\frac{1}{10}$米的长短。

10.《小数乘法(复习)》教学预案

【教学目标】

1. 通过复习,运用几何直观,帮助学生进一步明确“小数乘法”的算理,对“因数中一共有几位小数,就从积的右边数出几位,点上小数点”有更为清晰的理解。

2. 通过复习,引导学生对小数乘法、整数乘法进行沟通,对“计数单位×计数单位=积的计数单位”有一定理解,并能领悟各类乘法是相通的。

3. 通过复习,对小数乘法计算的正确率和速度有一定的提高。

【教学过程】

一、直接导入,阐述意义

1. 同学们,前段时间,我们学习了“小数乘法”(课前板书),今天傅老师要和大家一起对“小数乘法”进行复习(板书:复习)。

2. 大家请看,黑板上有3道题。“0.1×3、3×0.1、0.1×0.1”(课前板书),你能说出每题的意义吗?(3个0.1。3的0.1倍,教师跟进,0.1倍,也就是求3的十分之一是多少。0.1的0.1倍,也可以说成0.1的十分之一。)

学生回答后,评价:很好,知道算式的意义是很要紧的事情!

3. 现在,傅老师要考考大家,“0.1×0.1”,会算吗?大家很快说出了答案,那么,你能用竖式算一算吗?(一生板演)

4. 校对。问:他算得对吗?做得对的请举手。谁能说说,为什么要这样算?

5.预计学生答案,第一个因数和第二个因数分别×10,那么积就要÷100。也就是“因数中一共有几位小数,就从积的右边数出几位,点上小数点(课件)”。好的,看来大家都明白这个道理。为了帮助同学们能更好地理解“小数乘法”为什么要这样算的道理,更好地掌握计算方法,今天老师带来了一个神奇的图形,(手持一个正方形纸片)。

请看,这是一个(正方形)?为什么说它神奇呢?因为,它能够帮助我们学习!

二、借“形”探究,明理沟通

(一) 几何直观

1. 老师将这个正方形平均分成10份,那么,如何用小数来表示其中的1份。(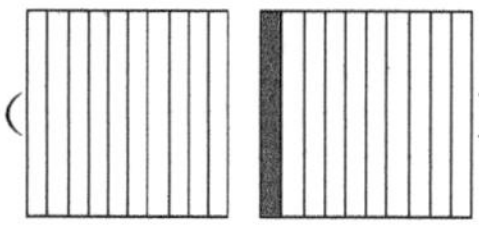)(板书0.1。)是的,平均分成10份,每份就是0.1,那么,两份就是0.2,

嗯，几份就是零点几。

2. 0.1×0.1，就是要把0.1，再平均分成10份，其中的1份。把0.1再平均分成10份，那么每份用小数又该怎么表示呢？0.01，是的。请看（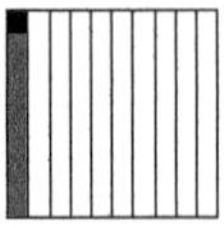）。

1小格就是0.01。

3. 好，我们再继续。出示（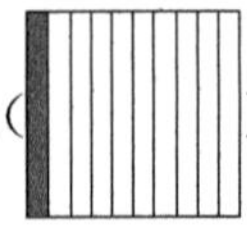）。那么，0.1×0.01，怎么表示？（学生回答。）

4. 根据学生回答，出示（）。0.1×0.01，就是把0.1平均分成100份，每份就是0.001。

5. 按这样类推，同学们想想：0.01×0.1=　0.1×0.001=　1×0.01=。能像刚才那样，结合图形说说吗？真好！结合正方形能说，那么能在长方形、圆形、线段上表示出来吗？

6. 同学们，现在你能说说，因数中小数数位与积的小数数位有什么关系吗？

明确：借助图形帮助我们更好理解了“因数一共几位小数，积就有几位小数”。

借助图形我们有了新发现，好的，咱们继续，你将有更多发现！

（二）计数单位与小数乘法

1. 同学们请看，0.1×0.1，0.1的计数单位是0.1，表示1个0.1；这个0.1的计数单位也是0.1，表示1个0.1。刚才我们已经知道，0.1×0.1=0.01，就是将0.1平均分成10份，每份就是0.01，1个0.01就是0.01。（图1）

2. 1个乘1个，我们换成其他情况。

1.2×0.7。又可以如何解释呢，请大家继续关注黑板。

3. 1.2的计数单位是0.1，表示12个0.1；这个0.7的计数单位也是0.1，表示7个0.1，12个0.1与7个0.1相乘就是84个0.01，就是0.84。（图2）

```
    0.1        1个 0.1
×   0.1        1个 0.1
-------      ----------
   0.01  ←—   1个 0.01
```

（板书完成图1）

```
    1.2        12个 0.1
×   0.7         7个 0.1
-------       ----------
   0.84  ←—    84个 0.01
```

（板书完成图2）

4. 再复杂一些。1.23×0.4　对于这题，现在你会如何解释？指多名学生说，教师根据学生回答点击课件。

5. 再复杂一些。2.04×0.04如何解释？

2.04的计数单位是0.01，表示204个0.01；0.04的计数单位也是0.01，表示4个0.01，204个0.01与4个0.01相乘就是816个0.000 1，就是0.081 6。

课件出示。

说一说！

1.23 × 0.4 = 0.492	←	123个 0.01 × 4个 0.1 = 492个 0.001
2.04 × 0.04 = 0.0816	←	204个 0.01 × 4个 0.01 = 816个 0.0001

6. 想想，因数与积，你又有什么新的发现？

明确：积的计数单位是由因数的计数单位相乘得到的。也就是，因数的计数单位一共有几位小数，积的计数单位就是几位小数。板书：计数单位×计数单位＝积的计数单位。

（三）计数单位与整数乘法

1. 同学们，刚才我们借助图形和计数单位帮助我们进一步理解了小数乘法。我们知道各种知识都是相通的，那么这个发现能用在整数乘法中吗？

2. 板书完成。

38 × 2 = 76 ← 38个 1 × 2个 1 = 76个 1

（图 3）

120 × 120 = 14400 ← 12个 10 × 12个 10 = 144个 100

（图 4）

3. 的确。计数单位×计数单位＝积的计数单位，在整数乘法中同样适用。

三、逐层练习，巩固提高

真好，大家上课认真听讲、积极思考，有了这么多的收获！接下去，我们要进行一些练习。

1. 不计算，请在○里填上"<"">""＝"。

315×0.9 ○ 315　　315×1 ○ 315　　315×1.2 ○ 315

（1）有答案了吗？说一说，你是怎么想的？

（2）老师准备了几幅图，能够帮助我们理解。（逐一出示）

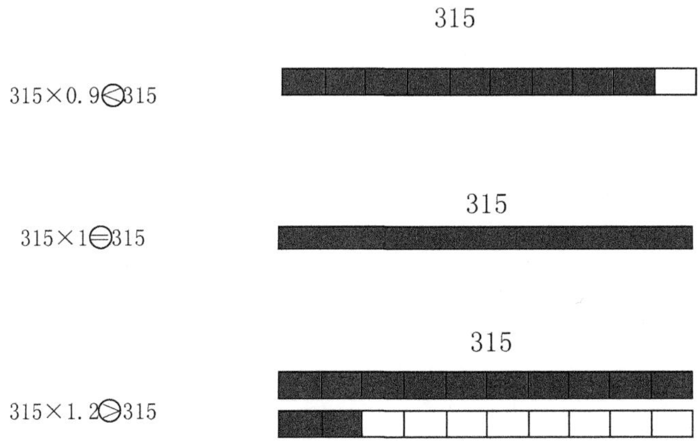

2. 根据整数乘法算式，写出小数乘法算式的结果。

根据43×16=688。　写出:0.43×16=6.88　4.3×1.6=6.88　0.43×160=68.8

分析计数单位:0.01×1=0.01　0.1×0.1=0.01　0.01×10=0.1

那么我们推算的答案对不对呢?请选择其中的1题进行竖式验算。

3. 同学们,老师还发现了很有意思的事。请看,出示:

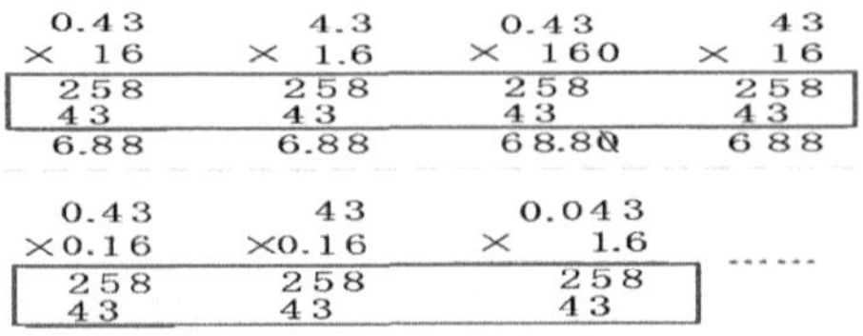

仔细观察这些竖式,你又有什么发现?

预计学生回答:不管因数是几位小数,中间的过程都是一样的。

是呀,都是一样的。只要我们掌握了整数乘法,小数乘法就不在话下,因此,我们要学扎实每一个知识,因为,它可能就是后面学习的基础!

四、梳理小结,畅谈收获

大家说说,通过今天的复习,你又有哪些新收获?

五、教师结语,点题感悟

同学们,总结得真好!小数乘法我们早就会做了,今天的复习,我们借助图形,让我们进一步明白计算小数乘法的道理,帮助我们掌握小数乘法的计算方法,这样,我们可以更快、更好地计算小数乘法了!

计算题看似简单,但要想弄清楚计算的原理,算得正确也不是容易的事,需要我们认真思考,细致计算。老师希望,同学们能够算正确每一道题!

11.《植树问题》教学预案

【教学内容】

人教版义务教育教科书数学五年级上 P106～107。

【教学目标】

1. 让学生经历从实际问题中抽象出植树问题模型的过程，掌握不同情况下植树棵数与间隔数之间的关系。

2. 在解决问题的过程中逐步渗透数形结合的思想，初步建构植树问题的数学模型，形成植树问题的解题策略体系。

3. 让学生感受数学在日常生活中的广泛应用，尝试用数学的方法来解决生活中的简单问题，培养学生的应用意识和解决实际问题的能力。

【教学重点】

让学生积极参与探索并发现“植树问题”的解题规律。

【教学难点】

运用“植树问题”的解题思想解决实际问题。

【预设过程】

一、创设情景，初步感知

开课：同学们，今天傅老师要和大家一起来学习“植树问题”。

一起关注大屏幕，现在有这么一个问题需要解决！（课件出示例题，教师不读，学生自己理解）“例题：20 米长的一条路，在它的一边每隔 5 米种一棵，要种几棵树？”

1. 请仔细思考，想想可能种了几棵树？多问几个学生，尽量得出 5、4、3。

2. 同样的要求，现在有了 3 种不同的答案，为了更好地研究，现在，傅老师用这么一条线段代表 20 米，分别给你们 5 颗、4 颗、3 颗磁石，你们能把植树情况表示出来吗？请 3 名同学把种的方法表示在黑板上。

3. 请你向大家解释这种种树方法！教师以 5、10、15、20 数段数的方法，带领全班学生检查是否符合要求，如有其他答案一一验证并排除。

4. 完成第一个人的检查后，教师问：的确符合要求，大家知道树是越多越好，为什么你们是越种越少呢？请你说说是怎么想的？出示方式后，解释为什么不能植树的原因，但是，间隔还是存在的。

（评析：有些同学虽然会解决这一问题，但这些同学尚不能把植树问题的解决方法与生活中相似的现象进行知识链接，这就导致了能找规律但不会熟练运用规律，因此必须在课堂中体现借助生活原型与实际图形帮助理解相结合，把理解规律与运用规律联系起来。这就达到了对这一类知识的拓展和提升。）

咱们同学真是厉害，表示出了三种不同的植树情况！

数学上，把这样两头都种称为“两端都种”；只种一头称为“只种一端”；两头都不种称为“两端不种”。（板书：两端都种、两端不种、只种一端）

5. 这 3 种不同的种法，它们的棵数是不一样的，有没有一样的地方呢？

先明确：数学上把两棵树之间空着的一段，称为间隔。间隔的个数叫做“间隔数”（板书），我们来数一数，每种情况的间隔数。引导学生说出：间隔数一样。（板书：间隔数都是“4”）

6. 同学们，棵数不一样，间隔数为什么会一样的呢？

明确：20 米里面，以 5 米为一段，就是 20 里面有 4 个 5。其实，这个间隔数也就是段数。是的，不论哪种情况都有 4 个间隔。

那么，问题又来了。为什么，“只种一端”的时候，间隔数与棵数会是一样，都是 4？

教师手指黑板，引导学生明白“一一对应”，一段对应一棵树，两端多 1。

7. 同学们，我们用摆一摆的方式，在 20 米长的路上每隔 5 米种树。（板书：20 米/5 米）

现在如果是一条 30 米的，还是 5 米种 1 棵（板书完成：30 米/5 米），用自己喜欢的方式，找出每种情况要种几棵树？

学生汇报。问：怎么想的？画图、计算都可以，如果画图，实物投影，数间隔数验证是否符合要求。

同一情况的答案可以用画图和计算两种方法来证明棵数的正确与否。

大家能看懂吗？有什么问题想问吗？30÷5，这在求什么呀？（求段数，求间隔数）

（评析：学生的学习活动能紧密联系生活实际，同时在探究活动中能充分利用差异资源。学生的认知起点存在着差异，有部分同学对这一问题已经通过另外的途径知道了解决的方法，但有相当一部分同学对此一无所知，这就为合作交流的学习方式在课堂上有效进行，有了较好的现实基础。）

二、探究规律，建立模型

1. 现在有一条路长 100 米，还是每隔 5 米种一棵树，要种几棵？（板书：100 米/5 米）还是用自己喜欢的方式，求出要种几棵树，你可以只算一种情况，也可以挑战自己，算出三种情况？

反馈。画图方法的校对先确定 100 米，再数棵数。计算方法的话，先计算，再与画图校对。

先问画图的学生，你种了几棵？数一数，间隔数都是 20 吗？那么计算的同学你们答案是怎样的？老师有个疑问，画图同学的间隔数是数出来的，计算的同学，你们的间隔数是怎么来的呀？

2. 继续种树，现在，有一条 200 米的路，在它的一边每 2 米种一棵，要种几棵？（板书：200 米/2 米）

同学们很了不起，通过这几种情况的解答，现在我们对种树，越来越有感觉了！

好，那么，傅老师再问：现在有一条很长的路，如果只知道了间隔数，你能求出棵数来吗？老师不说每隔几米，只说有 500 个间隔，行吗？如果是 2 000 个间隔，行吗？

再请问，如我现在有 N 个间隔，棵数怎么求？（板书 $N+1$；$N-1$，N）

3. 通过刚才的学习，我们得到了这样满满一黑板板书！我们来看！此时，板书如下：

	两端都种	只种一端	两端不种	间隔数
20 米/5 米	5	4	3	4
30 米/5 米	7	6	5	6
100 米/5 米	21	20	19	20
200 米/2 米	101	100	99	100
				500/2 000
	$N+1$	N	$N-1$	N

我们发现“两端都种”比间隔数多 1，“只种一端”与间隔数一样，“两端不种”比间隔数少 1。

黑板上是这样，其实所有的植树情况都符合这个规律。

三、联系实际，学以致用

1. 很好，同学们学了这个植树问题，请你想一想，生活中有没有与今天学习的植树问题类似的现象？

2. 老师也找到了一些，课件依次出示：电线杆、解放军队、锯木头，在锯木头的情境中，出示锯木头的题。

要把长 10 米的大木头锯成每段长两米的木头，要锯几次？（4 次）

四、梳理小结，内化提升

1. 同学们，今天我们学习了植树问题，你会解决了吗？关键是求出什么？

2. 那么，我们该怎样求间隔数？根据学生回答，在“间隔数”上方板书：总长÷每隔长。

五、应用规律，甄别应用

1. 学校开秋季运动会，在直的跑道两旁插彩旗。要想知道插多少面彩旗，你要什么条件，为什么？（明确“两旁”）

2. 园林工人沿公路一侧种树，每隔 6 米种一棵，一共种了 36 棵。从第 1 棵到最后的距离是有多远？问：怎么想的？

（评析：在练习的设计上也体现了独到之处，习题能紧扣中心，努力让学生利用今天的所学或利用今天的研究方法去解决类似的问题，这样就能起到一个很好的巩固作用。如果在练习的设计上再加入其他种类的题目，那么就会对今天的所学造成干扰。）

12.《可能性》教学预案

【教学内容】 人教版义务教育课程标准实验教科书小学数学三年级上册《可能性》。

【教学目标】

1. 使学生初步体验有些事情的发生是确定的，有些则是不确定的。

2. 使学生知道事件发生的可能性有大有小，能对一些简单事件发生的可能性作出描述。

【教学重点】 理解“一定”“不可能”“可能”，体验可能性有大有小。

【教学难点】 合理判断可能性的大小。

【教学过程】

一、体验可能性的存在

1. 摸球游戏一：感受“一定”

(1) 同学们请看，老师这有几个黑色玻璃球，把它们放在口袋中，摇一摇、摸一颗，请你猜测一下，能摸到什么颜色的球？（预设学生答案：黑色。对学生的回答不加评价，多名学生猜测后，问：为什么？）

(2) 咱们来摸，验证下是不是真的每一次都能摸到黑色球。（多名学生摸球，每个学生摸球前教师说：“摸前摇一摇。”）

(3) 这么多的同学都摸到了黑球，也就是说在口袋中，我们摸到的一定是黑球。（说一定时声音要着重，板书：一定。）

2. 那么在这个口袋中，我们有可能摸到白球吗？（预设学生答案：不可能。）为什么？（板书：不可能）

3. 摸球游戏二：感受“可能”

(1) 你能想办法把这种不可能转化为可能吗？（预设学生答案：在袋子中加入白球。）

(2) 也真凑巧了，傅老师为大家准备了白球。咱们就来验证一下，看看是不是真有可能摸出白球。（多名学生摸球，每个学生摸球前教师说：“摸前摇一摇。”）

(3) 好的！通过摸球，我们发现我们有可能摸出白球，也有可能摸出黑球。（板书：可能。）

4. 是呀！这“一定”“不可能”“可能”，指的是事件发生的可能性。（板书课题：可能性。）

5. “一定”“不可能”指的是可以确定结果的事件，“可能”指的是不能确定结果的事件。

二、体验“一定”“不可能”“可能”现象

同学们，在摸球活动中我们体验到了“一定”“不可能”“可能”，在我们生活中也有这样的现象，我们来看一看。

练习：请你用“一定”“不可能”“可能”填空。

1. 太阳从________东边升起。(学生回答后,说说你的想法,用上这个词来描述一下。)

2. 明年今天________会下雨。(学生回答后,问:除了下雨,还有可能是什么天气?)

3. 一吨铁________比一吨棉花重。

4. 小红参加学校唱歌比赛________会得一等奖。(预设学生答案:可能。学生回答后,问:如果小红唱歌是很好很好的,而且全校师生都知道,也是可能吗? 为什么不是一定?)

5. 吃饭的时候人________用左手拿筷子。(如果学生说:左撇子,思想教育这只是个人习惯不同,同学们千万别把"左撇子"当作外号去叫。)

6. 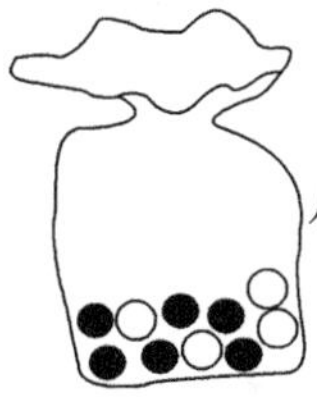 从口袋中我摸出的________是黑色棋子。

(1) 预设学生答案:可能。问:为什么? 预设学生答案:因为黑子多。

(2) 那么摸到黑子与摸到白子的可能性相比,摸到哪种棋子的可能性大? 为什么?(预设学生答案:黑子的可能性大,因为黑子多。)

(3) 是不是一种东西的数量越多,摸到它的可能性就越大呢? 我们用一个小实验来证明好吗?

三、探索可能性的大小

1. 课件出示以下小组实验要求:

(1) 先数出信封里的白子、黑子颗数,并填入表中。

(2) 四人小组分工合作。

一人拿信封:摸前摇一摇;

两人轮流摸:一共 20 次;

一人记录:摸出一颗就记录它的颜色,最后统计出次数。

(3) 摸后把你们的发现在小组内交流。

(教师:老师为四人小组准备了一只信封,里面有不同数量的黑子和白子。让我们先来看实验提示,谁愿意来读一读。明白要求了吗? 我们先应该干什么?(小组分工))

2. 小组操作,教师指导。

记 录 单

白子(　　)颗　　黑子(　　)颗

小组合作:

	记录	次数
白子		
黑子		

我们的发现:

(　　)子的颗数多,摸到(　　)子的可能性就(　　);

(　　)子的颗数少,摸到(　　)子的可能性就(　　)。

3. 交流汇报，共享实验结果与发现。

（交流时完成以下板书：白子多，黑子少，摸到白子的可能性大；
白子少，黑子多，摸到黑子的可能性大。）

其他小组的发现与他们一样吗？

4. **师**：通过实验我们知道了可能性有大有小。证明了在一般情况下，当两者数量相差很大时，多的那样东西摸到的可能性就大，反之就小。偶尔，也会出现相反的情况，在数学上称为偶然性，（板书：偶然性）当然，出现偶然性的可能很小很小。

5. 同学们，如果两者数量比较接近或相等时，它们的可能性会怎样呢？请同桌之间交流想法。（预设学生答案：两者一样或者两者接近。）

6. 是的。从理论上讲两者出现的可能性一样。曾经有位英国数学家，做过抛硬币的实验，我们来看一则小资料。

科学小故事：皮尔逊抛硬币实验

硬币有一个正面和一个反面，把它抛向空中，落在地面上，一般情况下，出现正面朝上或是反面朝上。抛了 12 000（一万两千）次，正面朝上出现 6 019（六千零十九）次，反面朝上出现 5 981（五千九百八十一）次。

四、感受可能性的应用

国庆节，傅老师在逛街时看到这样一则广告。

好消息：为庆祝国庆节，本店特推出“购物有惊喜，转转得大奖”主题购物活动。活动期间凡在本店一次性购物满 200 元，可转动转盘一次。

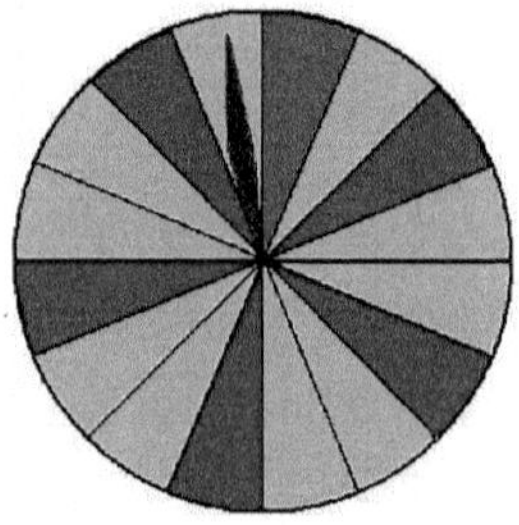

奖别	中奖颜色	奖品
一等奖		25寸彩电一台
二等奖		光明牛奶一箱
三等奖		雕牌肥皂一块

（1）中奖颜色还没有确定，如果你是经理你会怎样设计奖项？

（2）作为消费者又想怎样设计奖项？

（3）简单总结一下你的思路。

五、全课小结

请你用“可能”“不可能”“一定”说一件生活中的事。

13.《解决连续两问的实际问题》教学预案

【教学内容】 人教版义务教育小学数学教科书二年级上册 P32。

【教学目标】

1. 通过情境问题的解决，进一步培养学生发现问题、提出问题、分析问题和解决问题的能力。掌握解决连续两问的问题的思考方法，即“解答第二个问题时需要将第一个问题解答的结果作为第二个问题的条件”。

2. 在解决问题的过程中，使学生获得解决问题的活动经验，感受数学在实际生活中的应用价值，体验解决问题的乐趣。

【教学重难点】

教学重点：学会解决连续两问的实际问题。

教学难点：感悟连贯思考，明白解答第二个问题时需要将第一个问题解答的结果作为第二个问题的条件。

【教学思考】

1. 关于教材解读。解读教材体系不难发现，例 5 是教学用加、减法计算解决连续两个问题的实际问题。教材是结合连加、连减和加减混合运算，在学生已经学习过用一步加、减计算解决问题的基础上编排的，为以后学习用两步计算解决问题奠定基础。

2. 关于材料选择。基于激发学生的学习兴趣和用好教材的原则，我们用展示时尚的微信朋友圈的方式来呈现问题情境。然后以这一情境为依托，让学生经历数学信息的获取，自主提问的产生和核心问题的提炼。同时，基于一个情境“用深、用透”的愿景，在练习设计中，还是秉承主题情境的画画以及布置画展。最后，结合梁湖乡土特色，设计了“动物年糕”题，此题，告诉学生总量，求其中一个量，这样的结构有别于之前的例题和习题，意在扩充学生思维，拓宽题型渠道！

3. 关于解题策略。正确解题的关键在于合适的解题思路，解题策略就是帮助寻找解题思路的指南。本节课中，根据教材编排的意图，重点是让学生在解决问题的实践中，自己理解和领悟解决有连续两个问题的实际问题时，先要解决第一个问题才能解决第二个问题的道理。在教学例 5 时采用从条件入手找问题，来探寻解题思路，而在让学生“做一做”时，引导学生根据问题来思考解决问题的思路，即分别尝试使用“综合法”与“分析法”分析数量关系，帮助学生更好地掌握解决连续两个问题的数学实际问题的策略。这样对于培养学生连贯地思考问题，发展学生的数学思考能力起到积极的作用。

【教学过程】

一、现实引入，获取信息

1. 课前谈话：小朋友们好，你们知道我是什么老师吗？知道我姓什么吗？第一次见面，老师想问你们几个问题？不知道你们能不能回答出来？梁湖有什么特产？（梁湖年糕白白糯糯的，整个浙江都有名的。）看来梁湖的特产还真多……第二个问题来了哦！你有什么兴趣爱好？

2. 课堂引入：看来咱们班上小朋友的兴趣爱好很广泛，其实老师的女儿也跟你们差不多年纪，她最喜欢画画。国庆放假的时候她们的美术老师还带她们兴趣小组的小朋友去写生了，你们想看看吗？（出示微信图片）这是什么？

3. 引导学生发现信息：是的，微信已经成了我们生活的一部分，你能用数学的眼光从这条微信中寻找一些数学信息吗？（学生找信息，教师板书）

4. 根据信息提问：（能从这么长的文字中捕捉到两条数学信息，非常了不起！）根据这两个问题你能提出数学问题吗？

学生提问，教师贴出：男生有多少人？美术兴趣小组一共有多少人？

齐读题目，现在我们的学习材料已经完整了，让我们一起来读一读吧。

（**设计意图**：在课的开始阶段，用时尚和熟悉的微信朋友圈来呈现学习材料，以激发学生的学习兴趣；再让学生通过自主阅读和集体交流的方式培养获取数学信息和交流数学信息的能力。然后通过师生共同整理的方式来培养学生处理信息的能力。）

二、依据信息，提出问题

1. 让学生根据获取的信息提出数学问题。这两个问题你能解答吗？请大家做在白纸上。

2. 生成学习材料，请学生朗读完整的题目信息。

（1）投影出示 14－5＝9（人）　14＋5＝19（人）我们先来看这位小朋友的，你们觉得对吗？哪里不对？

（2）投影出示：14－5＝9（人）　9＋14＝23（人）那这位小朋友做对了吗？是谁？请你到上面来说给大家听听你是怎么想的？你们都听懂了吗？老师还不明白第二个算式的 9 是哪里来的？在题目的信息中没有 9。学生回答，教师故作明白。嗯，现在我明白了原来男生的 9 人是通过第一个问题算出来的，好的，那老师把算式写到黑板上。这个算式算出来的是什么？我在算式前面写上（1）是为了表示这个算式解决的是第一个问题，那这个呢？那么第二个问题就可以在算式前面加上（2）。

（3）口答：解决了问题我们需要写上答句。学生一起口答。

（**设计意图**：在这个环节中，着力体现“提出问题”这一能力，在这一过程中培养学生的“四能”之一，并明确本节课的核心问题。）

三、解决问题，掌握方法

1. 学生独立解决问题，教师巡回指导。

2. 全班反馈。（投影展示学生作品）

（1）说说 14－5＝9 这样列式是怎样想的？

（2）老师还不明白第二个算式的 9 是哪里来的？在题目的信息中没有 9，谁知道？

3. 播放微课，再次回顾解题思路。

（**设计意图**：这一环节是本节课的核心所在，教师引导学生通过独立解决和集体反馈的方式，充分暴露学生的思考过程，从而掌握解决本课核心问题的方法，引导学生连贯性思维解决问题的策略。微课的播放即是借助先进教学技术促进学生理解的体现，也是对人教版教材“回顾与反思”环节的教学执行！）

4. 配套练习：完成课本 P32 页“做一做”。

四、课堂小结，深化提升

1. 揭示课题：解决连续两问的实际问题。
2. 再次明确解答此类问题的核心策略。

五、练习巩固，训练能力

1. 做一做。(基础练习)

2. 选一选。(发展练习)

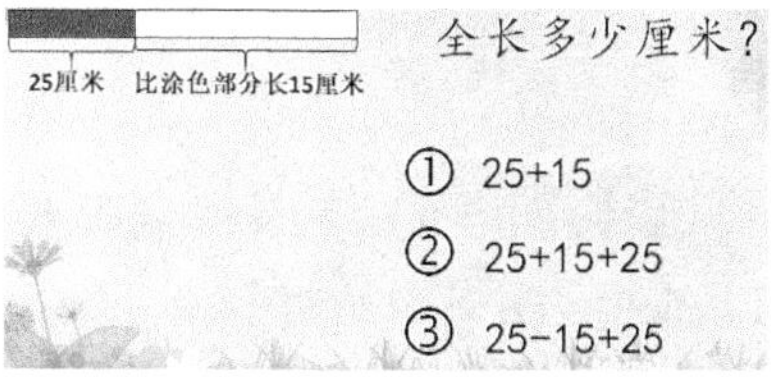

用手势选择答案。分析错误，为什么①、③是错的？

3. 算一算。(拓展练习)

课前我们说到，梁湖年糕全省有名，除了一条一条的年糕，还能做出这样的年糕。

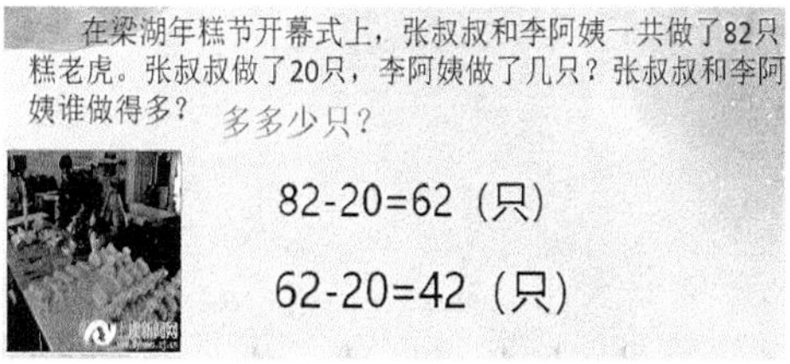

14.《千米的认识》教学预案

【教学内容】 人教版义务教育教科书三上数学 P26、P27。

【教学目标】

1. 通过实践体验活动，在具体的生活情境中感知、了解千米的含义，建立起 1 千米的长度观念。

2. 使学生体会基于实际应用，需要进行长度单位间的换算及简单的计算。

3. 在探索千米的过程中，丰富学生基本的数学活动经验，进一步培养学生的估测意识和实践能力。

4. 建立千米与实际生活的密切联系，体会“千米”在生活中的作用，激发学习数学的兴趣，增强学好数学的信心，并在与同伴交流中体验数学学习的愉悦心情。

【教学过程】

一、忆旧引新，把握起点

（一）开门见山，直接导入

1. （课前板书课题“千米的认识”）同学们，今天傅老师要和大家一起来学习“千米的认识”，首先让我们来读一读课题。很好，读得很精神！

2. 教师手指“千米”，不知道同学们有没有听说过“千米”？

（二）顺势而导，引入新课

1. 同学们，在刚刚过去的国庆假期中，傅老师带着女儿去了江苏常熟，在旅游过程中，我得到了这些信息，请静静看，想想哪些信息可能跟千米有关？

2. 一次性出示下述文字信息。

（1）上虞到常熟的高速公路全长。

（2）傅老师女儿的身高。

（3）杭州湾跨海大桥桥长。

（4）傅老师的别克小汽车的长度。

反馈：第 1 题，问为什么要用千米？

第 2 题，问为什么不用千米？

第 3 题，如果有学生说到用米，引导学生质疑。

第 4 题，嗯，用米，这个答案没有异议！

高速公路和跨海大桥这两个确实很长，跟千米关系密切一些。小朋友们，请看大屏幕！

3. 图片出示上虞到常熟的高速路牌，跨海大桥图片和全长信息！（单位用“km”）

4. 傅老师觉得奇怪，为什么这两块指示牌中没有“千米”这两个字呀？

明确：在数学上用字母 km 来表示千米（在图片下方标注红色“km”），因此 210 km 就是

210 千米，36 km 就是 36 千米。

二、实践体验，认识新知

(一) 直观感知，朦胧“初识”

1. 小朋友们，接下去，我们就要深入研究这个千米了，你脑海中的千米是什么样子的呢？你能说说对 1 千米的认识吗？

不急着汇报，请同桌之间说一说，你心目中的 1 千米！

4～5 名学生说。(准备学生跳绳、米尺等)如学生说 1 000 个 1 米，就说，这是一根米尺，要量几次？

当有学生说到“米”的时候，就板书，师：想法真好，借助了一个短的长度单位来表示一个大的长度单位，还说出了 1 000 个 1 米(板书)！

咱们三(4)班的同学很棒，借助熟悉的事物说出了自己心目中的 1 千米。让我们借助熟悉的事物继续往下学习。

2. 教师出示塑料软尺，教师拉出一段。师：这是一卷普通的软尺，猜测一下，这么大 1 卷尺子会有多长？

2～3 名学生说，到底有多长呢？不瞎猜了，眼见为实，我们现场来拉一拉好不好？

3. 请 3 位同学上台绕着两根大柱子走！这么长一根，有些同学都等得不耐烦了，现在你觉得绳子有多长？

请拉尺子的学生说说上面的刻度，100 米，从同学们惊讶的表情中，老师明白，这么长，怎么才 100 米，你们还不信！我们再来验证下，我们学校的操场是 200 米，老师把尺子放在跑道上正好是半圈，说明这根软尺就是 100 米！(课件出示操场放尺子图片)

现在你对 100 米有怎么样的感觉？

那么，如果有这样的两根绳子会是多长呢？5 根呢，是的，5 根就是 500 米，老师记录一下，5 根 100 米，就是 500 米。(板书)

4. (课前组织学生走 500 米)其实你们对 500 米不陌生，前几天呀，老师要大家在操场上走了 500 米，请看录像(多次快进)。问：我们走完 500 米用了 7 分半钟)，那么，大家走完后，感觉怎么样呢，走 50 米与走 500 米感觉会是一样吗？傅老师采访了几位同学，请看，3 名学生说感受！

是的，花的时间多，说明路程比较长，路程越长，人走完后就感觉越累！

5. 同学们，现在我们已经走了 500 米，如果再走 100 米就是(　　)，再走 300 米……。900 米了，再走(　　)米，就是 1 000 米了？(先写 1 000 米)1 000 米也就是这样的 10 根软尺接起来！

6. 小朋友们请记住，1 000 米也就是 1 千米，那么，照这样计算，3 000 米是(　　)千米呢？6 000 米又是(　　)千米呢？

7. 同学们已经走了 500 米，如果那天傅老师要你们再走一个 500 米，也就是一下子走 1 千米，你觉得又会是什么感觉呢？

8. 让我们继续留在操场上，傅老师在操场上骑自行车，视频播放快速 1 圈，老师骑了多少米了？要想骑到 1 千米，我还得骑几圈呀，老师一共骑行了几圈，一共是多少千米呀？

9. 同学们，借助跑道我们初步认识了 1 千米，现在请你回忆刚才的学习过程，以(　　)个(　　)米这样的方式来说说你现在对千米的认识。除了这些，还可以怎么说呢？我们继续借助小的长度来学习，请同桌之间说一说！

车子长 5 米、教室里的空调高 2 米、绳长 10 米。

10. 根据学生回答，板书 200 个 5 米、500 个 2 米、100 个 10 米、1 000 个 1 米。

写上……

（二）继续探究，深化“认知”

1. 通过刚才的学习，我们知道了 1 千米是一段比较长的路程，现在我们对这个千米已经有了感觉了，学到这里，傅老师想问问同学们，从学校门口出发，你觉得到哪个地方的距离大约会是 1 千米。

2. 学生自由说，教师不点评，同学们很会动脑筋！

3. 老师也找到了一个地方。请看，

视频播放校门口到大通商城的行车过程，拍下 0 里程表和最后的里程表 1。

视频播放时教师不说话，遇到转弯时，教师说“现在转弯了”。

第一个转弯后，教师神秘地说，老师告诉你们一个秘密，你说停，汽车就会停的哦！

1 千米有感觉了吗？真的有了，那谁能在地图上指一指刚才 1 千米的行车路线。

指着地图（平面图），刚才向左转，如果向右转又会是什么情况呢？

想想到哪里会是 1 千米，很好！同样的，你说停，就会停！

4. 同学们，1 千米就是 1 个 1 千米、2 千米就是 2 个 1 千米，那么刚才我们说到的上虞到常熟是多少个千米？跨海大桥又是多少个千米呀？是呀，任何大长度，都是积少成多得到的！（课件出图）

5. 现在，请你回想一下，刚才你找到的从校门口出发的 1 千米，对吗？

三、学以致用，延伸巩固

同学们很棒，接下来让我们试一试，你会用这个千米了吗？（大屏幕出示，先独立再集体反馈）

1. 9 月 20 日进行的北京国际马拉松比赛，全程约 41（千米）。

2. 三年级的小红同学，每天早上步行 2 000（米）到学校。也就是 2（千米）。

小红上学用了 28 分钟，也就是走 1 000 米用了 14 分钟。，刚才我们走 500 米用了 7 分半钟，走 1 千米就是 15 分钟，小红的速度与我们的速度差不多。

3. 世界第三、亚洲第一长河——长江，全长约 6 000（千米）。

四、梳理小结，内化提升

1. 今天我们学习了什么知识？

2. 具体说说你有什么收获，根据学生回答，及时评价！

3. 问：我们为什么要学习千米这个新单位呀！主要让学生说出为了读写的方便！

4. 小朋友们，到现在，小学阶段该学的长度单位，我们都学了，你们给它们排排队吗？

5. 好的，小朋友们很能干，已经掌握了这么多的单位，学的多了，单位就容易用错，傅老师希望我们班每一位小朋友都能“用好单位、用对单位”！

15.《整数加法运算定律推广到小数》教学预案

【教学内容】 人教版义务教育教科书四年级下册 P79。

【教学目标】

1. 基于“猜测、验证、运用”的探究过程，使学生切实体会到整数加法的运算律对小数加法同样适用，并能正确应用加法运算定律进行一些小数加减法的简便计算，体验解决问题的多样性，发展创新精神和实践能力。

2. 经历实验、观察、猜想、论述等数学活动过程，发展合理推理能力和初步演绎推理能力，能有条理、清晰地阐述自己的观点。

3. 在学习过程中体验成功的乐趣，逐步形成积极的自我评价和自我反思的意识，体验数学学习的成就感。

【教学难点】

经历探究的过程，切实体会整数加法运算定律可以推广到小数。

【过程预设】

一、忆旧引新，启导思考

1. 同学们，近阶段我们在学习“小数的加减计算”，今天我们就先来做两题，请看大屏幕。在自己的纸上进行计算。

8.3＋6.45＋7.8　　　　　　7.4＋5.89＋2.6

交流：(1) 说说你计算的过程。嗯，你是按从左往右的顺序进行计算的。

(2) 咦！这题怎么不按运算顺序了，为什么要调换数据的前后位置？(可以凑整，使计算变得简便！)

(3) (问其他学生)同学们你们觉得这样可以吗？

(4) 既然可以，你们说说，他在计算的过程中用到了什么知识？

既然可以将 2.6 换到前面来，我们也可以将 7.4 换到后面去，有这样做的吗？

2. 嗯，大家说到了加法运算定律(粘贴)，我们已经学过的加法运算定律有加法交换律和加法结合律。结合这题谁能说说，这两个定律是怎样的？学生说，教师粘贴！好的，同学们对已学知识掌握得相当不错，让我们来读一读字母公式！

3. “7.4＋5.89＋2.6”(手指此题)在刚才的计算中，大家用到了加法运算定律，傅老师在想，是不是小数运算中真的有加法运算定律？(估计学生会大声回答有)追问：那么，既然有，为什么这个“整数”(粘贴)的加法运算定律在小数中也适用呢？同学们，能举例来说明吗？

4. 先自己想一想，你也可以写一写，再和同桌之间说一说！谁愿意将自己的想法与同学们交流！

找 3～4 名学生说！

问：大家讲到的这些理由能说明问题吗？

5. 是的，手指公式，这边的 A、B 与这边 A、B、C，不但可以是整数，也可以是小数，还可以是分数！

6. 看来，小数中确实有加法运算定律！加法运算定律可以“推广到小数”（粘贴），这也是我们今天要学习的内容，现在课题已经完整，请同学们读一读课题！

二、尝试探究，掌握方法

1. 既然整数的加法运算定律可以推广到小数，那么你能不能编一道小数的计算题，计算过程中要用到加法运算定律，并能使计算简便！

学生编题，教师巡视，请 3 位学生进行板演！

2. 三位学生依次介绍自己的题，你在介绍的时候要说清楚，运用了什么定律？

第 1 生问：你说用到了加法交换律（结合律），请问体现在哪里？

第 2 生问：你先不说，老师先问下同学们，他编的符合要求吗？说说，你用到了什么定律！

第 3 生问：老师认为他编得是正确的！你能看出他用了什么定律吗？

3. 感谢这三位同学，编得好，讲得也好！接下去，请同学之间或前后座之间互相检查，检查也是一种很好的学习哦！大家都编对了吗？看来推广的作用是强大的，这么多的算式中都能用到加法运算定律，来，掌声响起来，表扬一下自己！

4. 老师在想，加法运算定律能在我们班进行小数计算时推广，那么能在别的班推广吗？能在别的学校推广吗？

5. 接下去，老师就要考考大家到底会不会用这个加法运算定律！

$16.25+5.46+23.75$　　　$14.77+4.46+6.63$　　　$5.17-0.83-0.17$

交流：第 1 题，问题不大，请介绍自己是如何计算的，讲清楚用了什么定律。

第 2 题（尽可能找 14.77 与 6.63 进行合并凑整的做法）学生介绍后，挺不错，很认真，其他同学有想法吗？刚才我们不是说，运用加法运算定律能使运算简便，为什么这里用了没感觉到简便呢？追问：看来灵活运用定律的前提是仔细观察、分析数据！

第 3 题，找到三种计算情况。

$5.17-0.83-0.17$
$=4.34-0.17$
$=4.17$

$5.17-0.83-0.17$
$=5.17-(0.83+0.17)$
$=5.17-1$
$=4.17$

$5.17-0.83-0.17$
$=(5.17-0.17)-0.83$
$=5-0.83$
$=4.17$

6. 同学们，运算定律除了在小数中可以推广，其实在我们的日常生活中也可以推广，现在就有这么一个生活中的实际问题！

请看，这是傅老师弟弟的手机账单，你们能看懂吗？那么，请大家帮我弟弟算算，他月初预交了 100 元，够不够用！

三、小结梳理，质疑提升

1. 今天我们学习了什么内容？（板书课题：小数加减法的简便计算）

2. 能具体说说你有些什么收获吗？你还有问题吗？

3. 老师有个问题，我们在进行简算时，你觉得要注意一些什么问题？或者你对同学们有些什么建议？

四、变式练习，提高能力

好的，今天数学课的最后，傅老师还想请大家再来做一道有趣的题。请看大屏幕，现在屏幕上有这么5个数，“8.13、4.3、9.87、5.6、21.87”，请你选择其中的几个数，组成一题能运用定律，并使运算简便的小数题，加法、减法都可以哦！

16.《解决问题(五上)》教学实录

【教学内容】 人教版义务教育课程标准实验教科书小学数学五年级上册 P32 例 11。

【教学目标】

1. 创设富有数学味的教学情境,引导学生亲历“小数两步计算解决问题”的探索过程,帮助学生理解解决问题中先算量的重要性,初步感受到小数解决问题在生活中的应用。

2. 凭借贴近生活的学习材料,发展学生的分析、比较、概括能力,努力培养学生发现问题、提出问题、分析问题、解决问题的能力!

3. 结合凸显主体的学习过程,让学生品味数学学习的成功体验,进一步增强对数学学习的兴趣和信心,初步形成独立思考和解决问题的意识和习惯。

【教学准备】 自制课件。

【预设过程】

一、提出问题:生成学习材料

1. 同学们,今天这节数学课傅老师要和大家一起“解决问题”(板书)。来,响亮地读一读!

2. 读得真精神! 首先,让我们到一个奶牛场去看一看! “光明奶牛场”(稍停)仔细观察大屏幕,你能从中发现哪些数学信息?

预设:3 头牛! 上周也就是 7 天! 一共产牛奶 220.5 千克。

3. 提出问题:根据屏幕中的数学信息,开动你的脑筋,你能提出一个数学问题来吗? 不急着说,想好一个问题,在自己的纸上列出算式! (学生写,教师巡视,并要求学生板演。)写完了请举手,傅老师静静地过来,先睹为快!

4. 好,同学们都已经举手了,现在请你坐正身体,咱们来看一看黑板上的列式!

预设 1:220.5÷3

交流:根据列式想一想,猜测一下这个同学会是什么问题?(平均每头奶牛一周产奶多少千克?)

此问出后,问主人:是这个问题吗?

师:那么,请你说一说,你是怎么想的?(关键要学生说出:3 头 7 天是 220.5 千克,总量除以牛的头数,那么就是一头牛 7 天的总量)

是的,讲得真好,3 头是 220.5,那么一头就是 220.5÷3。

预设 2:220.5÷7

交流:接着我们来看一看这个列式,想一想它又是什么问题呢?(平均 3 头奶牛一天产奶多少千克?)

师:主人,是这个问题吗?

师:好的,那么你觉得主人是怎么想的?(学生说。)

师:主人,他有没有表达你的心声!(学生回答后)真好。7 天是 220.5,那么一天就是 220.5÷7。

5. 现在黑板上已经有了两个问题,谁还能提出不一样的问题! (平均每头奶牛一天产奶多少千克?)好问题,老师帮你贴出来!还有吗?

6. 嗯,看来大家都想到一块了!的确,"平均每头奶牛一天产奶多少千克?"也是我们今天要重点研究的问题!

7. 请同学们在自己的纸上,列式计算、解决这个问题!开始!(教师巡视,学生开始解答!)

二、解决问题:亲历分析过程

(一) 多种方法解答

1. 五(3)班的同学学习习惯真不错,做完了不大吵大闹,而是安安静静等待老师的分析。今天呀,老师先不讲,请同桌之间先说一说,你是怎么做的,你是怎么想的?

2. 交流很热烈,记得咱们可爱的小张老师在广播里说:"你有一个苹果,我有一个苹果,我们彼此交换,每人还是一个苹果;你有一种思想,我有一种思想,我们彼此交换,每人可拥有多种思想。"谁胆子大一些,愿意将自己的解题过程分享!

3. 你说我写!

预设 1:220.5÷3÷7

师:最后得数 10.5,这个答案正确吗?请你说一说,你是怎么想的!(我先算出 1 头牛 7 天的产奶总量,再除以 7,就是 1 头牛 1 天的产奶量。) 说得有道理,问题是要求每头每天,一共有 3 头,我们就先除以 3,求出每头 7 天的产量(粘贴:先求每天 7 天的产量),再除以 7,就是每头每天的产量。

把复杂的问题简单化,一步一步思考,谢谢你,不但计算能正确,还能讲清楚,很了不起!但傅老师还是要提醒大家,解决问题要规范,记得要写上单位和答句!知错能改,还是好孩子,赶紧补上吧!

预设 2:220.5÷7÷3

师:先除以 3,再除以 7,成功解决了问题,还有不一样的方法吗?

师:(板书后)你是先除以 7 再除以 3,最后答案也是 10.5,你是怎么想的。(生:先求 3 头奶牛一天的产奶量)听明白了吗?既然都明白了,谁再来说一遍!是的,一共 7 天,我们除以 7,先求出 3 头一天的产量!

写上答句,同样也祝贺你成功解决了问题!

预设 3:220.5÷(7×3)

同学们,这个列式又在先算什么呢?这里需要我们做一个假设,我们假设 1 头牛连续产奶 21 天,或者 21 头牛产奶 1 天。

4. 现在,傅老师统计一下,这样列式的同学请举手,这样列式的请举手!每个同学都举过手了,都很棒!这三种方法,都能看懂的同学,请你点点头!同一道题目,我们用不一样的思路进行了列式,傅老师希望咱们在解答题目时,能够多思考,想一想有没有其他方法了,运用多种方法解题,会使自己思路敏捷,会使自己变得更聪明!

5. 做完了题目,咱们再回过头看一看,这个问题与前面的两个问题有什么不一样呢?

是的，前面是一步，后面是两步，而且还是两步连除！

（二）分析比较

1. 同学们，像这样的两步连除解决问题，你以前遇到过吗？在哪里遇到过！是的，我们早在三年级下册的时候就已经学习过了，请看大屏幕，根据屏幕中的课本，请你比较下，我们五年级的连除解决问题与三年级的连除解决问题有什么相同和不同的地方！（屏幕呈现教材信息）

2. 学生比较反馈。（关键引导学生说出，三年级的时候是整数、五年级的时候是小数，解题方法、思考过程是完全一样的！）即使我们到了六年级变成了分数连除，也是一样的解题方法！

3. 当然，不论是过去三年级还是现在五年级的解决问题，我们都要用到一个秘密武器！是什么呢？我们都要先算出一个量，通过先算出的这个量，我们就可以把复杂的问题简单化，化难为易，正所谓“千里之行、始于足下”正是这个道理！

4. 比较完了相同和不同，趁热打铁，让我们赶紧来练一练。

（三）配套练习

生活中，小数问题比较常见！同学们请看。

1. 据统计，一个没有关紧的水龙头，8 天大约可以滴水 619.2 千克。平均每小时滴水多少千克？

傅老师用两种方法进行了列式，请你说一说，

619.2÷8÷24　　　　先求__________，再求__________。

619.2÷(24×8)　　　先求__________，再求__________。

2. 请你选择其中的一个算式进行计算！有答案了吗？写单位和答句了吗？是的，平均每小时要滴水 3.6 千克。同学们，大家想一想，平均每小时要滴水 3.6 千克，那么一个月就会滴水多少千克？怎么算？　3.6×24×30　乘 24 什么意思？（1 天浪费的水）　乘 30 又是什么意思？（一个月浪费的水）　傅老师计算过了，一个月会浪费 2 592 千克的水，2 592 千克就相当于这样的大桶矿泉水 120 桶，滴一年将近 1 500 桶呀！！我们真不能小看了这区区的一滴水，我们生活中可得节约用水，关紧每一个水龙头，珍惜每一滴水！

3. 同学们请看，这题是连除、这是先乘后除、这题又是连乘，你千万不要以为刚才的例题是连除，今天的题目就全是连除。一定要看清题目，弄清题意！

三、梳理小结：盘点学习心得

1. 今天我们一起学习了解决问题。

2. 谁能具体说说，你有什么收获吗？

3. 从同学们的回答中，老师知道了你们的收获很丰富，老师为你们扎实有效的学习而高兴！接下去，我们就要用所学知识去解决一些实际问题，你们有信心吗？

四、多层练习：提升知识水平

1. 根据列式，请说出相应的问题。

上周六，敏敏一家 4 人，去章镇舜红猕猴桃基地采摘游玩，现场一共吃了 2.5 千克猕猴桃，每千克 40 元。请问平均每人花费了多少元？以下列式正确的是（　　）

A. 40÷4÷2.5　　B. 18×2.5÷4　　C. 18÷(4×2.5)　　D. 2.5÷4×18

说说你怎么想的？要看清每一个答案，有些时候，正确答案不止一个，就需要你认认真

真看完全部答案，不要找到了一个答案，余下的就不闻不问了！

2. 上周日，还是敏敏一家，又去了盖北葡萄基地采摘游玩，在葡萄架下吃了好多葡萄。

请问猕猴桃每千克比葡萄每千克贵多少元？能解决这个问题吗？怎么解决？

缺什么条件呢？（葡萄每千克多少钱不知道）补一个条件（葡萄每千克 15 元）。直接告诉每千克多少元？能不能补一个比较难一些，不直接告诉，而是要通过计算才能求出每千克多少元的条件来？

五、趣味结尾：丰富学习兴趣

课的最后，傅老师要送你们一句四字短语的解题秘诀，你们想知道吗？（先算什么）

四、课题研究篇

1. 关注过程考查　落实核心素养

——命制小学数学“过程性考查题”的探索与实践

一、缘起

《数学课程标准(2011版)》(以下简称《课程标准》)指出:“学习评价的主要目的是为了全面了解学生数学学习的过程和结果,激励学生学习和改进教师教学。应建立目标多元、方法多样的评价体系。评价既要关注学生学习的结果,也要重视学习的过程;既要关注学生数学学习的水平,也要重视学生在数学活动中所表现出来的情感与态度,帮助学生认识自我、建立信心。”显然,“注重数学知识的发生、发展过程,重视学生对知识形成过程的体验性理解”是本阐述的核心指导意见。不可否认的是,目前小学数学的评价较大程度上停留在对学习结果的看重和对测试分数的关心。

基于以上背景,我们觉得这样的目标要求,除通过常规性的教学业务专题培训、课堂教学研讨活动实现以外,改革检测题的命题方式、创新测试内容、改革评价形式也不失为一种有效的方式。由此,小学数学“过程性考查题”也就应运而生。我们认为,这样的“过程性考查题”一来可以帮助一线教师检验前期教学中对知识探究过程进行关注的效果;二来也可以利用检测卷的导向作用,引导一线教师在平时的教学中不仅要关注学习结果,更要关注学习过程,尤其是关注学生在学习过程中的思考历程。

可以说,“过程性考查题”所承载的作用是多方面、多层次的。它可以有效落实数学核心素养,对于提高考查信度和效度,促进课程标准中有关过程性学习目标的落实;对于帮助教师了解学生的数学探究过程,改进教师教学;引导学生自主探究,积累数学活动经验,优化数学思考等都具有十分重要的意义。因此,需要认真研究、探索“过程性考查题”的命制和使用。

二、现象

我们上虞区小学数学在省特级教师叶柱老师的带领下历来重视学科质量,在严格执行有关规定的基础上,坚持开展学科教学质量调测。2012年12月,区教研室面向全区小学组织了三年级数学质量抽测。其中,有这样一道试题:在有余数的除法里,为什么余数一定要比除数小?把你的想法写在下面。

此题的考查点是学生对“有余数除法”的算理的理解,重在反映被测学生在熟练计算的表象下,仅是“会做”还是“真懂”。据区教研室后续调查显示,此题在一定程度上引发了被测学生和任课教师的“纠结”。被测学生的“纠结”表现在举棋不定，反复涂改，不知该答什么，部分学生则索性放弃。任课教师的“纠结”则表现在，认为“有余数除法”一般只考“计算题”“解决问题”两种形式，而从未考过阐述道理的“解答题”。显然，“纠结”的背后，是算理教学的底气不足。

区级层面在倡导和推行“过程性考查题”，但现成可供利用、借鉴的不是很多，老师们想用却找不到相关资源。为此，我们有必要梳理和收集现有的“过程性考查题”；命制相关“过程性考查题”并实践，根据实践情况给予改进和对考查点进行阐述；最后，提炼出“过程性考查题”命制的策略和注意点，以供广大教师借鉴。因此，重视设计和编制“过程性考查题”是当前数学教学改进必须关注的问题。

三、梳理

《课程标准》已颁布已多年。这期间，各地经常组织课标的学习活动，我们认为只有让课标理念“潜入”试卷，或许才能更深层地激发一线教师研读课标的内在需求。于是，上虞区教研室继续立足“阶段抽测”“期末调测”甚至“毕业监测”等评价契机，依然朝向“既懂又会”的培养目标，根据《课程标准》推崇的“四基”“四能”“十大核心词”等内容设计试题，努力将课标要求转化为试题文本。为此，我们首先梳理近年来由教研室命题的全区通用卷。

1. 上虞区 2014 年(上)四年级数学质量抽测题：

> 三、解答题(9 分)
> 1. 计算小数加减法时，为什么要把小数点对齐？把你的想法写在下面。(3 分)

2. 上虞区 2014 年(上)五年级数学期末质量调测题：

> 3. 右图是本卷第二大题“我会填”第 7 小题中的长方体。我们计算它的体积时，都会这样做：$6\times4\times5=120$(立方厘米)。那么，为什么“长×宽×高”就能算出长方体的体积呢？请以这个长方体为例，通过写一写或画一画等方式，表示出你的想法。(2 分)

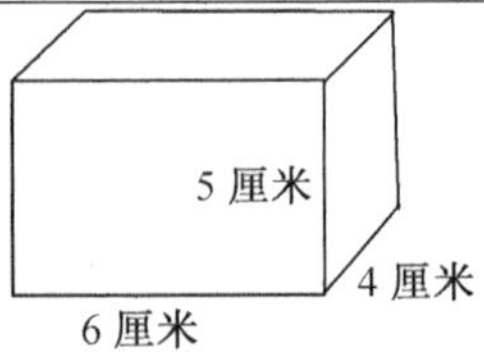

3. 上虞区 2014 年六年级数学毕业质量监测题：

> 3. 我们都知道，梯形面积的计算公式是“(上底＋下底)×高÷2”。那么，为什么要“÷2”呢？请用写一写或画一画的方式，把你的想法表达出来。(2 分)

4. 上虞区 2015 年(下)四年级数学期末质量调测题：

> 3. 长方形和正方形可以看成特殊的平行四边形吗？为什么？请写一写你的想法(2 分)

5. 上虞区 2015 年(下)五年级数学期末质量调测题：

> 4. 这学期我们学了因数和倍数，请说说为什么一个数的“因数”个数有限的，而一个数的“倍数”个数是无限的？(2 分)

6. 上虞区 2015 年(下)六年级数学期末质量调测题：

3. 通过本学期的学习，我们知道，计算“$\frac{4}{5}\div3$”只要转化为“$\frac{4}{5}\times\frac{1}{3}$”就行了。那么，为什么“$\frac{4}{5}\div3$”等于“$\frac{4}{5}\times\frac{1}{3}$”呢？请用画图、举例、文字叙述等方式，来说明理由。(2 分)

7. 上虞区 2016 年(上)四年级数学期末质量调测题：

3. 长方形和正方形可以看成特殊的平行四边形吗？为什么？请写一写你的想法。(2 分)

8. 上虞区 2016 年(下)四年级数学期末质量调测题：

5. 你记得下面这道题吗？它来自于课本第 15 页，小东和小青都在用“估算”解决问题，出了同样的结论。你觉得谁的估算方法更合理？请说明理由。(2 分)

8 妈妈带 100 元去超市购物。她买了 2 袋大米，每袋 30.6 元。还买了 0.8 kg 肉，每千克 26.5 元。剩下的钱还够买一盒 10 元的鸡蛋吗？

小东：
30.6≈30　　26.5≈25
30×2+25×0.8+10=90(元)
90 元<100 元，所以够了。

小青：
30.6≈31　0.8≈1　26.5≈27
31×2+27×1+10=99(元)
99 元<100 元，所以够了。

9. 上虞区 2016 年(下)五年级数学期末质量调测题：

3. 小红跟妈妈去超市购物。妈妈买了 0.5 千克鸡蛋，小红说“妈妈，用我们刚刚学过的百分数来说，您买了 50%千克鸡蛋。”同学们，小红的说法正确吗？请说明理由。(2 分)

10. 上虞区 2016 年(下)六年级数学期末质量调测题：

4. 下面的题来自《作业本》第 30 页。看到这道题，你一定会想到“单价×数量=总价”，所以，用“120×5=600”就能解决问题了。那么，计算“总价”时，为什么要把“单价”和“数量”乘起来呢？请你结合这道题，通过写一写或画一画的方式，来说说道理。(2 分)

每套故事书120元，买5套要用多少元钱？

以上各试题涉及知识领域广泛，可以说涵盖了小学知识的各个方面，从解答情况看，我们欣喜地发现学生答题的正确率和对核心知识点的理解越来越高，这样的过程性考查题正逐步被一线教师所接受，同时也在改变着一线教师们的观念，老师们越来越重视进行算理追究。这从一个侧面说明，数学教师的教学行为有所改善。

四、实践

借鉴区级层面高质量的命题，以"促进学生持续发展"为宗旨的新课堂中，帮助学生基于"真懂"进而"会做"，以落实十大核心素养为目标我们也设计了一些试题，并用于实践。

(一) 落实"数感"的过程性考查题

【思考】 数感是人的一种基本素养，是人主动自觉地理解和应用数的态度和意识，具有良好数感的人，对数的意义和运算有灵敏而强烈的感悟能力。数感体现在许多方面，如理解数的意义，能用多种方法来表示数，能在具体的情境中把握数相对大小关系，能用数来表达和交流信息，能为解决问题而选择适当的算法。数感是一种主动的、自觉的或者自动的理解数和运算数的态度与意识，它是建立明确的数概念和有效地进行计算等数学活动的基础，是将数学与现实问题建立联系的桥梁。课题组认为，"过程性考查题"能在一定程度上培养和检查学生的数感。

【题 1】 （人教版四年级下册"小数的意义和性质"）

"把 0.3 的小数点向右移动一位，这个数就扩大到它的 10 倍。"这句话对吗？请你说明理由。（可以用举例或者其他方法来说明）

【考查目的】

"小数点位置移动引起小数大小变化的规律"是四年级"小数的意义与性质"单元的重点和难点内容。对学生而言，这个内容的学习目标不仅是知道这个规律，记住这个规律，更重要的是理解这个规律，并能应用这个规律解决一些实际问题。那么怎样才算是理解规律呢？具体表现应该是：能够结合"量的变化"或者"位值原则"等已有的知识经验来解释规律内涵。本题考查学生对这些过程经历的体验状况，在解答时有三种情况。

思路一：借助"量的变化"说明。如将 0.4 看作 0.4 米。

思路二：借助"位值原则"说明。0.4 的 4 原在十分位上，现在个位上。

思路三：借助"图形结合"说明。

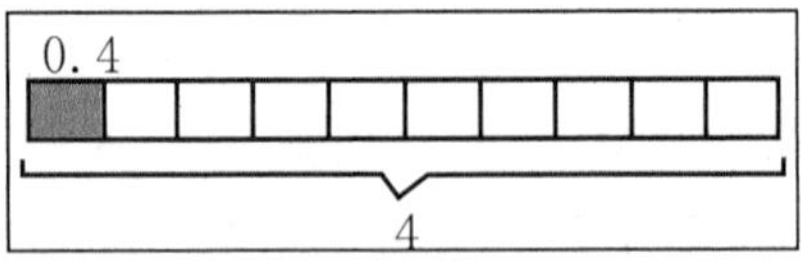

【题 2】 （人教版六年级下册"负数的认识"）

刘翔在第十届世界田径锦标赛半决赛中，110 米跨栏的成绩是 13.42 秒，当时的赛场风速为−0.4 米/秒。

(1) 你怎样理解"风速为−0.4 米/秒"的含义，把你的想法写下来。

(2) 请你再举一个实例说明"−0.4"的含义。

【考查目的】

"负数"是小学阶段数系的最后一个扩充。本节内容的教学目标中，相当重要的一点是使学生"在熟悉的生活情境中，了解负数的意义，会用负数表示一些日常生活的问题。"这就是说，对学生而言，小学阶段的负数认识，不仅仅要知道负数的产生，能正确读、写负数，更重要的是要知道一个具体情境中的"负数"表示什么含义。本题即是以此为考查目标的。

在解答第(1)问时,关注学生能否将两层意思表达清楚:一是确定标准,即理解出以刘翔跑步的方向为+,那么风吹的方向为-,这样两个表示相反意义的量;二是表示出"-0.4米/秒"为逆风0.4米/秒。解答第(2)问时,则同样需要关注这两层意思:一是某个具体情境中确定两个表示相反意义的量;二是在相应的规则下解读具体的量。

【题3】 (人教版五年级下册"分数的意义和性质")

红红说:"我剪下了一根绳子的$\frac{1}{8}$。" 明明说:"我剪下了一段$\frac{1}{8}$米长的绳子。"

红红和明明谁剪下的绳子长一些?请用学过的知识加以说明。

【考查目的】

"分数的意义"是小学阶段最重要的内容之一,而且"分数"是一个比较难理解的数学概念。因为一个分数既可以表示具体的"数",也可以表示两个数之间的"关系"。本题考查学生对此内涵的理解状况,如果学生能够正确区分"量"和"率",并能分析清楚在"绳子大于1米、小于1米、等于1米"这三种情况下的对比情况,那么我们的教学也就扎实有效了!

【题4】 (人教版六年级上册"百分数(一)")

在实际应用中,什么情况下最多能达到100%,什么情况下达不到100%?什么情况下能超过100%?(请各举一个实例加以说明)

【考查目的】

此题学生答题的正确率并不高,由此我们对错误学生进行了访谈:"请你用百分数说一句话。"接受访谈的学生所说的百分数都不到100%,无一例外。紧接着问:"你觉得在什么情况下最多能达100%?"学生思考之后,觉得合格率、出勤率等有可能达到100%。最后又问:"那么你觉得能不能超过100%?"学生想了想之后,觉得不能举出这样的例子。

从这次访谈中,我们可以看出学生对百分数的意义理解不全面、不完整,也不到位。就像认识分数一样,学生对真分数和分子、分母相同的假分数比较容易理解,而对分子比分母大的假分数的认识就成了教学的难点和瓶颈。因此,从学生认知心理和已有的知识经验基础可以看出,在教学百分数的意义时,我们要认真分析学情,把握教学的重点和难点,找准突破口,从而使学生牢固地建立百分数的意义。

也就是说,在教学百分数的意义的时候,一方面,既要关注小于、等于100%的百分数的教学,更要重点突破大于100%的百分数,要舍得花时间让学生进行讨论、交流,积极为理解其意义而创设时间和空间;另一方面,也要呈现形式多样的实例,如:下列事件中的百分率可能大于100%的是(　　)。(1) 栽种105棵树的成活率;(2) 油菜籽的出油率;(3) 某校六年级学生近视率;(4) 一套房子售价的上涨幅度。通过这些具体形象的实例让学生判断、思辨、构建,从而达成对百分数意义的全面理解。

(二) 落实"运算能力"的过程性考查题

【思考】 运算是义务教育阶段一、二学段学生在数学学习中接触最多的内容。作为数学课程的一条主线,它不仅贯穿于"数与代数"的所有重要知识点,也和"图形与几何""统计与概率""综合与实践"的内容交融在一起。运算不仅是学习的重要内容,也是解决数学问题的基本方式,在这一点上,它和推理共同构成了数学的重要基础。也必然成为学生应该培养的最基本的数学素养。因此，用“过程性考查题”考查学生的“运算能力”意义巨大！

【题 5】（人教版三年级下册“两位数乘两位数”）

李阿姨购买了 15 只文具盒，每只售价 16 元。他一共花了多少钱？

```
   16
×  15
------
   80 ……表示买（  ）只文具盒花了 80 元。
  16  ……表示买（  ）只文具盒花了（  ）元。
------
  240
```

【考查目的】

此题我校三年级学生的正确率为 71%。为了剖析其中的错误原因，我们对四个班的两位任课教师进行了访谈。

对于这样的统计结果，老师们反映不满意。其一，在教学时，已经特别重视和强调了对算理的理解，并用数形结合的方式让学生进行解释和沟通；其二，像这样具有现实意义的生活情境，只要稍作思考，就能理解每一个得数所表示的意义。

同时，我们也得承认，除了新授的几个课时强调算理外，剩下的时候就较多地关注计算正确率和计算速度。在这样的教学价值取向下，我们就不难想象学生为了“迎合”教师的口味，以正确率为最终追求的目标。从而导致学生为了计算快速，忽略本质“算理”，而以形式化的方式进行机械操作，缺乏对内涵的真正把握。长此以往，学生提高的是计算技能，而不是数学素养！

【题 6】（人教版五年级下册“因数和倍数”）

9 和 12 的最小公倍数是多少？你是怎样找到的？简要写出找的过程。

【考查目的】

从单元内容的教学目标分析，理解公倍数和最小公倍数的意义是一个重要的知识目标，能够找出两个数的最小公倍数则是一个技能目标。在人教版教材中，利用“短除法”和“分解质因数”的方法来算出两个数的最小公倍数，已不作要求。于是“结合倍数的意义及特点，找出两个数的最小公倍数”成为学生找两个数的最小公倍数的必备技能。解答时，出现了以下几种不同的说明思路。

思路一：依照从小到大的顺序分别写出两个数的倍数，找到两个数都有的倍数——公倍数，再找到公倍数中最小的那个，即为最小公倍数。

思路二：依照从小到大的顺序写出 9 的倍数，再从 9 的倍数中找到 12 的倍数，即为两个数的公倍数，再找到公倍数中最小的那个，即为最小公倍数。

思路三：依照从小到大的顺序写出 12 的倍数，再从 12 的倍数中找到 9 的倍数，即为两个数的公倍数，再找到公倍数中最小的那个，即为最小公倍数。

另外，也可能有学生用“短除法”或“分解质因数”的方法算出两个数的最小公倍数，这当然应视作正确。

（三）落实“空间观念”的过程性考查题

【思考】“空间观念”的发展水平直接影响学生的几何概念的形成，影响学生空间想象力的发展水平。因此，我们在进行几何初步知识的教学时，要充分利用各种条件，通过观察、比较、实验、操作、想象等活动，让学生获取和运用几何初步知识的过程中，培养学生初步的空间观念。多呈现基于“空间观念”的过程性考查题，势必能帮助学生提升“空间观念”！

【题 7】（人教版五年级上册“平行四边形的面积”）

我们知道平行四边形的面积是“底×高”，为什么不能是“底×邻边”呢？

【考查目的】

这是“空间与图形”领域的一节经典课，此课也较多地在各级观摩活动中频繁“亮相”，老师们对这节课的相关研究已经很深、很透彻，这是一节“熟课”，老师们也在想尽一切办法让学生领悟计算公式。但我们的孩子是否真正理解呢？如果学生能说出，平行四边形在变形的过程中，周长是不变的，也就是底与邻边的长度是固定的，但面积是会变化的，如果用邻边的话，就会使计算结果固定，这显然是不对的。

【题 8】（人教版五年级上册“梯形的面积”）

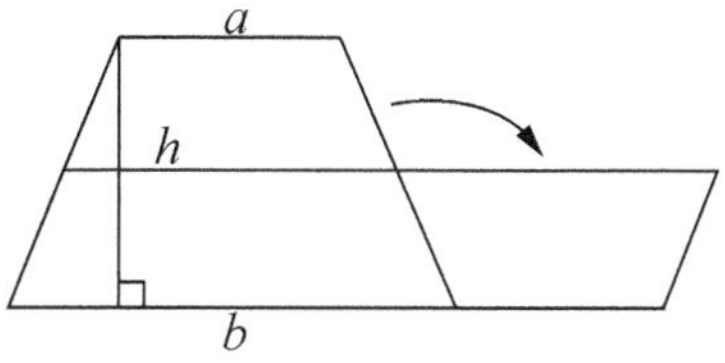

如右图，将一个上底 a 米、下底 b 米、高 h 米的梯形，剪拼成一个平行四边形。剪拼后的平行四边形底是（　　）米，高是（　　）米。

【考查目的】

随着新课程的不断深入和推进，我们教师非常重视平行四边形、三角形、梯形等的面积计算公式的推导过程。像这样运用转化思想进行推导的过程，总是以开放的设计，鼓励学生运用已有的知识经验和背景进行大胆探究、尝试、观察、操作、发现，并通过教师的引导和点拨来解决问题，从而建立认知模型。但是，对于这样一道与教科书相吻合的推导方式，仍然有不少学生看不懂题目的意思或者理解不了题目而感悟不了转化的方法，这不得不使我们深思。

因此，作为教师，尽管在新授的时候，非常重视知识形成的过程，但是没有相关的巩固和应用环节的后续跟进，也就减少了学生锻炼的平台，随着时间的推移，大部分学生就渐渐遗忘了。

【题 9】（人教版四年级上册“角的度量”）

我们学会了用量角器测量角的度数，你能编写一份量角器的使用说明书吗？

【考查目的】

“磨刀不误砍柴工！”学生已经学会了量角，但是很多学生对量角的方法和步骤还是凌乱的，一旦遇到不是“平放”的角，难度还是比较大的！这道题有两个作用。第一，可以帮助学生梳理量角的步骤；第二，可以提升学生量角的速度和正确率。学生出色的答案有：一对，二合，三看，四读，五写。

（四）落实“几何直观”的过程性考查题

【思考】《课程标准》在第二学段的“数学思考”目标中明确提出了让学生“感受几何直观的作用”的要求，这就突出强调了几何直观在学生建立数学概念、理解数学算理过程中的地位和作用。随着“几何直观”成为新课标要求落实的“核心概念”，我们对其内涵的认识不断丰富！

【题 10】（人教版六年级上册“分数乘法”）

在右图片中用阴影表示出 $\frac{4}{5}$ 公顷。

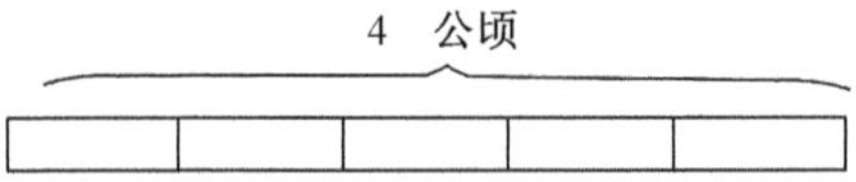

【考查目的】

这题不仅考查学生对六年级“分数乘法”意义的理解和掌握，同时也是对五年级“分数的意义”的再次考查。我们知道，在分数意义的教学中，分数既可以表示两个量的关系(率)，也可以表示一个具体数量(量)。所以当遇到“把 3 米长的绳子平均分成 4 段，每段占全长的(　　)，每段绳子长(　　)。”这样的问题时，学生往往会犯迷糊。

此题对“犯迷糊的人”是一次不小考验，需要对“量”和“率”有清晰的认识，如果能正确涂色，说明真正掌握了“分数的意义”以及“分数乘法”。学生解答有：

解答一

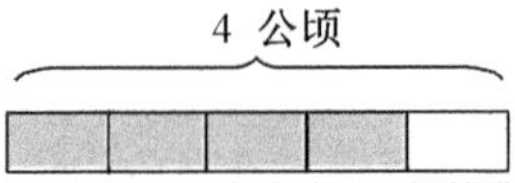

解答二

五、策略

如上所述的“过程性考查题”，在抽测和调测的整份测试卷中所占的比例(分值)不高，但其关注过程、强调学生对知识内涵理解的过程经历与体验的要求，无疑给一线教师的教学带来了挑战，给老师们提出了更高的要求。而设计这样的“过程性考查题”作为测试方式，其目的当然是期望我们一线教师在日常的课堂教学中，提供更多的让学生自主探索、经历体验的机会，从而在过程方法上真正给学生提供机会，促进学生综合素养的提高。在命题和实践的过程中我们也要把握以下几点。

第一，要紧扣课程要求。“过程性考查题”要有意图。这个意图，必定依托“课标精神”“教材要求”而确立。在此基础上，从“题目材料的选择”，到“题面信息的形成”，再到“解题思路的预设”都要与测量意图高度匹配，切记出现有悖于课标要求的内容细节，以免影响题目效果。

第二，要避免思维歧义。当前，很多教师都注意了将数学题目与生活场景结合起来，从中体现现实性与应用味。这当然是非常正确的。不过，在充分把握生活资源对于数学理解的重要意义的同时，我们也要注意生活经验可能会对解题思路造成的客观干扰，必须更为严密地编制题目。

第三，要杜绝故弄玄虚。“过程性考查题”的目的是考查学生对知识的是否真正掌握，最终目的是提升学生的学，改进教师的教。我们要切忌“故弄玄虚”，对一些“一目了然”和没有考查意义的知识点也进行过程考查，要杜绝“走过场”和“空考查”。

六、后记

波利亚强调：“一个专心的认真备课的教师，能够拿出一个有意义的但不复杂的题目，去帮助学生挖掘问题的各个方面，使得通过这道题，就好像通过一扇门，把学生引入一个完整的理论领域。”无论哪个学段，题目始终是数学学习的重要资源。学生在“例题”研探中体验、在“习题”操练中内化、在“试题”测评中反思，从而夯实了学科基础、领会了数学思想、积累了学习经验。确实，题目品质的优劣直接影响着学习效果的好坏，作为一名数学教师，理应多给学生提供“有意义但不复杂”的“好题”，为其建构起丰实而立体的数学体系提供绝佳的载体、打开宽绰的空间。

让我们在“过程考查”的路上，共同努力！

2.《小学数学教材“数学文化资源”开发与应用研究》

——绍兴市教育科学规划课题结题报告

一、课题研究的背景和意义

(一) 时代背景

因对数学知识积累、数学技巧训练等工具性价值的过分关注,导致对蕴藏在其中的情感因素、人文价值忽视不见,使数学本该拥有的文化气质一点点剥落、丧失。我们时常遭遇这样的尴尬:学生努力学习数学的同时,逐渐地厌烦、冷漠数学。数学知识除了“解题”以外,很少也很难进入学生的生活,不能成为学生生活和精神的一部分,一旦解题的任务完成后,数学教育的功能也随之消退。由于忽视数学的精神、数学的思维方法、研究方法、推理方法和看问题的着眼点等教育,一味注重数学知识的传递、数学技能的训练,漠视数学本身所内含的鲜活的文化背景,漠视浸润在数学发展演变过程中的人类不断探索、不断发现的精神本质、力量以及数学与人类社会(包括自然的、历史的、人文的)千丝万缕的联系,使数学课堂失去了生动的活力与应有的魅力。

如何突破?“数学文化”进课堂是“行之有效”的途径!因此,新理念下的数学教学,应努力挖掘关联数学知识的厚重文化资源,实现数学课堂教学“科学求真”与“人文熏陶”的视界融合。

(二) 课程背景

1.《数学课程标准(2011 版)》有要求。“数学是人类文化的重要组成部分,数学素养是现代社会每一个公民所必备的基本素养。”数学本身就是一种文化,数学教学中的人文内涵的彰显,应该成为新课程理念支撑下数学课堂教学的核心价值取向。课堂应该是这种文化交流、传播的主场所,课堂文化所蕴含的价值、意义和精神是在师生互动时学生内化生成的。加强数学课堂文化建设与传承,能充分发掘课堂教学的文化意蕴,有助于弘扬数学学科的人文性,提高小学数学教学的实效性。

2. 现行教材对“数学文化”有体现。由“国家课程教材研究所”和“小学数学教材研究开发中心”联合编著,“人民教育出版社”出版的“义务教育课程标准实验教科书”6 个年级共 12 册的教材中,编写了大量“数学文化”气息浓厚的例题和习题,尤其设置了“生活中的数学”和“你知道吗?”这两个栏目,强调了“数学文化”和“课堂文化”的联系,但遗憾的是我们教师对教材的理解与把握不够。

3. 可供使用的“数学文化资源”较缺乏。“数学文化”虽已被一线老师接受,并已逐步践行于课堂,但现成可供利用、借鉴的“数学文化资源”不是很多,导致“数学文化”课堂“介入度”不高,因而在教学中亟须“数学文化资源”。

（三）现实意义

综上所述，我们有必要开发更多“数学文化资源”。

为此，我们在2010年8月到2011年7月，对上虞市2010学年规划课题《小学数学四年级教材“数学文化资源”开发与应用的实践研究》的实践和在2010年12月到2012年3月，对2011年绍兴市学科教改项目《小学数学四年级教材“数学文化资源”开发与应用研究》的实践，我们通过对四年级教材梳理、整合、综析、优化和开发，建构起了一系列有效的策略体系，既有理论的创新，又可适用于各册教材的研究视角。在理论与实践的互补递升中，课题在数学数感素养发展、教师专业成长等方面都取得了一定的成效。

（四）概念综述

“数学文化”一词，大约是20年前出现的，最近几年才用得多起来，而这个词的使用频率近年大大增加，说明它是有生命力的，说明许多人为着某种需要更愿意从文化这一角度来关注数学，更愿意强调数学的文化价值。“数学文化”是从文化视野中理解数学。它表现为数学的起源、发展、完善和应用过程中体现出的对人类发展具有重大影响的方面，包括对于人的观念、思想和思维方式的一种潜移默化的作用，对于人的思维训练功能和发展的创造思维的功能，也包括人类认识和发展数学过程中体现出来的探索和进取精神。“数学文化”作为人类基本的文化活动之一，与人类文化是血肉相连的整体。从系统论看，“数学文化”可以表述为以数学科学为核心，以数学的思想、精神、方法、技术、理论等所辐射的相关文化领域为有机组成部分的一个具有强大功能的动态系统。

本课题所指的“数学文化资源”主要是指在数学学习中，以小学数学教材为载体，以数学活动为抓手，挖掘蕴藏在数学之中的丰富的文化资源，实现科学价值与人文价值的和谐，从而使数学学习更富有情趣和意义，获得创造新文化的意识和能力，获得终身受益的文化力量。

（五）创新之处

当下，各类著作、各级专家的研究以及许多的论文，都力图把数学从单纯的逻辑演绎推理的圈子中解放出来，重点是分析数学文明史，充分揭示数学的文化内涵，肯定数学作为文化存在的价值。但目前，将以上研究落实在小学数学课堂教学的研究比较少，因此本课题的研究以高层次专家和教授的研究为指导，将他们的研究落实在小学数学课堂之中，这也是本课题研究的价值和创新之处！

二、课题研究的过程与成果

（一）专家指导层面

1. 省特级教师吴毅松老师

本课题研究邀请省特级教师、原上虞市小学数学教研员为课题全程指导专家，对课题框架的构建、课题研究的开展、课题实验的实施，给予了不遗余力的支持。

2012年12月14日，我们进行了课题的开题论证会，课题组长傅佳俊老师向课题组成员和学校数学组全体老师作了课题方案汇报，并征求大家的想法；课题组特邀省特级教师吴毅松老师对课题的意义、课题的开展、课题的实施提出了指导意见，学校宣国城校长作为课题顾问也全程参与。

在开题会上，遵循吴老师的意见，将原方案中各年级教材的开发重点调整为高段，重点针对四、五、六三个年级的研究，同时兼顾低年级段的实验，这样课题研究的方向更明确，切入点小了，课题的研究就更具实效了。

开题论证会上傅佳俊老师发言

开题论证会上吴老师作指导发言

2. 华东师范大学汪晓勤教授

汪晓勤教授是中国科学院博士，浙江大学博士后，华东师范大学教授，学科教育（数学）专业博士生导师，全国数学史学会副理事长，上海市科技史学会理事，《数学教育学报》副主编，是国内研究“数学文化”的专家，推动了数学历史文化进入了课堂教学，推动了我国数学教育的改革。

2013 年 11 月 24 日，傅佳俊老师聆听了汪教授有关数学文化的专题报告《数学文化与小学数学教学》。汪教授将最新著作《数学文化透视》一书赠送傅佳俊，并寄语“让学生喜欢数学”。汪教授对本课题很感兴趣，认为本课题很有价值，能够将高层次的研究落实在小学数学课堂之中，这是很难得的，希望傅佳俊老师坚持搞好研究、多出成果，造福于小学数学课堂。

汪教授作报告

傅佳俊与汪教授合影

数学文化专业著作

3. 省特级教师袁晓萍老师

杭州市学军小学、省特级教师袁晓萍老师。袁老师于 2013 年 11 月 18 日和 12 月 25 日两次听取了傅佳俊有关课题的汇报，袁老师提出了“丰富材料和作序列研究”的指导，使课题研究更具深度。同时，在第二次汇报中，袁老师对课题的结题、课题报告的撰写也提出了切实可行的意见。

第一次汇报时，袁老师提意见

第二次汇报有关结题的构想

（二）学生层面

1. “数学文化”问卷调查。

遵照课题方案，2012 年 12 月对本校五、六年级 163 名学生进行了问卷调查，找寻学生对数学学习的兴趣、对“数学文化”的认识和喜爱程度。调查题和各选项数据统计如下（学生问卷表详见附件）：

1	你喜欢怎样的数学课？								
	A	有生活知识	32.5%	B	有数学文化	56.5%	C	纯粹运算	11%
2	在课外你经常阅读有关数学家的故事的书籍吗？								
	A	偶尔	58.5%	B	经常	30%	C	不愿意读	21.5%
3	你喜欢数学书上“你知道吗”这一栏目吗？								
	A	很喜欢	34.8%	B	一般	51%	C	不喜欢	14.2%
4	你很喜欢做的原因是？								
	A	可以开阔视野，增长知识	62%	B	觉得好玩	32.1%	C	不作为考试内容	5.9%
5	你对数学家的故事和他们的事迹感兴趣吗？								
	A	很感兴趣	72.6%	B	比较感兴趣	20.4%	C	不感兴趣	7%
6	你对数学符号的来源感兴趣吗？								
	A	很感兴趣	31.7%	B	比较感兴趣	21.2%	C	不感兴趣	47.1%
7	你喜欢做历史数学名题吗？								
	A	很喜欢	12.3%	B	一般	15.4%	C	不喜欢	72.3%
8	你是否会上网或查找书籍扩充自己这方面的知识？								
	A	经常	13.6%	B	有时	42.5%	C	没有过	43.9%
9	你撰写过数学日记吗？								
	A	写过	100%	B	没写过	0%	C	偶尔写过	0%
10	在生活中，你是否将学过的知识进行运用？								
	A	是	100%	B	不是	0%	C	有时是	0%

通过本次问卷调查，我们知道了学生喜欢怎么样的课堂，本次问卷也使我们的课题研究更具价值。我们觉得，我们的课题取向是“以生为本”的，我们的研究是以学生为基础的，通过我们的课题研究会让学生更喜欢数学。

2. “我爱数学”论文撰写。

课题组组织学生以《我爱数学》为题撰写了数学小论文。学生用饱含真情的笔触，写下了自己与数学学习的轶事、自己在学习数学过程中的“酸甜苦辣”、自己在某节课中的难忘一幕、生活中运用数学解决实际困难的实录、数学老师的精彩课堂等等。

张奠宙先生说：“优秀的数学文化，会是美丽动人的数学王后、得心应手的仆人、聪明伶俐的宠物。伴随着先进的数学文化，数学教学会变得生气勃勃、有血有肉、光彩照人。”读着学生的篇篇文章，我们知道了，数学在学生眼中已经不再抽象和枯燥，“数学文化”的介入，成为了学生喜欢的数学的桥梁。

（三）教师层面

1. 编撰数学文化读本《让“数学文化”滋养我们》

课题组经过对各数学文化理论材料、数学文化阅读资料的收集和梳理，汇编了《让“数学文化”滋养我们》一书，此读本对53个数学文化进行了简介，并对《孙子算经》《周髀算经》《海岛算经》《算数术》《九章算术》《算经十书》《测圆海镜》《数术记遗》等中国书籍进行了概述，也对国外的《代数学》《莱因德纸草书》《几何原本》《几何基础》等进行了提及。

此读本不但可以供学生进行阅读，更为小学数学教师在小学数学课堂进行“数学文化”的利用提供了最具价值的参考和应用材料。

2. 梳理各册“你知道吗？”和“生活中的数学”栏目

人教版教材内容编排里有一个以阅读材料形式呈现的版块——“你知道吗？”和“生活中的数学”，它们穿插于全套教材，有描写数学文化的：“＋－×÷”的出现史、分数表示法的发展史；有趣味横生的高斯求和、铺地锦、七桥问题；有奇妙无穷的数字黑洞、完全数……

这两个版块，它是作为一个非正式的教学内容呈现的，教学目标是隐性的，在于激发学生学习数学的兴趣和态度价值观的培养。在具体教学时，仅把它当作一种知识拓展，是一读了之？是兴趣的诱导？还是……如何组织这些内容的教学？如何把握好这个度呢？

首先根据内容、性质的不同对人教版十二册教材中的“你知道吗？”和“生活中的数学”进行梳理，具体整理如下：

年级	主题	数学文化
六	分数除法	黄金比
	圆	美丽图案/圆周率
	数学广角	鸡兔同笼/百僧问题/斐波纳契数列
五	简易方程	为什么用 x 表示未知数？/古埃及数学
	统计	中位数/众数
	图形变换	镶嵌/对称
	因数与倍数	完全数/哥德巴赫猜想
	长方体与正方体	欧几里得/九章算术
	分数	七巧板/数学与音乐/分数的历史
四	大数的认识	数的产生/算筹
	平行四边形	莫比乌斯带
	运算定律	高斯
	三角形	三角形内角和/镶嵌/欧几里得蝴蝶

	一上	一下	二上	二下	三上	三下	四上	四下	五上	五下	六上	六下	总计
合计	0	0	1	2	5	6	6	1	6	14	5	4	50
数学文化			1	2	5	6	1		3	6	1	2	27
数学方法							2		2	6	3		13
广角视野							1	1	1	2		1	6
中小衔接							2				1	1	4

3. “你知道吗?”和“生活中的数学”研究的操作方略

数学与人类的生产、生活密切相关,同时伴随着社会发展,不断丰富数学的内涵。人教版教材通过“你知道吗?”和“生活中的数学”,这两个版块向学生介绍数学的发展史、数学思想方法,以此让学生感受数学的价值,激发学生的兴趣,培养学生情感态度价值观。具体内容有描写数学文化的,有介绍数学技能方法的,有展现中小知识衔接的,内容丰富,有较强的可读性。如何教学这两版块,如何完成隐性的教学目标,通过实践与思考,教师在具体教学时应根据不同的内容及其价值正确定位,采取不同的教学形式,同时提升本环节的教学价值空间,技能方法以及数学情感目标具体化。

“你知道吗”作为课本拓展性知识扩充着学生的数学学习内容,使学生对数学文化的了解、学习能力的培养起着重要的作用。笔者认为,教师在具体的教学过程中不可拘泥于人教版中的几则“你知道吗”,不妨借鉴其他各版本的“你知道吗”,甚至自己创造“你知道吗”都是可以的,只要它能达成促进学生发展的功效。如在教四年级上册《大数的认识》一课时,借鉴苏教版的“你知道吗”(如右图),设计了一节名为“认识二进制”的数学综合实践活动课。这节课在帮助学生认识二进制的同时,还使其初步感受了数学知识的构建过程,扩展了学生计数知识的结构。

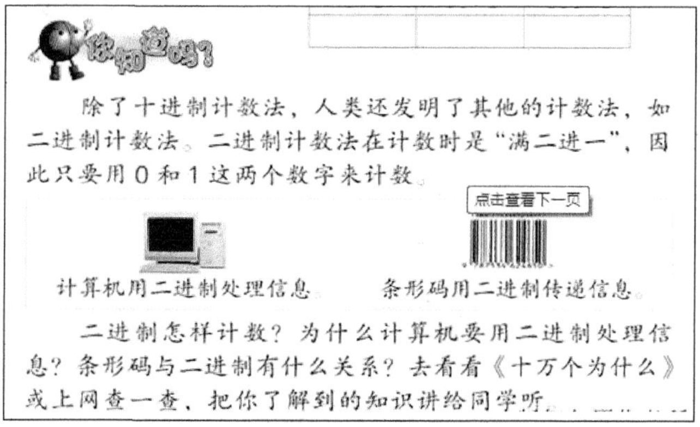

4. “数学文化资源”应用策略

在梳理教材、活用教材的前提下,我们根据教学需要,借助链接“社会文化”、引入“历史典故”、体验“实践操作”、感悟“阅读欣赏”四个研究视角,开发了实用、高效的“数学文化”链接资源,并经过课堂实践。四个研究视角也是开发数学文化资源的具体策略,具体研究过程如下:

(1) 链接“社会文化”。用数学思想来解读社会现象,这是“数学文化”的重要内容。作为立足新理念精神、依附新时期背景的数学教学,理应带着博大包容的人文姿态,去全心眷注时代特质下的社会现实,并精心选择那些蕴涵数学意义、富有思辨价值的社会现象以恰如其分的合理方式呈现于课堂现场,以便引导学生灵活应用数学知识、适度透析社会现实,从中既增长知识、锤炼思维,还能感悟数学的文化内涵,体味现象的社会根源。

如在教学六上年级的《圆的认识》时，我们这样进行教学。

师：对于圆，同学们一定不会感到陌生吧？生活中，你们在哪儿见到过圆形？

生：钟面上有圆。

生：轮胎上有圆。

……

师：今天，老师就给同学们带来一些。见过平静的水面吗？如果我们从上面往下丢进一颗小石子（播放动态的水纹，配以石子入水的声音），你会发现什么？

生：（激动地说）水纹、水纹、圆……

师：其实这样的现象在大自然中随处可见，让我们一起来看看吧！（在优美的音乐中播放：绽放的向日葵、五颜六色的鲜花、折射后的光环、用特殊仪器拍摄到的电磁波……）从这些现象中，你还能找到圆吗？

生：找到了，找到了……

又如在教学六下年级的《"常见的量"》时，我们将数学知识与以下生活常见事物进行了连接：

● 杭州湾跨海大桥全长36千米。

● 一个鸡蛋约重50克。

● 数学书封面大小约为2平方分米。

● 一部手机所占空间约是65立方厘米。

● 一刘翔110米栏的成绩约是13秒。

●买"肯德基全家桶"需要72元。

（2）引入"历史典故"。数学的科学内涵无疑是严谨刚性的，但其间所蕴涵的历史文化却是浪漫柔性的。如果数学教师能够更多关注数学知识历史背景的挖掘追索，那么，定然能为数学教学"脱去僵硬外衣、显露蓬勃生机"提供更为丰富的可能性。鉴于此，我们设想在开发、设计"数学文化资源"时理应把与数学知识密切相关的"历史事件""文化传闻""科学趣事""童话故事"等一并纳入资源组合的广阔视野，力求以丰厚深邃的课堂信息来拓宽学生的知识领域，丰富学生的精神世界！

如在教学五下年级的《众数》时，为让全体学生了解众数的产生，我们引入了如下故事：

公元前428年冬，普拉提亚人被伯罗奔尼撒人包围。不久，城中粮食短缺，他们处于绝望之中。由于无望从雅典人那里获得援助，也没有其他安全突围的方法，他们计划弃城而去。他们打算做梯子翻过敌人的围墙，希望能杀出一条血路。梯子的高度要与敌人围墙的高度一样，为此，可以数敌人城墙上砖块的层数来计算城墙的高度。在相同的时间，很多人数了砖块的层数。问：如何确定砖块层数？

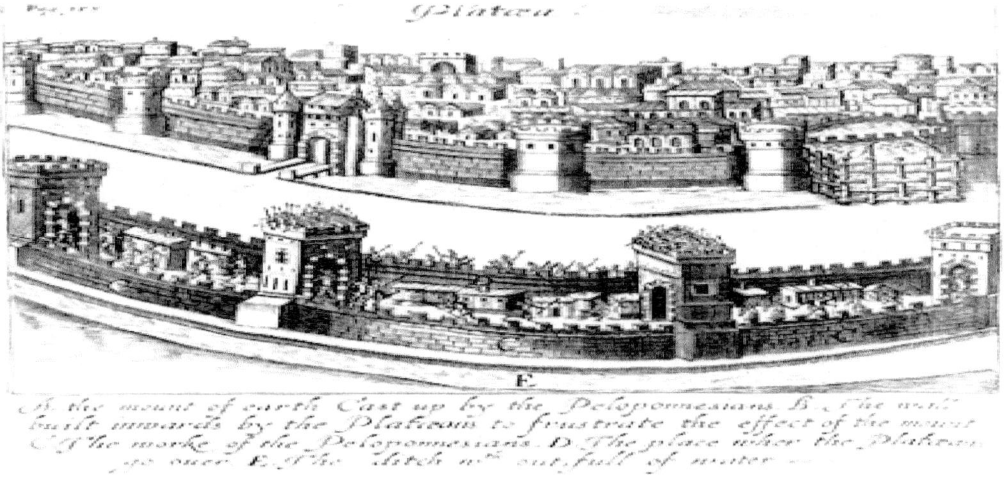

(3) 体验“实践操作”。现代教学理论认为:在手和脑之间有着千丝万缕的联系,手使脑得到发展,就能使学生更加明智更加聪明,从而更具有创造力。因此,我们会开发设计有关重视数学操作活动,编写一些动手操作类的作业,以培养学生多方面的能力,提高学生的综合素养。让学生在实践操作中体验数学文化的韵味,从而获得创造新文化的意识和能力,获得终身受益的文化力量。

如在教学《面积和面积单位》时,设计以下教学过程:

(在经历了让学生猜想、观察、测量、摸一摸、画一画1平方厘米之后。)

师:生活中,有哪些物体的表面大约是1平方厘米?

生1:大拇指指甲盖的面积大约是1平方厘米。

生2:一个门牙的面积大约是1平方厘米。

生3:教室开关的按钮大约是1平方厘米。

……

师:现在就让我们用1平方厘米的面积单位来测量借书卡的面积大约是多少?

学生测量,然后汇报交流。

师:请大家用它来测量一下课桌面的面积是多少?

学生测量,纷纷说“1平方厘米太小了”,有的甚至停下来不量了。

师:1平方厘米太小怎么办?

生:应该用一个大一点的面积单位来测量。

师:你们的想法真好,现在就让我们来认识一个较大一点的面积单位“平方分米”。

……

又如在教学五下年级的《轴对称》时,我们综合二年级已学的对称,先要求学生动手操作,在教室现场剪纸,剪一个“双喜”,之后再剪一个自己的喜欢的图形。并在此基础上,进行对称的数学文化连接。

（4）感悟“阅读欣赏”。苏霍姆林斯基说过：“阅读是学生通往知道世界的一个重要窗口。”因此，我们将会让学生有机会充分阅读、欣赏、感悟“古文典籍”、课外阅读材料等，通过数学阅读不仅开阔学生的眼界，而且可以激发学生探索数学的兴趣，感悟数学文化的魅力。

如在教学六上年级的《圆周长和面积》时，我们综合各个版本的数学阅读，选取了以下材料：

5. 课题主要成果交流情况

（1）课题组长傅佳俊撰写《例谈四年级教材“数学文化资源”的开发与利用》，在《启迪与智慧（教育）》刊发。

（2）课题组长傅佳俊撰写《数学文化融入小学数学教学的应用与思考》投稿小学数学专业刊物。

（3）课题成员王清美撰写《彰显人文理念　重构课堂文化》，在《新课程导学》刊发。

(4)《小学数学四年级教材"数学文化资源"开发与应用的实践研究》获上虞市优秀课题成果评比二等奖。

(5)本课题研究相关情况，傅佳俊在2013年参加省小学数学学科带头人培训班时，多次向学员们做课题推介。

三、问题与继续研究的思考

1. 对教师创造性工作的挑战。这要求教师既能当主题拓展教学的"设计师"，更要能当主题拓展教学的"建筑师"！要求我们教师要有丰厚的积淀，丰富自己的"资源库"，不断提升专业素养和课程开发水平。

2. 对数学文化资源开发、整合的挑战。进行数学文化资源开发，既是编剧，也是导演，既是课程开发者也是实施者，需要老师费尽心思不断调整，不断完善……

3. 对课题后继研究整体的思考。如何将课题研究经验研究拓展到其他年级？如何将"文化链接"内容具体落实到课堂教学中？如何完善数学文化资源库建设？这些问题都有待进一步去实践与研究。

主要参考文献

[1] 汪晓勤. 数学文化透视[M]. 上海：上海科学技术出版社，2013.
[2] 郑毓信. 数学文化学[M]. 四川：四川教育出版社，2000.
[3] 吴鼎福. 教育生态学[M]. 江苏：凤凰出版传媒集团，2000.
[4] 鲁　砚. 通俗中外数学教学史话[J]. 小学数学教师，2002，(11).
[5] 范立军. 让文化润泽我们的数学课堂[R]. 绍兴市学术主题报告，2009.
[6] 冯卫星. 以数学文化铸就孩子的理性精神[J]. 江苏教育论文一等奖，2009.
[7] 杨根强. 对人教版教材《你知道吗?》栏目教学的一点思考[J]. 中小学教学，2009，(4).

五、课堂实践篇

1. 巧妙利用，点燃探索的需要

——《平行四边形的面积》教学反思

课前："数格法"——"目光聚焦"

受上虞市教研室指派，在"上虞市小学数学新生代名师教学展示活动"中，执教人教版教科书五上年级《平行四边形的面积》一课，确定课题后便开始了相关的备课工作。这是"空间与图形"领域的一节经典课，此课也较多地在各级观摩活动中频繁"亮相"，老师们对这节课的相关研究已经很深、很透彻，这是一节"熟课"。如何在"熟课"中寻求"突破"，翻阅教材和教师教学用书，又查询了相关的资料，发现《平行四边形的面积》一课中老师对"数格法"的处理"如出一辙"，要么是不用，要么就是"一笔带过"。教材中既然有，我们为什么课堂中不用呢？于是，我便将目光聚焦于"数格法"。

试教："数格法"——"喧宾夺主"

在完成导入，揭示课题后。

师：面积！（课件呈现两个平行四边形）谁有胆量到上面来指一指，平行四边形的面积指的是哪一部分？

男女生上台，在屏幕上各指一个平行四边形。

师：很好，找到了面积！现在老师要请同学们来说一说，你看到的每组两个平行四边形，哪个平行四边形的面积大？咱们来搞一个竞赛好不好，比一比是男生的反应快还是女生的反应快？

屏幕出示第一组（图 1）：

师：一目了然，大小明显！简单的题目不纠缠。

屏幕出示第二组（图 2）：

师：两个平行四边形虽然位置不同，大小还是比较容易判定的。轮到男生了。

屏幕出示第三组（图 3）：

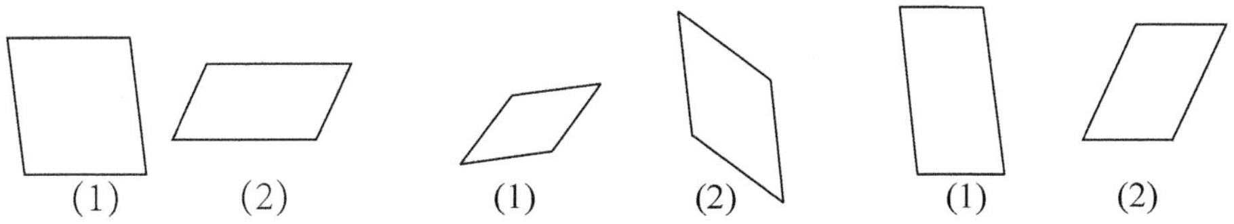

(图 1)　　**(图 2)**　　**(图 3)**

师：男生的观察能力也很强，反应也非常得快！

屏幕出示第四组(图 4)：

(男生一时没有答案。)

师：男生遇到问题了，出现了两种不同的答案，这不是你们的能力不强，是老师出的题目太难！老师给男生增加一个条件，这个问题就不难了，要仔细看哦！(课件呈现格子图(图 5))

师：谁能说说，你是怎么知道这两个图形的面积的？

生：……

师：你不但很会观察，而且讲得也非常不错，有几格，这个平行四边形的面积就是几平方厘米。男生也成功解决了问题，祝贺你们！数格法，可以帮助我们求出平行四边形的面积。现在又轮到女生了。

屏幕出示第五组(图 6)：

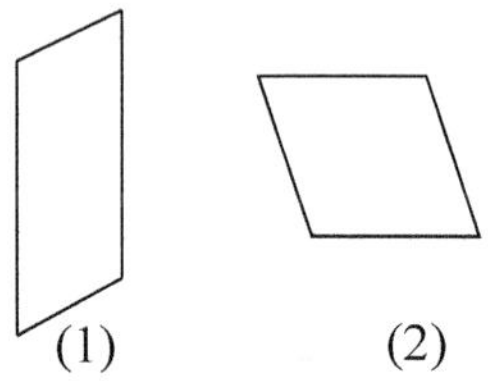

(图 4)

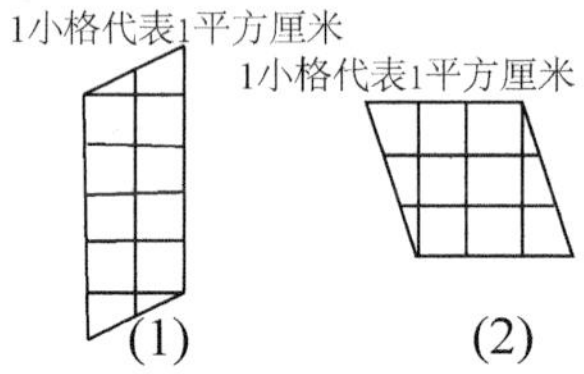

(图 5)

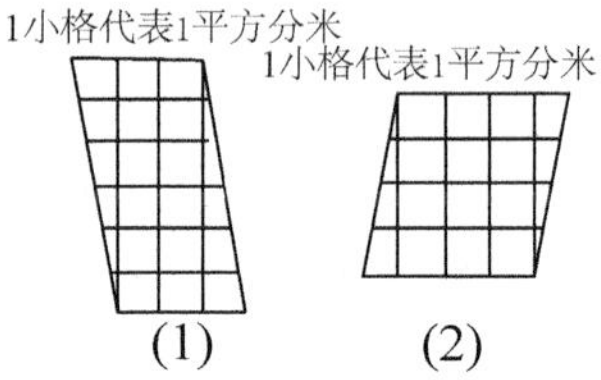

(图 6)

师：这么快就知道答案了，你是怎么数出来的？

生：把左边的三角形割下来，补到右边去，这样平行四边形就变成了一个长方形，数出长方形的格子就可以了。

师：真会动脑筋，用“割补”的方法使“数格”更容易！

屏幕出示第六组(图 7)：

学生先说 2 号平行四边形面积大，发现错误后，更正为 1 号平行四边形的面积大。

师：格子容易数，但是单位不一样。表示平方厘米的格子数量多，表示平方分米的格子数量少。题目虽然很简单，但是审题不仔细的话，还是很容易错误，看清单位也是学数学的一项基本技能哦！现在又轮到男生了。

屏幕出示第七组(图 8)：

师：男生吸取了女生的教训，没有上当。

屏幕出示第八组(图 9)：

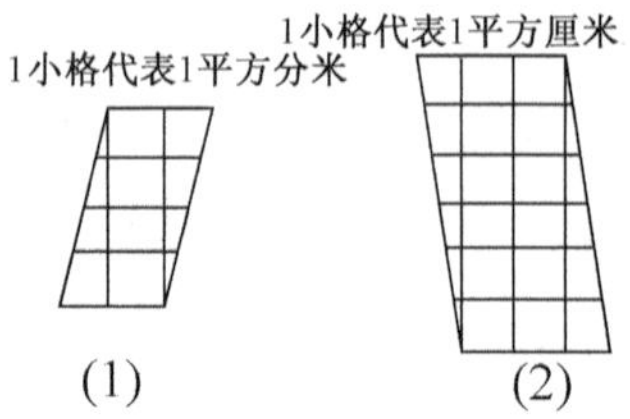

(图 7)

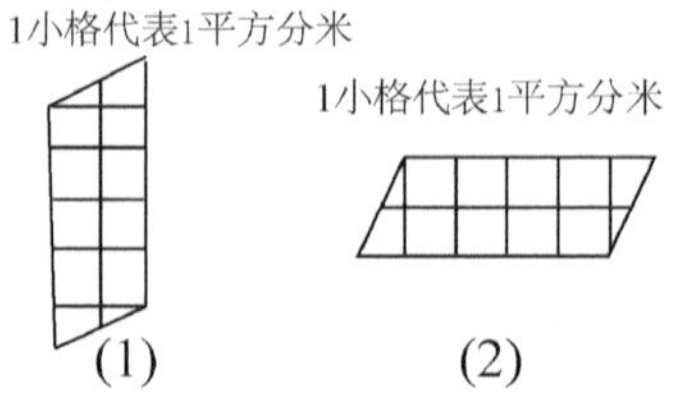

(图 8)

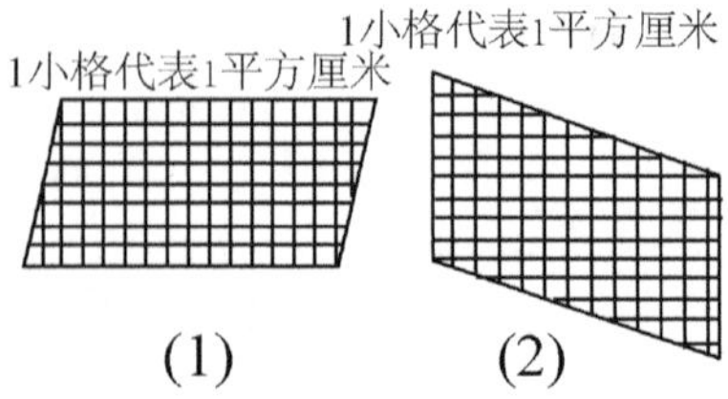

(图 9)

师：(稍停)怎么这么慢呀！

生:格子太多了!

师:是的,格子太多了! 同学们,数格子的方法是计算平行四边形面积的好方法,但如果这个平行四边形的格子特别多,多到成千上万,或者特别少,少到一格都不到的时候,数格子就会比较的麻烦!

师:我们已经知道了“长方形的面积=长×宽”“正方形的面积=边长×边长”,那么你能不能猜测一下,平行四边形的面积计算公式会是怎样的呢?

……

课上下来自我感觉是相当的满意,满意于学生的热情参与,满意于学生掉进我的“重重陷阱”,满意于“数格法”运用时被制约,满意于平行四边形面积计算公式探索过程引出的“水到渠成”。完成试教后,导师叶柱老师和吴毅松老师进行了点评,两位老师指出,用“数格法”来处理《平行四边形的面积》很新、很顺,这样的处理不但尊重了教材,也使“数格法”成为了帮助学生破解学习困难的法宝,而随之跟进的“数格法”使用制约,使学生认识到这个法宝不是万能的,学生有了“找到平行四边形面积计算公式”的紧迫感。尤其在“数格”的过程中,让学生说出数格的方法,从而有效渗透“割补数格”,为后续的图形转化奠定了基础,这样处理是完全可行的。

正当我沉浸于“洋洋得意”的自我欣赏时,两位老师随后的建议,把我从自鸣得意的感性中剥离出来。“数格法”是人教版教材体系二年级就可以掌握的内容,本课这样处理固然可行,但八组共16个平行四边形的面积比较过多地占用了课堂时间,似乎“数格法”成了本课的重点和新知,有“喧宾夺主”之嫌;而一味地抽象比较,使学生又会有平行四边形的面积比较只局限于课堂,真正地“运用制约”应该来源于生活的实际运用。同时,平面图形的比较应该是同水平、同方位的,应杜绝人为的方位不同放置而导致“视觉误差”,真正的比较要尽可能排除视觉的干扰,避免教师的人为“加难”,否则就是虚假的“伪比较”。

真是“一语惊醒梦中人”! 反思自己的设计,我之所以用“数格法”是因为教材中有,因为“教师教学用书”有涉及。两位导师点评后,我静下心来,细细研读教材和教师教学用书。这一次,我这样解读教材的编写意图:通过“数格”和相关学习材料的暗示,让学生经历数格时的割补凑整,进而产生割补转化的意识。“数格法”应该是桥梁,是引出“平行四边形面积”的纽带。

如何真正有效使用“数格法”? 我又一次思考。

展示:“数格法”——“成就精彩”

在完成导入,揭示课题后。

师:面积!(课件呈现两个平行四边形)谁有胆量到上面来指一指,平行四边形的面积指的是哪一部分?

男女生上台,在屏幕上各指一个平行四边形。

师:很好,找到了面积! 现在老师要请同学们来说一说,你看到的每组两个平行四边形,哪个平行四边形的面积大? 咱们用手势来表示你的答案好不好? 你认为1号大就出一个手指头、你认为2号大就出两个手指头!

屏幕出示第一组(图1):

师:一目了然,简单的题目不纠缠!

屏幕出示第二组(图 2):

师:底边长度一样,但是高不一样,最后的面积大小也不一样!

屏幕出示第三组(图 3):

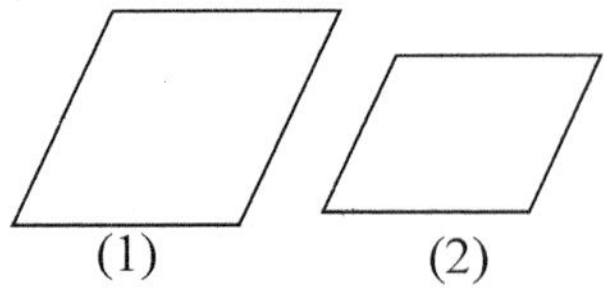

(图 1)

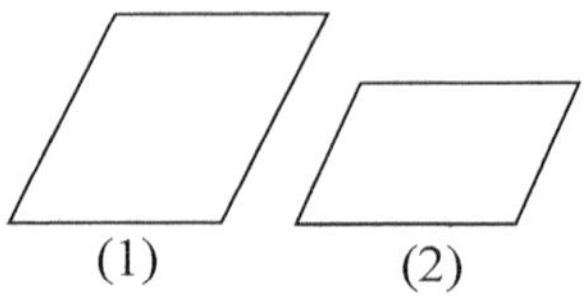

(图 2)

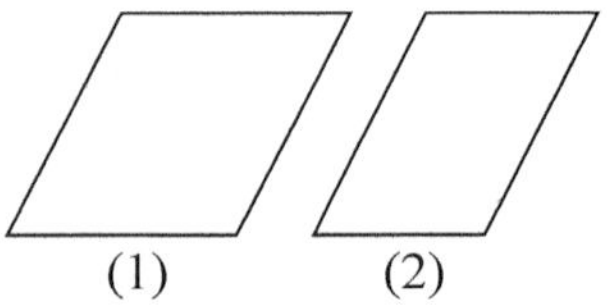

(图 3)

师:高的长度一样,但是底不一样,最后的面积大小也不一样!

屏幕出示第四组(图 4):

学生出现两种不同的答案,还有一部分学生说这两个平行四边形面积无法比较。

师:同学们遇到了困难,老师给你们增加一个条件,这个问题就不难了,要仔细看哦!(课件呈现格子图(图 5))现在知道真相了吗?说说你是怎么想的?

生:……

师:你不但很会观察,而且讲得也非常的不错,有几格,这个平行四边形的面积就是几平方厘米。数格法,可以帮助我们求出平行四边形的面积。

师:同学们,怎样数,能够很快地数出格子的数量?

生:……

师:真会动脑筋,用“割补”的方法使“数格”更容易!

屏幕出示第五组(图 6):

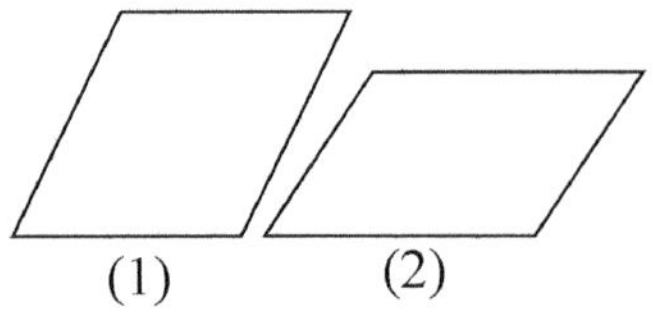

(图 4)

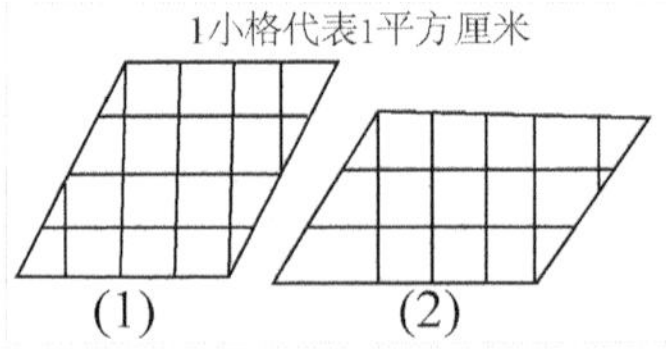

(图 5)

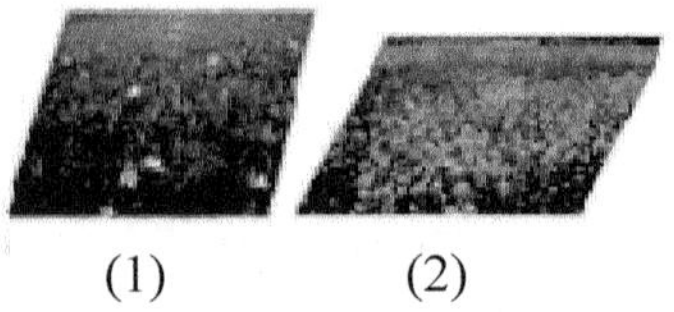

(图 6)

师:同学们现在屏幕上出现了两块绿地,虽然我们用数格法能数出这两块绿地的面积,但在实际生活中,要给这么大的两块绿地划上格子,那将会是很麻烦的事情和不合实际的事情!即使有了格子,有些时候如果有一个平行四边形的格子特别多,多到成千上万或者特别少、少到一格都不到的时候,数格法的使用也会受到影响!

师:我们已经知道了“长方形的面积=长×宽”“正方形的面积=边长×边长”,那么你能不能猜测一下,平行四边形的面积计算公式会是怎样的呢?

……

2010 年 11 月 30 日上完课,听课的 200 余名老师对这节课给予了高度的评价,老师们一致认为“数格法”的使用恰到好处。课后的专题点评中,绍兴市学科带头人夏春峰老师以全新的角度引领与会教师对本课进行了全方位、立体式的解析,夏老师认为《平行四边形的面积》一课“课堂导入新、教学过程实、巩固练习巧、课堂气氛活”。

就“数格法”而言，第二稿的设计，课堂流程更为流畅、课堂环节更为严密、学生参与更为广泛，较第一稿具有以下明显优势。首先，“数格法”的课堂占用时间比第一稿精简了很多，但“数格法”的作用丝毫没有减弱。其中，将原先 8 组 16 个平行四边形的面积比较浓缩为 5 组 10 个平行四边形的比较，这 5 组的平行四边形面积有鲜明的层次性，从底高都不同、底同高不同、高同底不同，到底高又都不同，最后到解决实际绿地的面积，这样的设计“步步为营”，引领学生经历了“肉眼观察—数格解决—数格制约”这样一个递进的思维过程，这样的环节设计显然是有效的。更值得一提的是，在“数格”比较面积的最后层次，教师巧妙将“两块绿地”适时引入，在解决实际问题的过程中使学生充分感受了面积公式学习的需要，这“浓重”的一笔，点燃了学生探索平行四边形的面积计算公式的激情。其次，这一稿“数格”排除了一切有碍于学生判断的干扰因素，每一组的两个平行四边形的呈现都是水平对齐放置的，基于没有干扰的肉眼观察，使答案的产生完全体现了学生真实的思维。最后，第一稿中数格时运用的男女生竞赛的形式，学生积极性固然很高，但每次抢先说出答案的只是那几个优生而已。在比较每组面积大小时，大部分学生是看客，他们“随大流”，人家说哪个大，我也跟着说哪个大，根本没有自己的思考，这样的数学课堂虽然“热闹了”，但缺乏广大学生“思维的参与”。为此，第二稿舍弃了竞赛的形式，换成学生全员手势呈现答案的形式，这样的改变使每一个学生有个性的思考、有自己的答案，使每一个学生真正参与到课堂中来，这样的改变真正体现了“以生为本”！

这样的“数格法”利用，是有效的利用、巧妙的利用！

后记：“数格法”——“读懂教材”

从“试教”到“展示”，对于“数格法”我经历了“因为教材有，所以我要用”到“有效使用，巧妙利用”的蜕变。当下，“读懂教材”已经成了我们振臂高呼的“口号”，但我们总是停留在照本宣科，为教参传声的阶段，缺乏对教材内化的理解，很多时候我们的课堂教学变得“蜻蜓点水”、“走马观花”，缺乏数学课堂应有的深度和广度。真正做到“读懂教材”，我们还有很多的路要走，但只要教师在每节课前认真地思考教材编写的意图、转变思想观念、让教材为我所用。同时，我们要突破教材的束缚，明确知识点的前后联系，找准教学目标，努力透过浅层现象看清教材的本质，“读懂教材”也必将“指日可待”！

本文刊发在《中小学数学》2011 年第 7、8 期

2.《加法交换律和加法结合律》教学设计和评析

【教学内容】

人教版义务教育课程标准实验教科书小学数学四年级下册P27～29例1、例2。

【教学目标】

1. 创设富有数学味的教学情境，引导学生亲历“加法交换律和加法结合律”的探索过程，帮助学生理解并掌握“加法运算定律”，初步感受到应用“加法运算定律”可以使一些计算简便。

2. 凭借贴近生活的学习材料，发展学生的分析、比较、抽象、概括能力，培养学生的符号感。

3. 结合凸显主体的学习过程，让学生品味数学学习的成功体验，进一步增强对数学学习的兴趣和信心，初步形成独立思考和探究问题的意识和习惯。

【教学重点】

帮助学生在自主体验中逐步建立“加法交换律”和“加法结合律”的模型。

【教学准备】

自制课件。

【预设过程】

一、提出问题，生成学习材料

1. 素材呈现。同学们，你们“崧厦镇”有“中国伞城”之称，一年伞产量约是5亿把，可以说家家户户都与伞有着千丝万缕的联系。前几天，傅老师与崧厦镇上的一个李阿姨在聊天，她说：“上午能做雨伞32把，下午能做雨伞54把。”

2. 提出问题。根据屏幕所提供的信息，你能提出一个数学问题吗？

3. 完善材料。选取“李阿姨上午能做雨伞32把，下午能做雨伞54把，她一天能做多少把雨伞？”作为学习材料，现在让我们把这一已经完整的学习材料，齐声响亮地读一读！

（评：这是参加学科带头人评比，借班上的一节课，参与学习的是崧厦镇小的学生。教师正是鉴于以上背景，提供了学生人人都熟悉的现实素材，这样有利于学生依据熟悉的素材，自然地生成学习材料，让学生在学习数学知识的过程中培养问题意识和提出问题的能力。从中我们可以看出，为激发学生学习兴趣，提高学习效果，教师在选用数学学习材料时，要重视与考虑为学生提供自己身边感兴趣的素材，尽量选择学生熟悉的材料，当然，如果教材中的素材比自选材料好，那就可直接用教材中的学习材料，选用材料要根据教学需要，注意有效。）

二、解决问题，亲历定律建模

（一）研究“加法交换律”

1. 解决问题。要解决这个问题，该怎么列式？　（32＋54和54＋32）

2. 分析比较。能看懂这两个算式吗？比较这两个算式有什么相同和不同之处？

3. 明确异同。这两个算式中的“加数”与“和”是一样的，只是对这两个加数的先后位置进行了调换。

4. 丰富材料。“加数、加数、和”，“和”一样的算式我们用等号连接起来。开动你的脑筋，你能想出几个像这样，加数不变但交换加数的位置，最后“和”还是相等的算式吗？（根据学生回答进行板书，并引导全体学生验证是否可以用“＝”进行连接。）

5. 寻找规律。同学们，你们发现这些等式的一个共同规律吗？

6. 揭示规律。同学们讲得都很有道理，数学家也进行了总结，请看大屏幕，“两个加数交换位置，和不变。”数学家，把这个规律叫作“加法交换律”。

7. 重析算式。刚才的这些等式都有这样的“规律”。那么，符合这个“加法交换律”的等式你还能写吗？写得完吗？（教师板书添加“……”）。

8. 自主建构。那么，你能不能用一个式子，表示出所有符合这个“加法交换律”的等式。（教师根据学生回答进行随机板书。）

9. 揭示公式。同学们很会动脑筋，想出了这么多的金点子，为了统一和便于记忆，这个“加法交换律”用字母公式来表示就是“$a+b=b+a$”。

10. 巩固练习。用“加法交换律”填空。

175＋25＝(　　)＋175　　　　700＋200＝(　　)＋(　　)

(　　)＋(　　)＝(　　)＋(　　)

（二）研究“加法结合律”

1. 素材呈现。刚才我们说到李阿姨在做伞，傅老师还了解到崧厦镇上有甲、乙、丙三个村，其中甲村有 25 户在做伞，乙村有 68 户在做伞，丙村有 32 户在做伞。

2. 解决问题。三个村一共有多少户在做伞，要解决这个问题该怎么列式？

3. 计算得数。解决这个问题可以列出很多算式，我们借助“25＋68＋32”这个算式为学习材料，请你在自己的本子上，用“递等式”计算出得数。

4. 算法交流。

算法一：

25＋68＋32＝93＋32＝125(户)

明确：三个加数，先算第一、二两个加数，再加上第三个加数，算出了正确答案。

算法二：

25＋68＋32＝25＋(68＋32)＝25＋100＝125(户)

明确：三个加数，先算第二、三两个加数，再加上第一个加数，也算出了正确答案。

5. 联系情境。你能结合这三个村，说说每一种算式的意义吗？（板书：(甲＋乙)＋丙＝甲＋(乙＋丙)）

6. 分析等式。在刚才的学习过程中，我们得到了“(25＋68)＋32＝25＋(68＋32)”这个等式。我们发现：在加法中，“先算第一、二两个加数，再加上第三个加数”与“先算第二、三两个加数，再加上第一个加数”的最后答案是一样的，但是不管先算哪两个加数，这些加数的先后位置不发生变化，变的只是运算的先后顺序。

7. 辨析求证。老师这里还有一些这样的式子，请你判断一下，它们最后的“和”是否也相等。

(300+400)+500 ◯ 300+(400+500)

(12+13)+15 ◯ 12+(13+15)

(■+▲)+★◯■+(▲+★)

……

8. 寻找规律。请你仔细观察这些算式，你能找出蕴涵其中的规律吗？

9. 揭示规律。“先把前两个数相加，或者先把后两个数相加，和不变。”这叫作“加法结合律。”

10. 跟进提问。能看懂吗？“前两个”、“后两个”分别是什么意思？

11. 字母公式。任何加法算式都具有这样的规律，刚才我们用字母 a、b 表示了加法交换律，那么你能用“a、b、c”三个字母来表示这个“加法结合律”吗？请在自己的纸上写下来。

（评：让学生在解决问题的过程中，体会到运算定律的现实存在与它的价值。影响学生学习积极性和学习自觉性的因素有多方面，但让学生理解知识的现实意义，感受到知识的价值，产生对知识本身的兴趣，无疑是调动积极性十分有效的途径。）

三、小结梳理，盘点学习心得

1. 课堂回顾。同学们为了更好地学习，我们有必要把刚才的学习内容进行一下小结。今天我们学习了什么知识？

2. 揭示课题。“加法运算定律”

3. 畅谈收获。能具体说说，你有什么收获吗？

四、多层训练，提升知识水平

1. 填一填。

45+169=□+45　68+27+53=68+(□+□)　26+59+□=□+(□+41)

2. 连一连。

32+(68+47)	81+(48+52)
(81+48)+52	27+46
46+27	(32+68)+47

3. 算一算。

$$\begin{array}{r} 723 \\ 3697 \\ +\quad 485 \\ \hline \end{array}$$

明确：在计算时，可以利用加法交换律和加法结合律把能凑整的数先算出来，这样能使计算简便，能提高计算的正确率。

五、拓展延伸，扩展知识视野

趣味解密：算式中有一步被遮住了，你能看明白这是怎么一回事吗？

115+132+168+85

=(□)+(□)

=200+300

=500

六、结语

如何运用“加法运算定律”，是我们下节课要重点研究的内容，今天的课就上到这里。

（评：课堂教学不应是线段、也不应是射线，而应是直线。即每节课都是前面课的继续，后面学习内容是本节课内容的延伸。这里教师充分体会到本节课的实际及小学运算定律教学最终目的，是为了能应用运算定律进行简便计算。教师设计这样的练习，能为下节课的应用起到了很好的准备和孕伏。）

（总评。本设计的主要特点是：

1. 能较正确地把握教材的特点。本节课的内容是小学运算定律教学的起始课，而运算定律的在计算中的应用，学生已经有所接触，如加法交换律、结合律在验算和连加计算中都已出现过，并不是全新的。只是前面没有出现定律的名称，没有概括算理。这节课，学生可以运用原有的基础和经验来学习，但重点是要让学生掌握算理，即让学生体会到作为一个定律它具有普遍性。

2. 重视数学思想和方法的有机渗透。本节课的内容看似简单，但在学习探究过程中如何进行数学思想渗透，如何让学生真正体会概括出运算定律，并不是简单的事。《数学课程标准（修改稿）》中指出：要在呈现作为知识与技能的数学结果的同时，重视学生已有的经验，让学生体验从实际背景中抽象出数学问题、构建数学模型、寻求结果、解决问题的过程。教师将“简单内容”不简单，而能紧紧把握在教学中，发展学生的分析、比较、抽象、概括能力，培养学生的问题意识、数学的符号感，这些都值得我们肯定与提倡。

3. 关注培养学生的学习兴趣。兴趣是人们从事或探究某种事务活动的积极的心理倾向，是推动人们认识事物，探求真理的重要动力源。而学习兴趣则是学生对学习活动的一种积极的认识倾向，是学生主动获取知识，自主掌握学习方法，从小养成良好学习习惯，自觉形成一套适合自己学习的方式或技能的心理支持平台，同时也是一种自发的、积极的、主动的学习情绪体验和内部动力。本设计在数学教学活动中激发学生兴趣，调动学生积极性，引发学生的数学思考，并注重培养学生良好的数学学习习惯、掌握有效的数学学习方法。

4. 材料选择的典型性与现实性。教材是学生学习和教师进行教学的重要资源，但并非圣书，教师有权驾驭教材，备课时可以灵活地处理教材——可以对教材进行取舍、调整顺序或重组；在现实生活中存在着丰富的教学资源，教师可以适当选择学习材料。本设计中教师十分关注选择学生熟悉的材料，贴近学生的实际，这样有利于学生体验、思考与探索，并较好地联系生活、创设情境与掌握知识之间的关系。）

本文刊发在《课程教材教学研究（小教研究）》2012 年第 1、2 期

3.《公顷和平方千米(练习)》教学实录与说明

【教学内容】

人教版义务教育教科书(2013 版)四年级上册 P36、P37。

【教学思考】

《公顷和平方千米》原先安排在人教版实验教科书的三下年级“面积”单元之中，通过多年的实验，编者将此内容调整到了新版教材的四上年级，而且独立为一个单元，标题就是《2 公顷和平方千米》。以一线数学教师的标准定位，我们不难想象，此内容对三年级的学生在确实掌握上还是有一定难度的，故作此调整。在备课过程中，我翻阅学习了各个版本的教材，浙教版、北师大版、西南师大版和苏教版都将此内容编排在四年级，甚至是五年级，而且是直接与平行四边形面积和梯形面积的计算结合起来。

那么，这个难度在哪里呢？千言万语化归为三个字，就是让学生“知大小”！1 平方厘米、1 平方分米、1 平方米，这些面积单位我们可以“现场演示”和“亲身触摸”，让学生“知大小”不难；但“公顷和平方千米”如何让学生“知大小”，如何让学生有亲密接触呢？“公顷和平方千米”太大了、太抽象了，在教室的有限空间中我们不可能做到！

本内容虽独立为 1 个单元，但只有两课时的量，一新一练。通过第一课时学生已经初步建立了表象，当然这个“表象”可能是不深的，可能是模糊的，在运用上也是不清楚的。既然表象建立这么困难，那么这节练习课设置的作用就显而易见了，设置本节练习课的目的，就是为了加强基础知识的理解和基本技能的掌握，达到正确和熟练运用的作用！同时，我也在思考，面对一个陌生的地方(景点、建筑或区域)，让学生在“公顷”和“平方千米”两个单位中选择一个来填，学生总是感到很困难。对此，练习课可以给学生怎样的帮助和提升呢？

基于以上思考，在迟迟无法书写教学预案的“痛苦”中，最后，我将本课核心思路定位在“知识再现为辅、知识运用为主”，同时也明确指向，这节课既不能上成新授课(将知识点重新讲解)，也不能上成复习课(将所有面积单位系统梳理)，简单地说，我只能对“公顷和平方千米”在学生已了解的情况下，通过大量的、不同层次的、不同类型的练习，让每一位学生能够比原来掌握得更好些，以求达到数学练习课“练习、提高”的本质目标！当然，为了更好地达成目标，将课本的习题进行了适当的改编和变式，结合大量生活情境和乡土气息浓郁的素材，渗透爱国主义教育！

【教学目标】

1. 基于贴近学生生活的情境，使学生对公顷和平方千米的表象在原有基础上更清晰，知道公顷与平方千米之间的进率，并能进行简单的换算。

2. 借助熟悉的素材，对公顷和平方千米进行运用，在练习中使学生运用得更熟练、甄别时更快速，初步领悟到数学学习的价值。

3. 通过练习课的学习，使学生养成良好的审题习惯，并积累一定的数学基本活动经验，促进空间观念的养成。

【过程实录】

一、导入唤醒，换算应用

1. **师**：同学们，我国地大物博，名胜古迹众多，今天的数学课老师带来了一些地方，让我们来看一看，请同学们自由地读一读。

(1) 杭州西湖水域总面积大约 6 500 000 平方米。

(2) 四川九寨沟总面积约为 720 000 000 平方米。

(3) 首都天安门广场面积约为 400 000 平方米。

(4) 上虞区地区面积约为 1 406 000 000 平方米。

2. 问：读了这些数据后，你有什么感受？

生：数据太大，读数不方便，"0"的个数很多，"0"很多说明数据很大。

师：的确，不方便！数学上如果遇到大面积时，你还在使用小单位，那么就是单位使用不合适，也是单位偏小了。（板书：单位使用要恰当）大家都是这样想的吗？

3. **师**：嗯，那么请你回忆一下，为了记录和读写的方便，我们已经学过了哪些用来表示大面积的单位呢？

生：公顷和平方千米。（教师板书）

4. **师**：既然已经学过了这两个单位，请你说一说，你所知道的公顷和平方千米？

生 1：边长为 100 米的正方形的面积为 1 公顷，边长为 1 000 米的正方形面积为 1 平方千米。（板书）

生 2：我知道，1 公顷＝10 000 平方米，1 平方千米＝100 公顷。（板书）

师：今天我们要对这两个单位进行练习，补充板书。（完成："公顷和平方千米(练习)"）

5. **师**：好，大家都说读起来不方便，那么我们就来换算一下吧。

生 1：(1) 杭州西湖水域总面积大 6 500 000 平方米，等于 650 公顷。

生 2：(2) 四川九寨沟总面积 720 000 000 平方米，等于 72 000 公顷。

师：说说你是怎么想的？

生 3：(3) 首都天安门广场面积为 400 000 平方米，等于 40 公顷。

生 4：(4) 上虞区地区面积为 1 406 000 000 平方米，等于 1 406 平方千米。

师：请同学们将使用恰当和不恰当的数据都读一读，说说现在的感觉。

生：换算后读起来方便多了，眼睛都不花了！

师：看来，大面积用大单位还是很有必要的，不但读起来方便，还能让人快速记忆。

（反思说明：充分把握练习课的特点，根据教材的要求，依据学生的年龄实际，通过朴素而简洁的语言，运用学生感兴趣的素材，唤起对旧知的回忆，较好地了解学生的起点和基础。通过具体的情境，从而较自然地引出了公顷和平方千米这两个面积单位，并在前后两组数据的比较中，让学生感悟学习使用较大的面积单位"公顷和平方千米"的必要性和价值。）

二、大小再现，加深构建

1. **师**：通过刚才的换算，老师觉得咱们四(1)班的同学，对于这个知识的掌握还是相当扎实的。老师在想，这个公顷很大，它到底有多大呢？（学生说）

2. **师**:看来同学们已有一定的感觉了,为了使大家有更深的印象,请一起关注大屏幕。(出现校园运动场图片)这是我们熟悉的地方,经测量直跑道长约100米,你们都跑过吗?什么感觉,很累的。如果将跑道的最左边与最右边进行连接,这根线长约50米。

3. **师**:(课件中将长100米、宽50米的运动场框出)同学们这个长方形的面积是多少呢?(5 000平方米)想想,几个这样的运动场面积是1公顷呢?

4. **师**:是的,像我们学校这样大小的运动场,2个的面积大约就是1公顷。闭上眼睛想象一下吧!

5. **师**:好,请睁开眼睛。公顷确实很大,接下去。傅老师还要告诉大家,请看大屏幕。

(1) 我们的教室面积大约是50平方米,200个这样的教室面积大约就是1公顷。

(2) 一个标准篮球场为400平方米,25个篮球场的面积大约就是1公顷。

(3) 市区人民大桥长约1 000米,宽约30米,我们很多同学每天都要经过人民大桥来上学。一座人民大桥的桥面面积大约是30 000平方米,合3公顷。以此类推,我们可以说33座人民大桥的桥面大约是100公顷,也就是1平方千米。

6. **师**:同学们请看大屏幕,人民大桥长约1 000米,如果以人民大桥的长为边长,围成一个正方形,它的面积大约就是1平方千米,大家请看老师下载的卫星图,找到人民大桥了吗?(出示正方形框)这个1平方千米大不大?在这个正方形里,能找到我们学校吗?你还见到了哪些你熟悉的地方?

7. **师**:在我们校园的隔壁有一个上虞外国语学校,老师在卫星图上找到了这两个校园的全景照片,请看南北长约600米,东西宽约400米,那么将这两个校园看成是一个近似的长方形,它们的总面积大约是240 000平方米,合24公顷,需要这样的4个小学和4个中学面积大约是1平方千米。大不大?

8. **师**:同学们,通过刚才的演示,相信每一位同学对公顷和平方千米有了更深的了解!接下去,我们就要来做一些题目了!

(反思说明:"公顷和平方千米"对于小学生来说平时接触较少,对于这两个面积单位的空间大小,学生缺少生活经验。因此,为了让学生能更好地"知大小",教师由近及远,为学生提供了身边熟悉的一些参照物。从校园的2个运动场的大小大约是1公顷、200个教室的面积大约是1公顷、25个标准篮球场约是1公顷;再到33座人民大桥约有1平方千米、像阳光学校和上虞外国语学校,这样4所小学、4所中学合起来是1平方千米;再到卫星图上截取到的以人民大桥为边长的正方形,约是1平方千米,提供了大量的现实的、直观材料,在学生看、想,说中,在原来基础上又一次建立公顷和平方千米大小的概念。这样的设计,一方面,体现了以学生的已有的经验为基础组织教学,从学生原有基础出发来学习新知;另一方面,也体现了根据学生认知发展水平和知识学习的规律,在学生有了一定的体验和感受的基础上,加深了对公顷和平方千米的认识,也为后面的正确应用打下基础。)

三、多层练习,巩固提高

1. 请独立填写单位。

(1) 计算机键盘上的按键,面积大约1(　　)。

(2) 数学书封面面积大约4(　　)。

(3) 教室木门的面积大约2(　　)。

师:(汇报答案后)老师奇怪了,你们怎么都不用公顷和平方千米呀?

生:"公顷和平方千米"太大了！如果第1题填上公顷的话,这台电脑也太大了吧(全班笑),天下不会有这么大的电脑！

师:嗯,你说得真好,不是学了什么就一定用什么,还是要细致思考,灵活运用的。

师:咱们再用手来比划一下,1平方厘米有多大？1平方分米有多大？老师在想,(课件)出示1平方分米的正方形面积,那么改成有数据的长方形后,面积还是1平方分米吗？这个可以是规则图形,还可以是不规则图形！

2. **师**:平方厘米可以是不规则图形,那么公顷和平方千米也可以是不规则图形,请看(课件显示中国地图)。同学们,我国国土面积世界第三,我们为自己是中国人而自豪！来读一读这个数据(960万平方千米)。

师:当然,老师要提醒大家这个960万,是不是不多不少正好是960万？对,这是一个近似数,可以我们说成"约"！继续请看(课件出示浙江、黑龙江、新疆、上海、青海省份图和相应面积数)。

师:听说过这些省份、直辖市、自治区吗？请按面积大小,从小到大给它们进行排队！虽然这边的数据还是很大,但已经用了大单位,但这些省市自治区,实在是太大了,单位使用已经恰当了,可能读起来还是有些不方便！

3. 选择题。

(1)"水立方"占地面积约为6(　　)。

A. 平方米　　B. 公顷　　C. 平方千米

(2) 香港特别行政区区域面积约为1 100(　　)。

A. 平方米　　B. 公顷　　C. 平方千米

(3) 上虞儿童公园占地面积约为40 000(　　)。

A. 平方米　　B. 公顷　　C. 平方千米

师:儿童公园那么大,为什么用平方米,而不用公顷和平方千米呢？

生:虽然儿童公园比较大,但这里的数据是40 000,因此只能用平方米。

师:是的,你说得真好,我们不能认为地方大了,就用大单位,有时也要看清数据。傅老师在想,当我们在一个陌生的地方,或者一个没去过的地方,我们该怎样去填对单位名称呢？

生1:可以想想学校的运动场,进行比较。

生2:看清数据,再思考填什么单位,大的地方也不一定填大单位的。

师:同学们说得真好,我相信我们每一个同学都能正确使用单位！

(反思说明:数学课堂要精心设计练习！一般的数学练习,教师主要考虑的是起好巩固的作用。但在这里,教师根据练习课的特点,在练习中十分关注让学生更好地联系现实生活,应用知识灵活解决实际问题。如不仅出有关应用"公顷和平方千米"的习题,还出了运用"平方厘米""平方分米""平方米"的习题,较好地将新学知识归入原有知识体系中,同时培养学生灵活运用知识的意识与能力。用联系的观点、发展的眼光学数学,学习活动就成为串珠成链的过程。)

四、梳理小结,质疑解惑

师:课上到现在,我们有必要对今天内容进行一个简单小结。说说,通过今天的学习,你对"旧知识",有了什么样的新收获呢？

生1：我觉得用单位要好好动脑筋，不能看到土地用公顷，也不能看到大地方用平方千米，要看清楚数据。

师：是的，看清每一字，就能提高我们解题的正确率。

生2：我知道了，心里要有一把尺子，当要填一个单位时，我可以用这把尺子去比较，这样就不会填错了！

师：这个方法好，这位女同学说的"尺子"真是太棒了，那么大家心里有尺子吗？

生(合)：有！学校运动场的面积可以是尺子，用人民大桥的桥面长围成的正方形面积也可以是尺子！

师：老师忍不住要伸出"大拇指"，咱们四(1)班的同学，不但学得棒，而且说得好！

(反思说明：孩子，你说得真好！"看清数据"心装"尺子"，"尺子"的比喻虽然不精确，"尺子"的大小可能也不标准，但班中的每一个学生此时都已经明白这个"尺子"是什么，孩子在小结时能说出这样的话语，本节练习课显然是成功有效的。不少课堂，我们让学生梳理知识并小结，学生的回答似蜻蜓点水，不着要害，那样的小结是空洞的、游离的！)

五、课后作业，总结延伸(略)

【反思说明】

1. 创设生动情境，激发学习兴趣。非常重视学习材料的有效选择和合理运用，创设了生动活泼的现实情境，从中诱发学生的学习兴趣、激活学生的有效思考。课堂中选用了西湖水域、九寨沟、天安门广场三个著名景点的面积及本地上虞区的区域总面积作为学习材料，通过读，使学生感到数据大读起来有困难，引发学生使用更大的面积单位的需求，从而十分自然地引出了学生已学习过的"公顷和平方千米"这两个面积单位。

2. 在体验中学习，在应用中提高。《数学课程标准(修改稿)》中指出："教师要引导学生通过实践、思考、探索、交流等，获得数学的基础知识、基本技能、基本思想、基本活动经验，促使学生主动地、富有个性地学习，不断提高发现问题和提出问题的能力、分析问题和解决问题的能力。"在本节课中，通过联系生活实际，分析和解决数学问题，为学生提供了大量的较大面积单位的现实参照空间，促进了学生对"公顷和平方千米"这两个面积单位大小的认识。并在学习探究过程中，积累基本的数学活动经验。

3. 课的开头到课的结束，教师选用了大量的素材，通过文字、数据、图片等，非常直观形象地展现了我国一些省份、我们所在地域、一些景点、学校等面积大小，由于呈现的方式多样，选用的材料适合学生年龄特点，使学生倍感亲切，能较好地激发爱乡情怀、有机渗透了爱国主义思想教育，对于抽象内容和课堂中很难呈现的教学内容，教师这样的处理是成功的！

本文刊发在《中小学数学》2015年第7、8期

4.《1 千米有多长》教学实录与评析

【教学内容】

北师大版义务教育小学数学教科书二年级下册 P36、P37。

【教学目标】

1. 通过各种体验活动，体验“1 千米有多长”，让学生知道千米和米之间的关系。

2. 通过走一走、说一说、想一想、估一估等活动，让学生经历认识“1 千米有多长”的过程，感受长度单位的实用性。

3. 在活动中发展学生的空间观念，并感受数学与生活的密切联系。

4. 在具体的情境中开展数学活动，在活动中积累基本的数学活动经验，领悟基本的数学思想方法，体会数学学习的价值。

【教学重难点】

教学重点：丰富学生对“十米”“百米”等长度的实践体验。

教学难点：实现“十米”“百米”到“千米”的量感提升。

【教学思考】

众所周知，经历体验的学习，是真正理解的、是以生为本的，“体验”也是“因学施教”的一个体现，故本课的难点化归成三个字，就是如何让学生“知长短”！1 毫米、1 厘米、1 分米、1 米，这些长度我们可以“现场演示”和“亲身触摸”，让学生“知长短”不难；但“千米”如何让学生“知长短”，如何让学生有亲密接触呢？“千米”太长了、太抽象了，在教室的有限长度和有限空间中我们不可能做到！基于以上思考，最后，我将本课核心步骤分为“模糊、清晰、定格”3 步，细化为多元创设“体验”平台，多角度呈现“千米”，以多种不同形式的“间接体验”，帮助学生将千米“消化”并“吸收”，本课具体有以下三方面的做法。

1. 目标导向，重“量感”亦重“经验”。本节课的教学定位，不仅是帮助学生初步建立“1 千米有多长”的真实量感，还要引导学生充分体会“我们可以怎样来感受 1 千米有多长”的活动经验。“两手都要抓”，是本课教学的努力方向。

2. 因学施教，看“教材”也看“学情”。北师大版教材中，关于“1 千米有多长”，设置了“10 米有多长”“100 米有多长”“1 000 米有多长”三个渐进过程。这说明，教材非常重视引导学生有序经历“千米”这个较大单位的认知过程。富有挑战性的是，本次赛课将二(下)的内容提到二(上)，学生刚认识了“米”就来学习“千米”，因此，组织体验时应注意“走小步”“积微感”，稳步深入。另外，根据活动场地实际情况，本课将“步行 10 米”的实践活动调整为“5 米距离来回走”(现场)，将“步行 100 米直跑道”的实践活动调整为“绕 300 米跑道走”(课前)。

3. 材料选择，设“空间”促进“体验”。从整体上看，本课以两组材料贯穿始终。第一组材料在引入部分，激活学生对“千米”的已有经验。第二组材料在展开部分，唤醒学生对“1千米有多长”的朦胧感觉，并在有序展开的验证过程中，让学生体会“10 米有多长”“100 米有多长”“300 米有多长”及“1 000 米有多长”。这个验证的过程，就是丰富经历、积累体验、获得感悟的过程。

【教学实录】

一、忆旧引新，把握起点

（一）开门见山，直接导入

师：小朋友们，我们已经学了哪些长度单位？

生（迫不及待）：米、分米、厘米、毫米

师：请你用手比划一下 1 厘米有多长？ 1 米有多长？（学生比划，教师用米尺比照 1 米的比划）

师：咱们二(4)的小朋友对已学知识掌握得很不错！今天这节数学课，我们要来认识一个新的长度单位（板书：“千米”）来，叫一叫它的名字！叫得很亲切哦！

（二）顺势而导，引入新课

师：生活中，我们会经常遇到与长度有关的问题。请看大屏幕，这里有三个长度信息。（课件一次性呈现以下内容：“傅老师的身高”“上虞到衢州的高速公路的长度”“傅老师家的小汽车的长度”）

师：凭你的感觉，哪条信息里的长度最适合用“千米”来表示？

生齐答：第 2 条！

师：是的，大家的感觉非常好！（课件隐去 1、3 两条信息，并完善第 2 条信息，“上虞到衢州高速公路的长度是 280 千米”）那么，为什么上虞到衢州高速公路长度不是 280 米呢？

生：太短了。

师：280 米不短呀？

生：我们学校操场也有 300 米呢！难道你就住在我们学校？

师：同学们真棒！懂得用身边的长度去对比，“对比”可是学习数学的好方法！上虞到衢州高速公路的长度，不可能是 280 米，当然更不可能是 280 厘米了！

师：像这样，表示比较远的距离时，我们需要用“千米”作单位。千米也可以用字母 km 来表示。（课件显示 km，板书 km）

（评析：为了使学生能更好地从长度单位“米”累积到长度单位“千米”，需要激起学生对先前刚学过的知识进行回顾，安排这个过程的目的，不仅是为了复习旧知，更主要的是引出新知，唤起学生对新知识的注意与学习兴趣。）

二、实践体验，认识新知

（一）唤醒感觉，朦胧“初识”

师：接下去，我们就要深入研究千米了。280 千米太长了，这节课，我们先重点研究“1 千米有多长”。（将板书完善成：“1 千米有多长”）

师：在你的脑海中，1 千米有多长呢？

生 1：10 个 100 米。

生 2：我知道 1 千米就是 1 公里。

生 3：（张开双臂，比划 1 米）我知道 1 千米就是 1 000 个这样子。

师:老师懂你的意思了！你说的这样子，其实就是1 000个这样子(教师拿着米尺说)，1 000把米尺我们很难摆出来，但是你的思路是正确的。(板书记录:1 000个1米)

师:1 000个1米正好是1 000米，1 000就1千。1 000米就是1千米(板书:1千米=1 000米)，所以，我们研究“1千米有多长”，只要研究“1 000米有多长”就行了。

(二) 尝试选择，验证“体验”

师:请看大屏幕，这里有三则材料，每则材料中都有1段长度。(课件呈现，图文信息)

(1) 在报告厅的两个标记之间走10个来回的长度。(受场地制约，两个标记之间长5米)

(2) 在我们学校塑胶跑道上走3圈的长度。

(3) 从学校体育馆到新华小学的距离。

师(教师较慢速朗读3则信息后):在这3段长度中，你觉得哪一段大约会是1 000米。请同桌之间说一说！

(评析:选取典型的现实性材料，让学生依据自己原有的经验，来判断哪则材料里的长度大约是1千米，哪则材料中的长度不可能是1千米，为后面的验证提供典型而又便于探究的材料。)

(三) 组织实践，顺势“推想”

师:到底是不是1千米，你们的感觉准不准呢，我们来验证下。会场就在眼前，让我们从会场开始验证。第一则材料“在报告厅的两个标记之间走10个来回”。老师课前认真测量过了，这两个标记之间正好是5米，请问一个来回是几米？(板书:10米)。

师:我们就要走一走了，但是你要边走边数清楚，自己走10米用了多少步？请小朋友们快速到墙边集中，我们就要走这个10米了。老师与你们一起走，记着数步数哦！(教师和学生现场走10米)

师:采访一下，你走了多少步？(学生回答有“25、17、22、19、20、18、26”等不同步数)

师:大家的步数不一样，因为腿有长短！但大家步数在“20”左右，为了学习的方便，我们就说走10米用了大约20步，行吗？(板书:20步)

师:想一想，再走一个10米，一共要多少步？想好了吗？来，继续走，数着步数哦！你两次一共用了几步了？(学生回答有“38、46、60、36”等不同步数)

师:如果再走1个10米，一共是几米了？要几步？根据刚才的体验，按照大屏幕上写的，10个来回到1 000米了吗？

生齐答:没有！

师:是呀，没到，才100米呢！那么，以“10米20步”推算，走100米大约要几步？

生:200步！

师:说说怎么想的？

生:100米是10个10米，那么就是10个20步。

师:说得真好，很会思考！(板书:10个10米)

师:通过验证，材料一的长度只是100米，不到1 000米。如果我们100米、100米地走，几个100米才能到达1 000米？

生:10个！

师:你们真棒！的确，10个100米就是1 000米(板书:10个100米)，想想需要多少步呢？

生:2 000 步。(板书:2 000 步)

(评析:场地虽小但实践体验的过程必不可少。教室的宽度不到 10 米,就用 5 米走一个来回亦可。这个体验的目的是让学生通过学生走 10 米的数步数来推算出 100 米的步数,再想象出 1 000 米需要的走的步数,从数步数来体会 1 千米有多长。)

(四) 课前活动,现场"析辨"

师:接下去,让我们走出会场,来到学校的操场,验证第 2 则材料是不是 1 000 米? 我们都知道,学校操场 1 圈是 300 米。昨天,老师和同学们一起走了 300 米,我们班主任吴老师给我们录了像,让我们来重温这个场景。(播放 15 秒视频)同学们,上课我们没有足够的时间将全部过程看完,老师快进,有兴趣的同学们下课后我们拷贝给你们。(视频快进到学生走 300 米结束的队形)

师:走完 300 米,用了 3 分 58 秒,我们可以说大约用了 4 分钟(板书:4 分钟),走完了 300 米,你们当时是什么感受呢? 老师现场采访了几位同学,来看看!(播放视频)

生 1:我先说吧,我感觉我的腿有点酸。

生 2:我感觉有点累。

师:如果再走 1 圈,你又会是什么感觉呢?(由视频中那两个学生继续回答)

生 1:我的腿就会更酸了。

生 2:我可能会累得趴下了。(全场大笑)

师:没那么夸张哦! 但我们可以肯定一点,走得越远,人就会感觉更累! 那么,这样就一共走了几米了?

生:600 米!

师:好! 3 圈一共是多少米呢?

生:900 米!

师:到 1 000 米了吗? 还要再走多少米?(生脱口而出:100 米)嗯,是的,3 个 300 米再加 100 米,才是 1 000 米。(板书:3 个 300 米+100 米)

师:我们走 1 圈用了大约 4 分钟,按这样的快慢,你觉得,走完 1 千米要几分钟?

生:14 分钟。

师:怎么想的?

生:3 圈就是 3 个 4 分钟,就是 12 分钟,再加 100 米,大概 13、14 分钟。

师:说得真好! 按当时我们走 300 米的快慢,走完 1 000 米,我们大约需要 14 分钟。(板书:14 分钟)

师(出示教师骑自行车的图片):如果傅老师骑自行车来行 1 000 米,还要 14 分钟吗? 为什么?

生:自行车比走路快,肯定比 14 分钟要少。

师:很会思考,很有生活经验。(一学生大喊:跑步也不要 14 分钟)是呀,跑步不需要 14 分钟,但比自行车要慢些。(另一生大喊:汽车就更快了)嗯,同样的距离,交通工具不同,需要的时间也会不一样!

师:看来材料 2,非常接近 1 000 米了! 那么,材料 3 呢? 接下去我们就要离开操场,走出校门了!

(评析:将课前的体验通过微视频的形式进行再现,唤起学生对操场上实地行走时的感受，体会1千米有多长，并从时间和使用不同交通工具来体会1千米。）

（五）观摩演示，据图“思辨”

师：刚才很多同学说它很可能是1 000米，你有什么办法验证吗？

生1：走一走，数一数是不是2 000步。

生2：看时间。

师：学以致用，很了不起！用刚才经验来解决新问题，如果有时间，傅老师请你们亲自去走一走，但要注意交通安全哦。

师：昨天傅老师还用另外的方式，也验证了这段路到底是多远？想知道是什么方式吗？（课件出示：教师与车在学校体育馆前的合影，并呈现里程表“0”）

师：你们知道我想干嘛了吧？（学生大喊：开车）是的，开车。现在里程表是“0”，汽车就要从体育馆出发，沿着“讲舍路”一直往前开了！（课件播放学校体育馆开车到新华小学的校门口的行车录像，全长2分03秒）。在观看过程中，学生看到自己熟悉的“文具店、电力大楼、爸爸单位、自己的钢琴班”等地点，大声喊了出来。

师（课件出示教师与车在新华小学校门口的合影，并呈现里程表“1”）：刚才里程表是“0”，现在是“1”，说明汽车正好行了1千米。看着汽车行1千米，你感觉怎样？

生：有点长。

师：同学们，现在，我们就能确定材料3的这段长度就是1 000米。

师（课件出示行车路线的卫星地图）：在行驶的过程中，开到200米时，老师看到的路牌，就在这里。（课件卫星图上标上圆点及红线）那么，几个这样的200米，就是刚才的1 000米呢？（随机问4名学生，回答都是5个）是不是5个呢，我们来数一数。（课件出示5段）的确，5个200米也是1 000米。（板书：5个200米）

师：同学们，刚才我们从体育馆出发，沿着“讲舍路”到新华小学是1千米。（教师手指卫星图，并用红色线表示路线图）那么，换个方向走，到红绿灯口朝左转，沿“府东路”一直走，你觉得到哪里是1千米呢？（有学生举手）

师：老师找了三个地方，请你判断，到哪儿差不多是1千米？（卫星图上出示“1、2、3”3个地点，1为500米，2为1 000米，3为2 000米）举手表决。（学生选择2和3）

师：到底是不是呢？我们来验证下，现在我们不开车了，我们用线路图来表示，你觉得差不多是1千米了，就说停，它就会停的哦！但你只有一次机会，预备开始！（红色线开始运动）现在我们知道了1号点不到1 000米，2号点正好1 000米！

师：那么到3号点会是几千米呢？眼力真好，两个1千米就是2千米。上虞到衢州是280千米，也就是280个1千米，我开了4个小时呢！

（评析：帮助学生建立1千米长度观念的时候，前面使用的是教室走10米的步数、操场的跑道上走一圈的时间，但由于教室距离很短，学生只能走一个来回计算步数，操场的跑道是环形的，学生感受的是1圈，而3圈加100米的长度是1千米，对于部分学生来说，还是不容易感受。因此，教师播放了从学校体育馆开车到新华小学门口的视频，让学生感受直的1 000米的长度。再运用卫星地图，清晰地看出学校体育馆到新华小学在地图上汽车行驶的线路，让学生感受1千米的直线距离。这样，选取学生都熟悉的建筑之间、学校到小区某标志物之间有多少千米，有利于使学生更好地构建起“1千米”的观念。）

（六）小结拓展，厘清“认知”

师（课件将三个材料，再次整体呈现）：经过验证，材料2、材料3都接近于1千米。你一开始找对了吗？其实，有没有找对不重要，重要的是通过验证，我们现在对1千米有多长越来越清晰了！

师（课件出示汽车）：这是傅老师的车，这节课里好几次出现过了。国庆时，傅老师的车被堵在了高速公路上（图片）。堵车队伍将近1千米，我的车就在这个队伍里，想一想，这个队伍里可能有多少辆车？

师：老师有3个答案里（20多辆、200多辆、2 000多辆），谁不可能？老师给你一个提示，我的车长约是4米。

生1：20多辆车才100米，不可能。

生2：2 000多辆太多了，超出1千米了。

师：的确，这列队伍里有这样的小汽车200多辆。

（评析：在选用数学学习材料时，不仅要考虑为学生提供自己身边感兴趣的素材，而且还要考虑材料的使用效益，汽车这一素材在课的一开始就已出现，这里将它在堵车情境中再次呈现，把它作为测量工具，通过估计1千米能有几辆车，这一现实性材料，进一步使学生巩固1千米的观念，并使材料的使用，达到“一材多用”的立体化使用效果。）

三、梳理小结，内化提升

师：学到这里，你对“1千米有多长”这个问题有感觉了吗？说说有什么感觉了？

生1：很长、走起来很累。

生2：汽车开也要很长时间。

师：1千米确实很长。可以是10个10米为100米、10个100米才1 000米，也可以是3个300米+100米，还可以是5个200米。当然，面对不同的场景，我们会有更为丰富的理解。（板书：……）

师：二(4)班的小朋友学习能力真强！1千米到底有多长很重要，同样重要的是我们知道了学习1千米的方法和经历了对1千米的理解的过程。你们还有疑问吗？

生：没有了！

（评析：通过整理、回顾、总结，在板书的指引下，为学生展示了学习“1千米有多长”的过程，它可以是1 000个1米，10个100米，……等等，较好地渗透转换的数学思想方法，促进发展空间观念目标的落实。）

四、学以致用，延伸巩固

师：同学们很棒，接下来，让我们小试牛刀在括号里填上“米”或“千米”。（大屏幕配图出示，独立练习再集体反馈）

师：2015杭州国际马拉松比赛全程约42(千米)。为什么填千米？

生：我觉得马拉松很长的。

师：很长是感觉，不能凭感觉哦！

生：我们学校操场也有300米，这个马拉松不可能是42米。

师：很会思考，懂得对比。马拉松比赛是运动比赛中最长的跑步项目了。

师：傅老师每天早上步行3 000(米)到学校。为什么填米，不填千米了！

生：马拉松比赛才42千米，老师如果步行3 000千米的话，那比马拉松都长了，不可能是千米，那样你上班还走得到吗？

师：说得真好！就是米！3 000 米也就是 3 千米，那么 5 000 米是几千米？9 千米又是几米呢？

师：长江全长约 6 000(千米)。(生迫不及待地大喊：千米)为什么不填米呢？

生：你走路上班都是 3 000 米，如果 6 000 米的话，你走两天都到了，长江也太短了！

师：哈哈，有道理。(出示长江流经省份的中国地图)是呀，长江很长，从中国的西边一直流到了中国的东边，不愧是亚洲第一大河！

师：同学们，学数学一定要会用。课后，请你去调查，从家里出发到什么地方约有 1 千米？(课件出示：小调查，从家到什么地方大约有 1 千米远？)老师先问问你们，你打算怎么去调查呀？

生 1：走路数步数。

生 2：爸爸开车，看里程表。

师：你们说得太好了，说明我们今天的学习是扎实有效的。说到做到哦，你回家后真的去调查下，我们再一起来交流！

(评析：数学知识学习的目的是为了应用，同时应用也能更有效地促进知识的学习。在本节课中学生对“千米”感觉、理解、掌握得如何，需要试一试，用一用。这里安排的 3 道题，再让学生会正确选用长度单位，并体验学习长度单位的价值。在此基础上，布置安排课后实践调查活动，让学生在应用中巩固所学知识，把课内学习延伸到课后日常生活中去，学生感受到数学就在身边，引导学生学会观察，有意识地去关注平时习以为常的行走、乘车、骑车时的数学知识，加深对“1 千米有多长”的理解，在实践中发展学生的空间观念，积累基本的数学活动经验。)

总评：

如何有效地让学生建立起“1 千米”的长度观念？根据本节课的实际，主要采用了以下策略和方法，从而收到了比较好的效果。

1. 合理运用现代教育技术。借助计算机辅助，运用微视频的形式再现课前教师与学生一起在学校操场上行走体验的情境，即时记录的学生当时的体会；展示老师在学校到新华小学行车的路径，在汽车行进中学生平时熟悉不过的这些建筑物、商铺、校外培训机构在影像中出现，学生感到亲切、感到可信，较好地调动了学生的学习兴趣。实践证明，学习知识与现实生活越近，学生更容易理解、更易接受。

2. 充分尊重数学学习规律。心理学的原理告诉我们，想象要以感受过的形象为基础，且在想象过程中，会产生新的想象表象。本节课采用课前亲身经历，课中验证体验、引发想象，课后实践应用等策略，让比较抽象的长度单位——“千米”，从较小的、较直观的“米”的累积推理想象建立起 1 千米。借助学生原有的生活经验和知识基础，通过课前的亲身经历，课中的实践体验与想象，课后的应用实践，由较小长度单位的积累中，逐步构建起较大的长度单位“1 千米”的概念。将经验与经历，实际感受与发挥学生想象相结合；提供丰富多样的感性材料，帮助学生想象；这是学习学生经验较少、较为抽象数学知识学习的基本方法之一。

3. 关注每位学生学习状态。创设了有利于激活思维的问题情境，抓住生活经验和实践感受，引导学生围绕认识“1 千米有多长”这一核心目标，积极主动地探索、验证、研究、发现，为学生提供了充分从事数学活动的机会，使其亲历亲为、静心观察、独立思考、交流争辩等数学活动，让学生在有趣的情境中感受、体验“千米”、建构“千米”、应用“千米”。从直观具体的数学事实中，体验想象“1 千米有多长”。

板书：

1 千米有多长

km

			1 000 个 1 米
10 米		20 步	1 千米=1 000 米
100 米	10 个 10 米	200 步	
1 000 米	10 个 100 米	2 000 步	
	3 个 300 米+100 米 4 分钟	14 分钟	
	5 个 200 米		
	…		

本文刊发在《小学数学教育》2016 年第 4 期

5.《毫米、分米的认识》教学实录

【教学内容】 人教版课程标准实验教材三年级上册 P2～4 例 1、例 2。

【教学目标】

1. 让学生经历实际测量的过程，知道毫米、分米产生的意义，认识长度单位毫米和分米，建立 1 毫米的观念、知道 1 分米在测量中的实际应用，在操作中学会用毫米、分米作单位进行测量。

2. 通过教学，使学生知道毫米与厘米、厘米与分米之间的关系；知道 1 厘米等于 10 毫米，1 分米＝10 厘米，并会进行简单的换算。

3. 凭借基于现实生活的学习材料，让学生感受数学来源于实践又应用于生活的观念。

【教学重、难点】 明确毫米产生的实际意义，建立 1 毫米的长度观念。

【预设过程】

一、猜测导入：生成学习材料

1. 生成学习材料

师：通过刚才的聊天老师已经知道大家非常喜欢运动，哎，你们想知道傅老师平时在做什么运动吗？（教师出示跳绳）这是什么？你会跳绳吗？傅老师长得胖，傅老师的女儿要求傅老师每天跳 500 下，这就是傅老师每天跳的那根绳子。

今天我们不跳绳，我想让大家估计一下这根绳子有多长？为了帮助大家更好的猜测，我请两位小朋友上来帮忙拉住绳子的两端。现在老师很负责地告诉大家，我是认真测量过的，这根绳子的长是 2 米 15 厘米。

2. 回顾“米”和“厘米”

师：（粘贴：2 米 15 厘米）在这个绳子的长度里，有哪些我们已经认识的长度单位？

师：米和厘米是我们已经认识的长度单位，你能用手势比划一下 1 米有多长吗？（教师观察学生比划后说，是的，二年级小朋友的双臂平展，大约就是 1 米。）

教师评价：借助实物帮助我们学习，是学习数学的一种好方法。

师：那 1 厘米又是多长呢？你也来比划、比划！

师：小朋友比划得真准确。手指甲的宽度大约就是 1 厘米。在测量比较长的物体的时候，我们一般用“米”作单位。在测量比较短的物体的时候，我们就得用“厘米”作单位。

3. 运用“米”和“厘米”

师：在刚才的比划中，老师已经知道咱们二（　　）的小朋友，对米和厘米有了深刻的认识。现在，老师要考考你们，要测量数学书封面的长是多少，你觉得用什么单位比较合适？数学书不是较长的物体，用“厘米”比较合适。刚才老师认真测量过了，数学书封面的长度正好是 21 厘米。

4. 质疑激问,引出“毫米”

师:同学们,拿起我们的尺子量一量数学书的厚度,我们发现它不足1厘米。那我们该用什么单位呢?(预设学生:毫米)

师:你为什么会想到用毫米作单位呢?(预设生:因为毫米比厘米小)

5. 揭题板书

师:你说的真棒!毫米的确是比厘米还要小的长度单位。今天这节课我们就要来认识毫米。 (板书课题:毫米) 来,读一读,这个新的长度单位!

二、渐进研探:构建长度单位

(一)认识毫米

1. 了解起点,探寻新知已知情况

师:关于毫米,你都知道些什么?(根据情况,可让2名学生回答)

师:咱们班的小朋友课外知识真丰富,已经知道了很多关于毫米的知识。接下去,咱们就一起来深入的了解毫米。

2. 循序探研,构建新知“1毫米”

师:首先,我们要来找一找,你能在自己的尺子上找出1毫米吗?都能呀!那么,就请你指一指在尺子上从哪里到哪里是1毫米?如果用手指不清楚,可以用铅笔的笔尖指。谁能到大屏幕上指出来,从哪里到哪里是1毫米?(1名学生上台指)

明确:从这一刻度到这一刻度之间的长度,就是1毫米。你们都找到了吗? 谁再到屏幕上来指一指(教师说的时候配以手势,再找一个异性学生来指)

师:男孩子找到了,从这里到这里是1毫米;女孩子找到了,从这里到这里是1毫米。他们都找到了1毫米,虽然一个在这边、一个在那边,但他俩的本质是一样的!都认为这样的1小格的长度就是1毫米。

师:尺子上还有好多1毫米,下面就请你,找一个与他俩的1毫米位置不一样的1毫米,指给你的同桌看。(学生同桌指后)找到了吗?从同学响亮地回答中,老师知道你们都找到了,真棒,送自己一个微笑!

明确:的确,在尺子上,任何这样的1小格的长度就是1毫米。看着这1小格的长度1毫米,你有什么感受?

3. 构建“毫米”和“厘米”的联系

生:1毫米太小了!

师:是啊,毫米确实是个比较小的长度单位。刚才我们找到了1毫米,那么你能在尺子上找出2毫米吗?(师明确:一个小格是1毫米,那么两个小格合成的长度就是2毫米)

找出3毫米是多少格?找出4毫米是多少格?……8格是几毫米?9格又是几毫米?10格又是几毫米? 哎,你发现了什么?

生:10毫米就是1厘米。

师:你们确定1厘米就是10毫米?

生:确定。

师:是的,从0刻度到刻度1是1厘米,10毫米就是1厘米。为了使同学们有更清晰的认识,咱们1毫米1毫米的来数一数。(课件逐步显示,学生跟随数数)

生:1毫米、2毫米……10毫米。

师:小朋友们真厉害！用你们的慧眼发现了 1 厘米就是 10 毫米。(板书 1 厘米＝10 毫米)这么辛苦得到的答案,让我们用心地读一读。

师:好的！现在我们已经有了经验,知道了“1 厘米＝10 毫米”。那么,

从 0 刻度到刻度 2 是几厘米,是几毫米?(2 厘米,20 毫米)

从 0 刻度到刻度 3 是几厘米,是几毫米?(3 厘米,30 毫米)

从刻度 2 到刻度 6 呢?(4 厘米,40 毫米)

4. 联系实物,凸现生活中的“毫米”

师:看来同学们对这个毫米已经很有心得了。老师为每一位同学准备了一只信封,里面有一些物品,从中找出你认为是 1 毫米的物品。(预设学生回答:电话卡的厚度是 1 毫米、1 分硬币的厚度是 1 毫米)

追问:电话卡的什么 1 毫米、1 分硬币的什么又是 1 毫米。

师:同学们找得真认真,老师佩服你们这股认真劲！数学学习也确实需要这样的精神！

5. 借助实物,体验“毫米”

师:校讯通卡人人有,这个卡的厚度竟然刚好是 1 毫米。让我们借助这个卡,再来感受一下这个神奇的 1 毫米。请大家像老师这样用大拇指和食指夹住卡片,然后轻轻地抽出卡片。现在两个手指尖的空隙就是(学生接上:1 毫米),瞪大眼睛看一看哦(那边有个同学特认真,眼珠子都要瞪出来了),好小啊！保持这个动作,手指不能抖动哦,同桌互相看一看,好了吗?保持了这么长时间,你的 1 毫米还是 1 毫米吗?把你的卡插回去,有没有太宽或太紧?

师:请大家把卡片和硬币放回信封里,看看谁的动作最快。现在请你闭上眼睛想一想 1 毫米到底有多长。睁开眼睛,傅老师相信大家,肯定已经把它深深地记在心里了,1 毫米这么小,你会用吗?

6. 配套练习,应用毫米

连一连。(根据课本 P3 改编。)

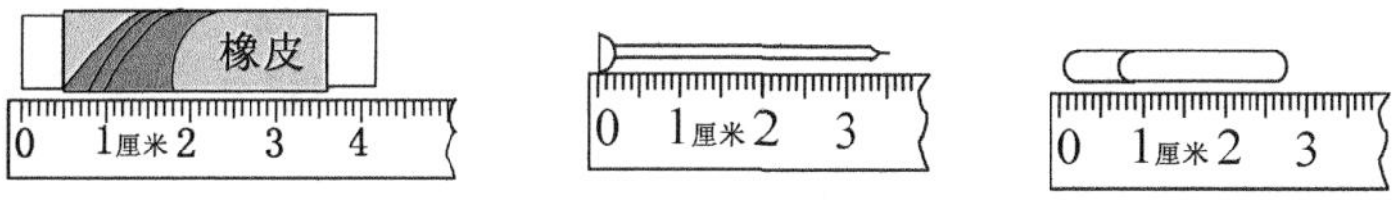

__厘米 __毫米　　__厘米 __毫米　　__厘米 __毫米

7. 图片欣赏,感受生活中的“毫米”

师:毫米虽然小,但是我们生活中经常使用的长度单位,在我们的生活中,也有很多地方用到这个毫米作单位的,老师也给大家带来了一些生活中的小资料。咱们一起去看看。

铅笔芯的粗细用毫米来表示,在包装盒上,你能找到毫米吗?(**师**:国际上规定用“mm”来表示毫米,板书 mm,这个虽然是字母,但我们还是读做毫米)

地板的厚度在 6～8 毫米之间能确保地板具备良好的透气性及散热功能。

世界上最小的鸟是生活在古巴和美国的一种蜂鸟,体长大约是 5 厘米 7 毫米。

老师看到我们班也有几位同学带了眼镜,你们知道吗,其实眼镜里面也有关于长度的数学知识。眼镜店里的叔叔阿姨给你配眼镜就是要根据这三个数据科学的配置的。小朋友们,你们要知道戴眼镜在我们的生活中会有很多的不方便,我们一定要保护我们的眼睛,

俗话说:眼睛是心灵的窗户。

师:看来毫米在我们生活中的应用可真广泛啊!老师还带来了一样东西。(拿出10张纸)这10张最常见纸的厚度刚好是1毫米。谁想来摸一摸,由这个10张纸组成的1毫米。(2～3名学生摸)

(二)认识分米

1. 启后过渡,引出“分米”

师:那么这样的100张纸,又是多厚呢?(看学生的比划情况。)对了,10毫米就是1厘米,看来刚才我们学得非常扎实。那如果是1 000张纸呢?分成这样100张一叠的话,可以分成几叠?1叠是几厘米,1 000张会有多厚呢?(10厘米)老师就准备了1 000张纸,请你看一看?现在你能用两个手指比划出10厘米吗?的确要准确比划出10厘米,有一定难度的。老师为大家准备了一根10厘米长的吸管。

2. 循序探研,构建新知“1分米”

师:请你从信封中找出来与自己比划的10厘米比一比,看看是长了还是短了?

师:像这根吸管一样的长度,我们既可以用10厘米来表示,也能用另外一个长度单位来表示,有小朋友知道吗?

生:分米。(板书分米)

师:真不简单,没学过又知道了!也就是说在1分米和10厘米之间也能画上一个什么符号?

生:=。(板书1分米=10厘米)

师:咱们一起来读一读。这样长的一根吸管刚好就是……(1分米)。其实,在我们的手上也有1分米,这样的一拃大约就是1分米,同学们比划一下,一拃大约就是1分米。

师:在生活中,有的时候用厘米作单位太麻烦,而用米又太长,这时候我们就可以用分米作单位。现在我们就一起估一估这课桌的宽度大约有多长?

生:……

师:你是怎么估的?

生:……

师:说得真好,老师测量过了,课桌的宽度正好是42厘米,同学们课桌的宽估成4分米,还是很合适的。

3. 构建“分米”和“米”的联系

师:那么,你们能在自己的直尺上找到1分米吗?

生:0到10(师跟进:尺子上明明写着10,你怎么说是1分米呢?) 恩,真会动脑筋,(还有吗?) 10到20……

师:知道了1分米有多长,那么老师要问一问了,2分米有多长呢?

生:0到20

师:那4分米有多长呢?

生:把2根直尺接起来

师:的确,一根尺子20厘米,也就是2分米,4分米就是2根尺子!那么3根尺子又是几分米呢?4根尺子呢?5根尺子呢?

生:……

师:聪明的小朋友肯定感觉到了这10分米的长度我们刚才已经比划过了,就是我们刚上课时比划的1米。

其实,1米=10分米。(板书1米=10分米)我们一起读一读。

师:读得真精神,为了更好地学习,我们有必要把刚才的学习过程进行简单的小结。

三、小结梳理:盘点学习心得

1. 主题回顾、盘点知识

师:今天我们又学了两个新的长度单位,分别是……

生:毫米　分米(补充课题)

师:这就是我们今天学习的内容,我们知道了“mm”用来表示毫米,分米呢?可以用这个“dm”来表示,同学们,让我们记住这两个新朋友!

师:小朋友们,请大家想一想到现在为止我们已经认识了几个长度单位?

生:4个。

师:哪4个?如果把它们按一定的顺序排排队,该怎么排?(学生移动粘贴板)

生:米　分米　厘米　毫米(说一说,你是按什么顺序排的)还能怎么排?

用手势再来比划一下……

师:从我们现在学的知识中,毫米是最小的长度单位,但是以后学了新的知识以后,你会发现比毫米小的单位还有。通过学习,我们知道了1米=10分米;1分米=10厘米;1厘米=10毫米。

2. 测量厚度、知识应用

师:同学们还有问题吗?既然没有问题了,老师还有个问题。课的开始,数学书的厚度用厘米来表示不合适,既然已经学了毫米,请你快速测量出数学书的厚度。(3名学生说)

师:其实,你们说的8毫米,7毫米,都是准确的,因为在实际测量中由于某些原因,存在着一些误差,像这样相差1毫米左右都是正常的。

四、巩固应用:完成多层练习

1. 基础练习:填一填

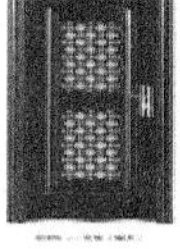

第一题:比划一下,1分米的茶杯是多高?

第二题:这里为什么填米呀?如果老师这里填的是分米,你觉得这前面的数应该改成多少?2米也就是20分米,大概是20根吸管的高度!

第三题:见过光盘吗?比划一下,厚度差不多是1毫米!

第四题:同桌之间说一说!

2. 发展练习:测量实物(机动)

(1) 1分硬币的厚度是1毫米,老师这里有个1元的硬币,你猜1元硬币会有多厚?两个1元硬币又是多厚呢?

(2) 这支用过铅笔的长度会有多少厘米呢?

6.《多位数乘一位数的笔算乘法》课堂实录

【教学目标】

1. 创设富有数学味的教学情境，引导学生亲历“多位数乘一位数(不进位)”笔算策略的探索过程。

2. 通过基于体验的算法提炼，帮助学生清晰理解乘法竖式的各步含义，逐步建立乘法竖式的计算模型，并能正确笔算“多位数乘一位数(不进位)”。

3. 凭借贴近生活的学习材料，使学生感受计算活动的现实意义；结合凸显主体的学习过程，让学生品味数学学习的成功体验。

【设计意图】

1. 关于目标定位。解读教材体系不难发现，本课内容是在学生学习了“表内乘法”“多位数乘一位数的口算乘法”“万以内数的加法”的基础上进行教学的。也就是说，学生已经具备了“表内乘法”“多位数乘一位数的口算乘法”“万以内数的加法”的计算经验，这就为其自主探究“多位数乘一位数的笔算乘法”的计算策略提供了强有力的起点支撑。鉴于这样的思考，本课教学的首要目标是，引导学生亲历“多位数乘一位数(不进位)”笔算策略的探索过程。亲历越充分，探索越深入，笔算策略生成建构的张力就越大。所以说，这个目标既凸显了“过程性”，同时又关联着“知识技能”目标(第 2 条)和“情感态度价值观”目标(第 3 条)。

2. 关于材料选择。本着“务实有效”的设计原则，我们选用了教材编定的数学材料(计算 3 盒水彩笔的支数)展开教学。我们觉得，“水彩笔”素材的现实性，有助于增强计算学习的亲和力；而“水彩笔”支数的直观性，则有利于学生数形结合领会算理、逐步抽象掌握算法。当然，在数学材料的呈现方式上，我们作了适当调整：把教材静态的图文材料，变成了现场动态的情节材料，从而使得“计算活动”与“解决问题”有了极其紧密的内在联系。另外，练习设计中，我们又引入了“福娃”、“租船”等学生喜欢的生活材料，进一步提升了计算活动的现实意义和生动程度。

3. 关于教学方式。本课教学，力求在“继承传统”“适度创新”中寻求简洁有效的教学方式。其一，我们通过基于情境的师生对话，训练了学生梳理信息、发现问题的数学能力。其二，揭示计算材料后，组织学生通过“独立尝试”“交流策略”“挑选算法”“再次计算”“主体反思”等课堂环节来体验建构笔算策略，“自主、合作、探究”的新课程文化有了较为充分的实践体现。其三，注重学生基础知识的理解和基本技能的掌握，设计了一定数量的针对性训练，使得全课教学显得扎实有效。其四，把“解决问题”作为点燃计算需要，锤炼计算思维的绝佳载体，使原本枯燥的计算课堂生机盎然。

教学实录

一、解决问题:生成学习材料

1. 呈现素材:课件出示盒装水彩笔。

水彩笔
规格:12 支装

师:同学们请看大屏幕,认识它吗?

生(合):水彩笔。

师:对,这是我们非常重要的学习工具——水彩笔。 (板书:水彩笔)

仔细观察水彩笔的包装盒,你能发现什么数学信息?

生 1:12 支装。

师:12 支装什么意思呢?

生 1:就是每盒 12 支。

师:很会观察!是的,每盒 12 支。 (板书:每盒 12 支。)

2. 提出问题:课件出示 3 个小朋友和 3 盒水彩笔的画面。

师:现在,有明明、丽丽和芳芳三个小朋友,他们要用水彩笔画画。

根据,屏幕上所提供的信息,你能提出一个数学问题吗?

生 1:3 人一共有水彩笔多少支?

师:3 人一共有多少支,也就是 3 盒一共有多少支? (板书:3 盒一共有多少支?)

师:还有不同的问题吗?

生 2:两盒水彩笔一共有多少支?

师:可以的。我们选取"3 盒一共有多少支?"为问题,现在我们的学习材料已经完整,让我们齐声响亮地把学习材料读一读! (学生将板书"水彩笔,每盒 12 支。3 盒一共有多少支?"进行朗读。)

二、渐进研探:积累计算策略

1. 口答列式:

师:要解决这个问题该怎么列式呢?

生 1:12×3=36(支)

师:其他同学同意吗?

生(合):同意!

师:好的,老师把"12×3"写到黑板上,刚才他还说出了得数,老师把得数和单位也写上。 (板书:12×3=36(支))

师:谁能结合屏幕上的信息,说说 12、3 分别是什么意思?

生 2:12 是每盒的支数、3 是 3 盒。

师:其他同学听明白了吗?是的,"每盒的支数"乘"一共的盒数"就是一共的支数。

2. 独立计算:

师:老师现在肯定地告诉大家这个 36 是正确答案,那么你是怎么算出来的呢?(不少学生马上举手了。)

咱不急着汇报，各人有各人的办法，为了便于交流请在自己的本子上把计算过程写清楚！

师(一段时间后)：好了，请向你的同桌，介绍你的方法？

3. 交流策略：

师：你是如何算“12×3”的，光告诉同桌不行，谁愿意与在座的老师和同学共同分享？

生1：我做的是 12+12+12=36 (教师板书：12+12+12=36)

师：你是利用乘法与加法的联系，把乘法算式转化成了连加算式，算出了得数是36，同学们他这样做可以吗？

生(合)：可以！ (有学生小声说：和我一样的。)

师：请用加法的同学举举手！(6～8个学生举手) 同学们请看大屏幕，(教师手指屏幕上水彩笔)3盒一共多少支就是12支+12支+12支，一共36支。

师：还有不一样的方法吗？

生2：我是先算2×3=6。 (教师板书：2×3=6)

再算10×3=30。 (教师板书：2×3=6)

师(手指“12”的“1”)：这里只有“1”，你怎么说10呀？

生2：因为这个“1”在十位上，所以代表“10”。

师：哦，老师明白了。继续。

生2：6+30=36。

师：这位同学把新算式转化成了几个我们已经会做了的旧算式，成功解决了问题，祝贺你！

师：咱们再来看屏幕，10×3表示先算每盒当中的10支，3盒一共30支；再算每盒剩下的2支一共是6支；合起来就是36支。

师：还有不一样的方法吗？

(不再有学生举手，不少学生面有难色。)

师：傅老师所在的阳光学校有小朋友是用竖式做的，请看黑板。 (教师板书：$\begin{array}{r}1\ 2\\ \times\quad 3\\ \hline\end{array}$)

这个竖式你们能看懂吗？

(有个别学生大喊我也是这么做的。)

师：咦！这种方法也有呀，刚才怎么都不说呀，现在谁胆子大，来说一说！

生3：“2×3”得“6”，“6”写在3的下面。

师：“6”为什么要写在“3”的下面呢？

生3：因为2在个位上，所以“2—3”得“6”的“6”也要写在个位上。

师：讲得真好，其他同学听明白他的意思吗？ 请你继续。

生3：“1×3”的“3”，“3”写在十位上。

师(教师手指“12”中的“1”)：这个“1”还是“1”吗？

生3：不是，在这里代表的是“10”。

师：是的，这样的竖式你是怎么知道的呢？

生3：我阿姨以前教过我。

师:你真是数学学习的有心人。谢谢你,让我们见识了一种新方法,请坐。

师:同学们,不知道你们发现了没有,其实这横式方法和竖式方法是有联系的。（教师手指横式中的“2×3=6”）这步和(教师手指竖式中的“2—3”得“6”)这步是一样的,我们用红线把他们连接起来。同学们再请看,(教师手指横式中的“10×3=30”)这步和(教师手指竖式中的“1—3”得“3”)这步是一样的,我们也可以用红线把他们连接起来。

师:还有别的方法吗?

生4:我有,我有!（一个本节课特别活跃的男生大声说。）

师:请讲!

生4:……

师:这个方法不对哦!

4. 挑选算法:

师:咱们三(6)班的小朋友真是厉害,在这么短的时间内,想出了这么多的办法计算出了12×3=36,让我们为自己精彩的表现送上一个最会心的微笑!现在,老师给黑板上的3种方法分别编号,请你说说在这3种方法中,你最欣赏的是哪一种方法?

(5名学生说了自己最欣赏的方法。)

5. 再次计算:

师:真是萝卜、青菜各有所爱!现在,就请你用你最欣赏的方法计算11×7。

(学生独立计算,实物投影展示汇报。)

生1:我是用加法:11+11+11+11+11+11+11=77

师:感觉怎么样?

很多学生争着回答:太麻烦了。

师:是的,用加法来做这题并不是很合理。

生2:我用横式:1×7=7　10×7=70　7+70=77

生3:我用竖式:
$$\begin{array}{r} 1\ 1 \\ \times\quad 7 \\ \hline 7\ 7 \end{array}$$

师:现在,请选用第一、第二、第三种方法的同学分别举手。

(统计结果为:1人加法,5人横式,其余为选择竖式。)

师:通过计算,我们发现,用加法计算乘法有时不太方便。“横式”计算和“竖式”计算的基本思路一样,而“横式”计算是我们早已学会了的方法,所以,今天我们就着重研究“竖式”计算。“竖式”计算乘法,在数学上也叫做“笔算”。（板书:笔算乘法）

师:让我们读一读。

6. 主体反思:

师:现在,请你在脑中默默地回忆一下刚才竖式计算“12×3”和“11×7”的过程。你可以闭上眼睛,如果有困难也可以对着黑板上的竖式进行回忆。

师:从刚才回忆的过程中,老师感觉到咱们三(6)班的小朋友对待事情特别认真、特别专注,来让我们为专注的三(6)班鼓掌!

7. 专项练习:

师:小朋友们,现在你想做一做这样的竖式吗?

生大喊：想！

师：好的！傅老师为同学们的学习激情而高兴。

请你把课本翻到第 74 页，完成“做一做”。

$$\begin{array}{r} 3 \\ \times\ 2 \\ \hline \end{array} \qquad \begin{array}{r} 2\ 3 \\ \times\quad 2 \\ \hline \end{array} \qquad \begin{array}{r} 1\ 2\ 3 \\ \times\qquad 2 \\ \hline \end{array}$$

（学生独立完成，教师巡视。）

师：谁愿意向大家说说你的答案。

生 1：第 1 道答案是“6”。（课件同步出示答案“6”。）

师：非常简单，没有问题。

生 2：第 2 道答案是“46”。（课件同步出示答案“46”。）

师：为什么“4”在十位上？

生 2：因为“2”在十位上，所以“2—2 得 4”在十位上。

师：很会思考，其他小朋友同意吗？

生 3：第 3 道答案是“246”。（课件同步出示答案“246”。）

师：请说说“2”在什么位上？

生 3：“2”在百位上。

师：完全正确。请全对的小朋友对着傅老师点点头。（学生点头）

师：从同学们的点头中，傅老师觉得咱们的学习是卓有成效的。

7. 探究揭题：

师：请同学们仔细观察屏幕上的 3 道题，你有什么发现？

生 1：我发现得数中的每位数字相差 2。

师：不错的发现。

生 2：我发现他们乘的数都是“2”。

师：是的。

生 3：我发现得数的数位越来越多。

师：为什么得数的数位会越来越多呢？

生 3：因为第一个因数的数位越来越多。

师：同学们很会观察，这 3 道题的确是有联系的。我们再一次来看这 3 道题。（课件依次出示每道题。）

师：现在老师有一道四位数的题，你们还会做吗？（课件出示 $\begin{array}{r} 4\ 1\ 2\ 3 \\ \times\qquad\ \ 2 \\ \hline \end{array}$）

生 4：答案是 8246。

师：其他同学同意吗？为什么 8 在千位上？

生 4：因为 4 在千位上，所以 2×4 得 8，8 也在千位上。

师：其他同学都这么想吗？真是，英雄所见略同！

师：如果现在有五位数、六位数，甚至是十位数该怎么做呢？

生（合）：……

师：是这样吗？（课件出示 $\begin{array}{r} \cdots 4\ 1\ 2\ 3 \\ \times\qquad\qquad 2 \\ \hline \cdots 8\ 2\ 4\ 6 \end{array}$）

师:小朋友们很会学习,懂得举一反三!是的,这就是我们今天学习的“多位数乘一位数的笔算乘法”。(板书将课题补充完整为:多位数乘一位数的笔算乘法。)

师:来,让我们用心地读一读课题。

接下去,我们要用今天所学的知识去解决一些数学问题,你们有兴趣吗?请看大屏幕。

三、多层训练:提升计算水平

1. 填一填:(口答)

$$\begin{array}{r} 1\ 4 \\ \times\quad 2 \\ \hline \square\square \end{array} \qquad\qquad \begin{array}{r} 3\ 3 \\ \times\quad 3 \\ \hline \square\square \end{array}$$

生1:第1道答案是28。

师:其他同学同意吗?

生2:第2道答案是99。

师:这两个“9”一样吗?

(生2没有回答,只在思考,其他学生纷纷举手争着要回答。)

师:你能回答吗? 谁愿意帮助他?

生3:不一样。一个“9”代表“9个十”、另一个“9”代表“9个一”。

师:有道理。

师(面对生2):现在你明白了吗?你能不能也来说一遍。

生2:前面一个“9”代表“9个十”、后面一个“9”代表“9个一”。

师:好的,请座。数学家们说,“计算能力的提高,熟能生巧是关键!”

下面我们就要列竖式来计算,请同学们完成“列竖式计算”。

2. 做一做:(列竖式计算)

21×4=　　　　　　　　423×2=

师(学生独立完成后):老师请做的最快的两个同学到黑板上进行板演。

(教师此语一出,10余名学生蜂拥至黑板前争着要板演。)

师:同学们做得真的很快,老师也辨不清谁是最快的同学了,请同学们回到座位上,老师请一位女同学一位男同学吧,其他同学请你仔细看黑板,他们做得对吗?

(教师任意抽了两名学生板演,其中第一题板演正确,第二题学生没有将竖式得数抄在横式中。)

师:同学们请看第一题,她做得对吗? (学生齐喊:对。)

师:老师觉得她不仅做对了,而且“×”没忘记,积的数位写对了,尤其横式上的答案也写上了,祝贺你!

师:同学们觉得第二题做得怎么样?

生(合):横式上答案没有写。

师(对着板演的学生):你认识到自己的错误了吗?老师帮你把答案写上,今后可别忘了哦!

师:做对的同学请你鼓鼓掌!好的,那么你觉得咱们在做竖式时要注意些什么呢?

生1:横式上答案一定要写。

生2:数字别抄错。

生 3:“×”别漏写。

生 4:积的数位别写错。

师:同学们说得很对,这些都是我们今后要注意的问题。

3. 想一想:(福娃背后藏着几?)

$$\begin{array}{r} 2\ \bigcirc \\ \times\quad 3 \\ \hline 6\ \ 3 \end{array}\qquad\qquad \begin{array}{r} \bigcirc\ 3 \\ \times\quad \bigcirc \\ \hline 8\ \ 6 \end{array}\qquad\qquad \begin{array}{r} \bigcirc\bigcirc \\ \times\quad \bigcirc \\ \hline 8\ \ 8 \end{array}$$

生 1:第一道是 21×3=63。 (课件显示答案。)

师:“1”是怎么来的?

生 1:“1—3”得“3”。

师:非常简单!

生 2:第二道是 43×2=86。 (课件显示答案。)

师:说说你是怎么想的?

生 2:因为“2—3”得 6,所以第二个因数就是 2,那么“2—4”得 8,因此就是 43。

师:很有条理。

生 3:44×2=88!

师:对不对呢,我们一起来算一遍! (教师将竖式写于黑板,全体学生一起进行验算。)

生 4:我还有不一样的。22×4=88!

师:对不对呢,我们一起也来算一遍! (教师将竖式写于黑板,全体学生一起进行验算。)

师:同学们真的很会动脑筋,还有吗?

生 5:11×8=88!

师:还有吗?

生 6:88×1=88!

师:小朋友们,看似简单的一道题,却有这么多的答案,以后咱们做数学题目的时候可得细心、细致!

师:感谢福娃为北京奥运带来了吉祥、感谢福娃为我们的学习带来欢乐。猜完了福娃,让我们到公园去看一看!

六、研修足痕篇

1. 上屋顶看风景

——绍兴市小学数学复习课教学研讨会综述

“人间四月芳菲尽，山寺桃花始盛开！”四月，是踏青的季节；四月，一年中的春天，是春天中的盛季。四月，一年中最珍贵的季节，一如初恋转瞬即逝。在万物复苏的天地间，一切都在跃跃欲试地生长，浮动着氤氲的气息。在这个季节，我们的小数人也焕发着“勃勃生机”，他们试图寻找数学中最美丽的风景。4 月 18、19 日，在绍兴市教研院的精心安排下，我们齐聚一堂，在绍兴县实验小学举行了“绍兴市小学数学复习课教学研讨会”，绍兴市下属各县(市、区)教研员、骨干教师，绍兴市小学数学新秀班等共计 200 多人参加活动。

众所周知，上好复习课，对学生系统学好数学、发展思维能力，是极为重要的。一节“好”的数学复习课，不仅要让学生巩固已学知识、查漏补缺，还应当重在知新，提高数学知识在实际生活中的应用能力，培养更好的数学思维品质。常言道“教无定法”，复习课可以有各种各样的开展方式，但是真正上好复习课并不是一件轻而易举的事，如果不认真安排、不精心设计，就达不到预期的效果。针对复习课如何开展，我们进行了扎实而有效的研讨。

本次活动的主题是“自主梳理，整体提升，让复习课更有‘复习’味”。如何自主梳理？如何整体提升？首先向老师们展示的是 5 节复习课。18 日下午，简单的介绍过后，越城区树人小学宣峰老师执教《“统计”总复习》，宣老师充分利用“思维导图”，带领学生系统梳理了统计的相关知识，重温开展一项统计调查工作所需的步骤与方法，从而进一步明确各种统计图在描述数据方面的特点及作用，会更好地根据数据特点选择恰当的统计图和统计表。绍兴县杨汛桥实验学校洪浩芳老师执教《“比和比例”总复习》，洪老师以小组合作、分组竞赛的方式，帮助学生正确理解比和比例的意义和基本性质、弄清楚比和分数、除法之间的关系，认识化简比和求比值的区别、了解正比例和反比例的关系，从而帮助学生提高学习的积极性，提高学生梳理、化归、总结知识的能力。

两节课后，两位上课老师分别阐述了设计意图和教学特色，在互动研讨环节，与会老师纷纷阐述了自己对两节课的想法，气氛热烈。之后，省特级教师、绍兴县实验小学李国娟老师对这两节课进行了点评。李老师从活动主题切入，指出“系统、网络、弥补、纠正”是复习研讨的关键，李老师认为宣峰老师的“思维导图”有很大优势，宣老师以“统计”为联想的起点，给六年级数学复习课增添了活力；而洪老师在活动中，引领学生自主梳理，又利用竞赛的方式强化、巩固和发展，很好地达成复习总目标。

19 日研讨活动继续，绍兴县鉴湖小学张盈菲老师执教《“立体图形的认识”总复习》，通过复习张老师使学生进一步明确长方体、正方体、圆柱和圆锥等立体图形的特征，引导学生从不同角度进一步丰富对立体几何体的认识，增强学生在三维立体图形与二维平面图形之间的正确转换的能力。上虞市谢塘小学陆军老师执教《“运算的意义”总复习》，在复习中引导学生充分经历“起点还原”“知识梳理”“巩固应用”的复习过程，进一步促进学生对于加、减、乘、除四则运算的意义理解及关系把握，并结合复习活动的逐步展开，帮助学生积累梳理知识要点、构建知识网络的基本活动经验，促进了学生“解决问题”素养的提升。活动特邀临海市教研室教研员、特级教师陈庆宪老师执教《“式和方程”总复习》，陈老师以“什么叫方程”“怎样解方程”“含有字母式子的意义”“怎样用方程解决问题”为导入，复习以这四个问题为主线，于无形中复习了“式和方程”，并进行了相关练习，还进行了深度拓展，陈老师的示范课扎实、有效，为大家上好复习课打开了思路。

下午是本次活动的核心，陈庆宪老师为大家做了《小学数学复习课教学实践与思考》的辅导讲座。陈老师首先为大家讲了“复习课的特点和作用”，他认为复习课的基本作用是“梳理知识、查漏补缺、熟练技能、发展思维”，要“理练联分离”切勿“一练到底”。然后陈老师认为复习课要“做好复习计划的梳理”，要“梳理复习内容，合理安排复习时间”、要“分析学生学情”、要“关注阶段性评价和关注课前的前测”，最后陈老师详细讲述了提高复习课堂教学效率的思考。我们应该树立“以生为本”的复习课教学思想，推广“以生为本”的复习课的教学模式，加强知识的联系与整合、精心设计复习素材，突出以练为主线、重现思维发展和能力的提升，灵活把握课堂动态、努力提高教学效率，在课堂动态把握中要注意以下几点：把握好问题导引、把握好整体评价、把握好以练带理。

最后，绍兴市小学数学教研员、特级教师汤老师以“上屋顶看风景”为题对1天半的活动进行了总结。汤老师认为宣峰老师充分利用“思维导图”带领学生自主梳理了统计内容；洪浩芳老师以竞赛模式组织学习，带领学生发现错例、建立错例库，有效复习了“比和比例”的知识内容；张盈菲老师在对比、归类中明晰了立体图形的特征；陆军老师以“加、减、乘、除”为导向，以“学习单”为载体，全面复习了“运算的意义”；陈庆宪老师“以练带理”，借助小组交流，有思维含量的问题拓展，有效复习了“式和方程”。5堂课折射出五种不同的复习模式，都实现了自主整理、整体提升的复习目标，更让复习弥漫了“复习味”。最后汤老师要求老师们要“着眼点——夯实基础、全面提高——查漏补缺、关注差异”，“注重点——梳理知识、优化结构——纵横沟通、系统理解”，“关键点——发展思维、提高能力——训练拓展、灵活应用”。

歌德说：“你要我指点四周风景，首先你要爬上屋顶！”我们也明白，要想做好复习工作，我们首先要明白复习目的和复习方式，通过1天半的活动，我们有收获、有思考，盘点收获、反嚼消化，我们也一定能上“屋顶”！

2013年4月18、19日，“绍兴市小学数学复习课教学研讨会”在绍兴县实验小学举行，本文系发表在“绍兴教育网”的“活动综述”上

2. 计算教学,应该关注什么?

——绍兴市小学数学青年骨干教师研修班第二次研修活动综述

印象中,计算教学“教师难教”“题目枯燥”“机械训练”“结果易错”“学生讨厌”。曾起何时,计算教学成了一块“难啃的骨头”,教师教得“累”、学生学得“苦”,但不管有多苦,计算教学还得继续,绍兴市 2008、2010 两届优质课评比都以“计算教学”为主题,当下对“计算教学”的“关注强度”可见一斑。如何使“累”减一些、使“苦”少一点? 1 月 11 日,农历腊八节,带着“计算教学应该关注什么?”的研修愿景,绍兴市小学数学青年骨干教师研修班 49 位学员在汤老师的带领下相聚绍兴市秀水小学,他们用一天的时间找寻其中的答案。

作为教学研究的主阵地,上午 9 时“课堂教学研讨”准时开始。研修班学员越城区镜湖小学张慧芝老师和嵊州市逸夫小学胡胜峰老师分别执教《20 以内的退位减法(一年级)》和《除数是一位数除法(三年级)》两节研究课。张老师的计算课借助小猴卖苹果的动画情境,引导学生提出相关数学问题,从而使“数学计算”与“实际运用”紧密结合,让学生体会到“数学计算”的现实价值。胡老师的计算课打破传统竖式计算的模式,在课堂引入逸夫小学基于课堂实践的竖式计算新模式,这种突破传统的竖式模式在帮助学生清晰明确算理的同时,也给了学生强烈的视觉和思维的冲击;同样也在学员中引发热烈研讨,有欣赏、佩服的声音,有质疑、反对的声音,两种声音的出现,也更体现了这种新模式产生的“辨证意义”,更引起了学员对计算课“教学设计与教学组织时我关注了什么?”和“观课时我关注了什么?”的深层思考。

经过短暂的中午休息,带着绵绵思绪,下午学员们首先观看了 2010 年绍兴市优质课评比一等奖录像课,由越城区鲁迅小学许雅琴老师执教的《除数是两位数的笔算除法(四年级)》一课。虽然是非专业拍摄的录像课,但学员们观看得特别认真,大家从市级优质课中解读到的是:合理的情境创设、清晰的算理讲解、适时的算法优化和高质的巩固训练,是计算课的精髓所在。

课后,大家分组围绕“计算教学我们应该关注什么?”进行了热烈的讨论,学员们 5 人一组,纷纷阐述自己的思考、倾听他人的意见,观点的碰撞也将本次活动的研修气氛推向了高潮。随之展开的“集体研讨”环节,各小组派出一名代表阐述本小组的交流成果,“草根化、本土化”的声音最显真实,每一位学员安安静静地倾听、认认真真地记录、频频赞同地点头,班主任汤老师现场提炼小组发言的要点并屏幕显示,这种提纲挈领的即兴引领帮助大家更好学习和领会他组的讨论结果。历时 1 个多小时的小组汇报,在汤老师的归纳整合下,大家对“计算教学我们应该关注什么?”的命题形成一致意见,我们将以“教材把握、情境创设、算理教学、多样化与优化、口算教学、训练的量、算用结合、估算意识”为计算教学的“着力点”,在今后一个时期内我们会在这些部位“发力”!

活动的压轴是浙江省特级教师、班主任汤老师的引领讲座《计算教学应该关注的几个问题》,汤老师基于真实的教学调研和大量案例的分析,把同学们的注意点带进了更为深远的思考之中。活动的最后,汤老师为大家解读了《绍兴市小学数学青年骨干教师研修班预期成果和考核办法》,并布置了相关研修作业。

一天的活动结束了,历经"课堂观摩、教学反思、自由发言、观看录像、小组讨论、集体研讨、专家引领"七大主训模版,形成计算教学的八大"着力点",这一碗"热气腾腾"历时一天熬成的八果"腊八粥",是我们最大的收获!作为本次活动的后续研修,大家将以"计算教学,我的妙招"为研修班"QQ论坛"主题,我们期待在学员们的智慧论坛下,"计算教学也能迎来生机勃勃的春天"!

2011年1月11日,"绍兴市小学数学青年骨干教师研修班第二次研修活动"在绍兴市秀水小学举行,本文系发表在"绍兴教育网"的"活动综述"上

3. 一轮暖日在寒冬

——绍兴市小学数学青年骨干教师研修班第六次活动综述

盖北葡萄的甜润还未散尽，冬日的寒冷已如期而至，12 月 8、9 日绍兴市小学数学骨干研修班学员集结美丽嵊州，展开他们第六次的集中研修。本次研修主题隶属“图形与几何”“统计与数学广角”两个研修基本模块，两天的研修活动充实而短暂，既有绍兴市名师的点拨引领、又有研修班学员的真我展示，天气很冷，但精彩的课堂生成、生动的观点报告、热烈的互动交流、独创的教法介绍……芸绕耳际，这是也是小数研修班学员两天里扎实、静心学习的真实写照！

活动第一天：扫视“图形与几何”的教学

“图形与几何”是新课程小学数学的四大知识领域之一，如何帮助学员们梳理“空间与图形知识体系”？如何把握“空间与图形”教学重点与难点？对于新增加的“空间和图形运动”又该如何教学？学生空间观念的培养有何妙策良计？

研修班学员上虞市实验小学杨通老师率先登场，为大家展示观点报告《扫视“图形与几何”的教学》。杨老师发挥自己的学术张力，查阅大量资料，并结合实践课例，分“关于名称、回顾历史、关于目标、关于内容”四大方面，用 1 个半小时的时间，阐述梳理了相关知识体系。尤其，在“关于内容”版块中，杨老师又以“图形与几何”的四大基本内容为点，向大家提供了实践可行的操作策略。杨老师认为，“图形的认识”教学中，要从立体入手开始教学、要强化表象、要从直观辨认到探索特征、要重视“观察-操作、想象、推理、表达”之间的结合；“测量”教学中，内容结构要符合学生认知的心理规律、能体会量的含义、能在具体情境中-注重对测量的量的具体意义的理解、能体会测量单位的实际意义、能重视估测；“图形与位置”教学中，要明确教学价值、明确教材编排特点；“图形的运动”教学中，亦要明确教材编排特点、搞清旋转和平移的真正含义。

观点报告过后，课堂教学随即展开。研修班学员越城区皋埠镇小顾尧根老师，执教三下《面积和面积单位》，顾老师倾力追寻数学课堂教学的“现实性”“系统性”“文化性”三重视界。以“面”字开课导入、从而激活学生经验，以生成感悟为依托、引导学生体会面积单位学习的必要性，又以列举实物为基点、体验构建各个面积单位的形成，最后通过巩固拓展、对面积单位进行了应用引申。绍兴市名师、嵊州市城北小学裘迪波老师，执教五上《三角形的面积计算》，裘老师以“三角形的面积你会计算吗？”为设问，在观察、操作中，利用一节课多达 7 次的“比划”，帮助学生理解三角形的面积计算公式的推导过程，正确地计算三角形的面积，还让学生经历了公式推导的全过程，发展了空间观念和“转化”的思考方法。研修班学员绍兴县中国轻纺城小学石柳老师，执教五上《梯形的面积》，石老师胜似一朵激情盛放的红玫瑰，做足“数学转化”思想的文章，通过“突显转化、深化转化”两个途径，使学生进一步认识了转化思想方法在研究平面图形面积时的巨大作用。

三节研讨课过后，研修活动的高潮随即来临。在以“如何培养学生空间观念大家谈”为主题的互动活动中，气氛热烈、参与度高！大家先阐述了自己对三节课的看法，大家认为“借助实物、操作体验、手势比划、运用转化”是三节最大的亮点。同时，大家有备而来，纷纷以书面稿的形式，向同学们交流“培养学生空间观念一招一式”的实践感悟，发言声此起彼伏，话筒被大家争抢，各类教材典型难题的巧解妙教、各种概念的创新教授、培养学生空间观念的成功经验……在互动交流中频频汇集，原定16:30结束的互动，结果在16:45还意犹未尽，真是“最爱湖东行不足，绿杨阴里白沙堤”！

活动第二天：培养一种不确定的思维方式

相比老教材，新教材中“统计和概率”涉及更全面、知识系统更完善，由此，统计与概率相关背景知识、统计与概率的教学重难点解读都是“纠缠”我们每一个学员的实际问题？而“数学广角”作为人教版数学课标实验教材新增的特色板块，其内容新颖、与生活联系密切，活动性和操作性较强，教与学都有着较大的探究空间，学生对这块内容的学习有着浓厚的兴趣。但随着实验的深入，各种困惑也随之而来，如教学目标定位失当、数学思考落实不足、数学活动徒具形式、过度追求生活化与趣味性等。这一天的活动，我们将探讨统计与概率领域的知识体系与教学重点，同时梳理介绍与小学数学密切相关的数学思想方法。

活动于8:20分准时开始，首先是两节研讨课。绍兴市名师、嵊州剡山小学赵小艺老师，执教二上《统计》。赵老师借助学生身边有趣事例的调查活动和学生感兴趣的实践游戏，使学生体验数据的收集、整理、描述和分析的过程，使学生初步了解统计的意义，会用简单的方法收集和整理数据，并初步认识了条形统计图。绍兴鹤池苑小学何佳佳老师，执教四上《统计》，以大量生活中学生常见的事例，激发学生的学习兴趣，使学生认识纵向复式条形统计图，并能根据解读统计图。

课后，上虞市滨江小学徐雪刚老师所做的观点报告《浅谈小学“统计和概率”课程领域的理念要点及教学思考》。徐老师以一线老师的六大疑问“到底什么是统计，什么是概率？学生感兴趣的统计与概率学习或应用的例子哪里去找？如何在统计过程中发展学生的统计观念？教师如何指导学生做概率实验？统计与概率内容不同阶段的要求是什么？不少教师不愿在统计过程上下功夫，怎么办？”为引，带领大家整体感知“统计和概率”教学，明确“数据分析、统计观念、随机现象、随机观念”四大关键词，交流了“统计和概率”教学的现状与困惑，提出了切实可行的设计策略和评价策略，并阐述了学习体会。

下午，绍兴市名师、嵊州市鹿山小学王孙君老师，为大家做了《“数学广角”内容解读与教学思考》的专题报告。王老师从安排意义和内容安排两个方面，为大家解读了“数学广角”的内涵，并提出了“教学目标要合理定位、情境引入要直观简洁、体验感悟要充分到位、比较归纳要及时跟进、理解应用要循序渐进”六大探究“数学广角”的教学策略。

两天的活动已经结束，带给学员们的思考将延绵不断，本次研修将对同学们在空间与图形知识体系梳理与教学重难点透视，研究平行四边形、三角形、梯形、圆等平面图形面积推导课（图形的计算）；平移与旋转案例分析（图形的运动）；学生空间观念培养；统计与概率相关背景知识，统计与概率的教学重难点解读；统计教学，数学思想教学有着积极的促进作用，也将对学员们解读教材、把握教材有着巨大的促进作用！

2011 年 12 月 8、9 日，“绍兴市小学数学青年骨干教师研修班第六次研修活动”在嵊州市举行，本文系发表在“绍兴教育网”的“活动综述”上

4. 这一次，我们相聚在西施故里

——绍兴市小学数学青年骨干教师研修班第八次研修活动

时间很快，转眼间研修班已是第八次活动，4 月 26、27 日，我们来到美丽的浣纱江畔西施故里，在诸暨市暨阳小学和行知小学展开为期两天的学习。时间很短、日程很紧、效率很高，六节课堂观摩课、三大主题交流（“利用错例改进教学、关注学生的学习、教研成果的表达”）、一场专家报告，两天的活动，丰富而充实。

基于错题、超越错题：利用错例改进教学

有幸，又一次能走近汤老师的省级课题《小学数学 1～6 年级典型错题库的建立与应用》，每一次总能感悟到汤老师的真心做课题。课题组研究成果斐然，本次活动所呈现的两节研究课，为我们“利用错例改进教学”提供了借鉴。

绍兴县安昌镇小周炳炎校长课题研究课《三角形三边的关系》，周校长立足课题组成员所在全市 37 所学校，所收集到本知识点两个主要错题，在新授教学中进行介入，从而突破教学难点，并通过变式训练有效提高学生解答类似数学题的能力，达到为学生思维而教的目标。绍兴市鲁迅小学唐彩彩老师利用错例提升复习效率，执教《正比例和反比例的总复习》。唐老师认为本知识点从新授到单元结束，虽然教师一再干预，但错例之所以错误率居高不下的原因有三点：概念不清、方法缺失、缺乏常识。为此，唐老师在“就题纠错”的同时，重视解题策略的指导；了解常识，从根源上帮助学生扫清认识中的误区。借助以上两点，唐老师通过对典型错例的辨析、纠错，帮助学生梳理判断正反比例的方法及沟通两者之间的联系。

两节课过后，三个报告先后展开。新昌县城西小学吴红霞老师《守望一路的风景：如何有效利用小学数学错题资源》，上虞市实验小学杨通老师《借助错例改进教学的一些思考》，诸暨市浣江小学陈和苹老师《“有余数的除法”中错误资源的收集与有效利用》。三个报告朴实无华，以一线教师的“草根”真实研究，既有理论思考又有大量课堂实践案例，为我们开启利用错例改进教学的新视角。

以生为本：关注学生的学习

第二个主题，诸暨市同山镇王沙溪学校边巨星老师率先登场，他的学术主题报告《为学而设——从“教材”到“学材”练习改进例谈》，边老师的报告分“问题聚焦——探寻症结——现象与策略——些许感想”四个版块，从“还是我算的精确”引起的思考切入，详细阐述了

“练习需从教材到学材的视角转变、为学而设的练习改进教学探索、教师该具有怎样的练习设计的价值观”，边老师的报告给人以思考，为我们打通了以“关注练习”来关注学生学习的新通道。

报告过后，四节研究课开始。诸暨市大唐镇中心小学石鹏燕老师执教六上年级《确定位置》，石老师创设具体情境，带领学生探索确定位置的方法，引导学生经历由实物图到点子图最后到方格图的数学化抽象过程，渗透了坐标思想，使学生学会用数对表示物体的位置，体会数对的准确性和简洁性。嵊州市逸夫小学应海江老师执教五下年级《异分母分数加减法》，应老师通过学生的自主探索，使学生理解和掌握异分母分数加减法的计算法则，让学生经历将异分母分数加减法转化成同分母分数加减法计算的过程，在关注学生的过程中，渗透转化的数学思想，培养学生自主探索的能力及良好的小组合作能力。越城区东浦镇中心校沈桂芳老师执教五下年级《找次品》，沈老师通过创设观察、猜测、实验操作、画图、推理与合作交流验证等学习方法，探究找次品的策略，能够借助纸笔对“找次品”问题进行分析，归纳出了解决这类问题的最优策略，经历由多样到优化的思维过程。新昌县城东小学赵华英老师四下年级《植树问题》，赵老师引导学生通过画图操作、观察比较，体悟到植树问题间隔排列一一对应的本质特点，让学生经历操作、交流、推理等探究知识的过程和从具体到抽象从生活实际中抽取出数学模型的过程，培养学生从简单问题入手解决复杂问题的意识，渗透数形结合，让学生用数学的方法解决生活中的实际问题，感受数学在生活中的广泛应用。

乘着思想的航帆成长：教改成果的表达

当下，一线教师都在追求“反思教学、总结得失”，但如何“交流共享”？一线教师，尤其青年教师频频为如何写出高质量的教学论文而苦恼。由此，汤老师邀请了知名期刊《教学月刊》陈永华主编来为大家“指点迷津”。

陈主编以《写作、反思、成长——怎样撰写和发表论文》为题，针对当下老师们最大的困惑和迫切需要解决的论文写作和发表问题，提出了切实有用的指导意见。报告指出“把问题变成论文、把做法变成论文、把想法变成论文、把课题研究变成论文”，着重解决了老师们苦于寻找写作题材的难题；接着又从专业的角度指出教学论文常见的毛病以及写作和发表论文应注意的事项。陈主编的报告生动通俗又相当实效，通过大量的已成功刊发的案例，紧紧吸引了大家的心。

陈主编最后用“与你乘着思想的航船成长”勉励大家，使同学们对论文撰写和发表充满期待，纷纷表示要将心动化为行动，使自己的作品能刊印发表。谢谢陈主编！

2012年4月25、27日，“绍兴市小学数学青年骨干教师研修班第八次研修活动”在诸暨市举行，本文系发表在“绍兴教育网”的“活动综述”上

5. 浓情五月　静待晨曦

——2014年绍兴市小学数学优质课评比活动侧记

凝眸岁月，两年一等待，两年是轮回！又是五月，繁花似锦、绿荫如海，一切都显得那么热情洋溢、生机盎然。5月22日，绍兴的小数人集聚美丽的曹娥江畔，共同参加“绍兴市2014年小学数学课堂教学评比活动”！

本次评比活动的主题是“小学数学教学重难点的理解与把握”，“重难点”的突破也是小学数学教学恒远的主题，遵行主题，绍兴市下属各县、市、区进行了层层选拔。在“焦急”地等待中，20日下午15时，本次赛课的内容终于揭晓，选定《分数乘法》（人教版六上）《小数乘法》（人教版五上）和《万以内的加法与减法（一）》（新人教版三上）为本次赛课的内容，考察选手对“运算教学”内容的理解与把握。

还是“运算”主题。“运算教学”是小学数学教学的重头戏，在小学数学教材中占有较大比重，然而随着新课改的不断深入，学生的运算能力却普遍下降，教师困惑、学生迷茫，计算教学被老师们公认为“难教”，关于计算教学我们也总认为是“题目枯燥”“机械训练”“结果易错”“学生讨厌”……可以说是教师教得“累”、学生学得“苦”，但《课标（2011版）》将“运算能力”作为数学课程的十个核心词纳入其中，可见“运算计算的重要性”。回忆绍兴市2008、2010两届优质课评比也都以“运算教学”为主题，2014又以“运算教学”为评比内容，我们的“关注强度”可见一斑，我们也在找寻运算教学的“理论突围”和“实践指引策略”。

“运算教学的要旨如何突破？算理与算法孰轻孰重？如何打通运算领域的联系？学生和课堂的生长点在哪儿？”这些问题只有教师把教材和学生真正读懂读厚，道理才能生根发芽，方法才能呼之欲出，才能真正实现理通法自明，所有这些都将在课堂中显现答案。8时20分，在上虞区阳光学校四楼阶梯教室，简短的开幕式过后，绍兴市2014年小学数学课堂教学评比的大幕准时拉开。以先高段后低段的顺序，来自“绍兴市北海小学教育集团章越莹、嵊州市剡山小学竹佳敏、诸暨市新世纪小学蒋望雷、柯桥区中国轻纺城小学石柳、新昌县实验小学贾春波、上虞区滨江小学教育集团鲁丹”6位参赛老师先后执教，诠释他们对这三节“运算教学”的思考！

综观参加评比的6节课，虽风格迥异，但都质量上乘，能给每一位听课老师以启迪。通过6节课我们清晰地感受到，运算教学要努力做到“有效情境、数形结合、数学思想、发展思维、合理练习”；同时关注算理和算法的沟通、新旧知识的迁移与整合是运算教学成功的关键；深度解读教材后的灵活处理和切实了解学生的计算起点都是运算教学成功的策略。当然，充分暴露现场学情及时调整教学策略（以学定教）、针对学生敏锐展开错误捕捉和梳理（错例分析）、基于重难点的习题设计和使用（分层精练），也是突破“运算教学”重难点的有效途径。

6节课之后，嵊州市逸夫小学刘永军老师作了题为《商叠加书写：追回丢失的0——“除数是一位数的笔算除法”教学重难点的把握》的主题观点报告。刘老师针对学生“为什么除法要从左算到右”的质疑，就学生除法竖式书写时的困惑，重新开发整合单元教学内容，充分利用学生已有的知识经验，感性认识，理解除法是“有余继续分”的本质，开创“商叠加书写”的格式，尊重学生、独辟蹊径，刘老师的观点报告，让与会老师深有感触。

在刘永军老师讲座的同时，遵照比赛规程，全体教研员进行了公平、公正的打分。本次评比的评分由教学设计分与现场课堂分两部分组成，其中教学设计占10%，现场课堂占90%。教学设计包括了教学内容、教学目标、教学重难点、教学准备、教学设计思路（着重说明教学目标的确定、教学重难点的理解及难点突破设计）和详细的教学预设过程。

经认真统计、细致计算、严谨核算，最终柯桥区中国轻纺城小学石柳、新昌县实验小学贾春波、上虞区滨江小学教育集团鲁丹（按上课顺序）执教的三节课，荣获本届优质课评比的一等奖！

2014年5月22日，“2014年绍兴市小学数学优质课评比活动”在上虞区阳光学校举行，本文系发表在“绍兴教育网”的“活动综述”上

6．正确理解与把握教材

——2012 年绍兴市小学数学优质课评比活动侧记

“景仰一棵树的生长姿态，他以隐忍、坚韧、执着，以内心的年轮，守望石头孵化。孢芽萌动，期待着大地春暖花开。”新课改以来，小学数学课堂“悄无声息”地发生着变化，从喧闹变宁静、从浮华变质朴、从杜撰变真实，透过变化的一切，于是“把握教学本质、坚守教学本位”便成为了我们恒远的追求！

何以把握数学本质？怎样坚守教学本位？我们的脚步从未停歇，时间回溯到 2010 年 7 月 3 日，绍兴市教研院举行“绍兴市小学数学新课程‘教学内容的理解与把握’专题研训”，活动特邀人民教育出版社小数室主任、人教版小学数学教材主编卢江老师，为老师们作《整体把握小学数学教学内容　提高数学课堂教学质量》的辅导报告；2010 年 12 月 9 日，绍兴市“书圣大学堂”小学数学教学主题研讨活动，用半天时间来研讨“把握数学本质、坚守教学本位”的理念突围。绍兴市小学数学教研员、浙江省特级教师汤春燕老师曾作过这样的论述：“我总认为‘教什么’比‘怎么教’更重要，也就是对于教学内容的理解与把握比怎么处理教材、怎么确定教学方法更重要。在‘教什么’还拿捏不定的时候，全心考虑富有新意的‘怎样教’，无疑会严重影响‘教学内容’对于学生数学成长的价值度。《浙江省小学数学教学建议》（第 3 条）也明确指出：教材是体现课程标准及教学理论的规范文本。”

只有把握了数学本质，方能坚守教学本位。一切的一切都在昭示绍兴小数人已锁定“教学内容的重难点理解与把握”为着力点，将作为绍兴市小学数学教研的永恒主题。践行理念、围绕主题、层层选拔，2012 年绍兴市小学数学优质课评比活动于 5 月 17 日在绍兴县中国轻纺城学校拉开帷幕，活动吸引了绍兴市范围内近 250 名的教师参与。本次评比以“小学数学概念教学的重难点理解与把握”为主题，选定《亿以内数的认识》（人教版四上）和《方程的意义》（人教版五上）两个赛课内容，采用“提前 3 天告知内容、选手自选框定内容、市外聘请评委、教学设计 10％、课堂教学 90％”的赛制，这也是绍兴小数践行“把握数学本质、坚守教学本位”的又一次主题教研。

上午 8 时 20 分，简单的开幕式过后，评比活动正式开始。陆醴华（绍兴县实验小学）、陶薇（上虞市实验小学）、陈钏（新昌县南岩小学）、张京（嵊州市城北小学）、洪侃（越城区城西小学）、魏琼（诸暨市暨阳小学）6 位教师先后登台，6 位教师风格迥异，但都大气沉着、张弛有度！应该说，6 节课都能立足对教材内容的深刻理解，力图突破概念教学的重难点，总体上呈现以下特点：(1) 在提炼重难点的前提下，都在重视基础知识的教学，使学生对基础知识的理解到位；(2) 在理解教材的前提下，都能紧紧围绕教学重难点，设计合理的教学环节，正确甄选教学素材；(3) 在师生和谐互动的前提下，都在营造以生为本的课堂，尊重学生的个性发展。

课堂教学过后，浙江省特级教师、湖州吴兴区教研员范新林老师作为评委代表对本届优质课进行了精辟的点评。就"小学数学概念教学的重难点理解与把握"，范老师提出了6条确实可行的建议，"要关注形式，数学概念课要突出数学本质；要关注比较和归纳，在比较和归纳中使概念演绎更熟练；要关注思维经验的建立，使学生充分理解概念；要关注数学概念的形成和判断，使判定经验转变为性质定律的理解；要关注练习，使练习在巩固基础的前提下，向更高层次递进；要关注数感的培养，使数感培养与知识的教学有效联合！"范老师结合课堂实例的指引，把大家的目光聚焦在课堂教学研究的新高度，刷新了老师们对于"教学重难点理解与把握"的理念认知！

一天活动结束了，经过评委的公正评判和现场严谨核算，最后上虞市实验小学陶薇老师老师执教的《亿以内数的认识》、越城区城西小学洪侃老师执教的《方程的意义》、诸暨市暨阳小学魏琼老师执教的《方程的意义》(按上课顺序)三节课荣获本届优质课评比的一等奖。

本次优质课评比，同时也是"绍兴市小学数学青年骨干教师研修班"的第9次研修活动。通过活动，无论是研修班学员还是与会的教师都将从活动中汲取养分，对每一位教师"正确理解与把握教材"无疑有着巨大的促进作用，对于教材我们有了明确的态度：以尊重的态度来理解教材(忠实教材是我们首先应有的态度，只有心中有教材才可能去真正理解并把握教材)、以开阔的视野来研究教材(要在更广阔的背景下了解教学内容的"源"和"流"，激活教材，用足资源)、以评判的眼光来审视教材(反思教材，根据实情扬长纠短)、以求实的方法来处理教材(完善调适教材，才能实现真正意义上的"用"教材)。

2012年5月17日，"2012年绍兴市小学数学优质课评比活动"在绍兴县中国轻纺城小学举行，本文系发表在"绍兴教育网"的"活动综述"上

7. 关注“疑难问题”　落实“核心素养”

——绍兴市小学数学学科核心问题研讨活动侧记

为使广大教师进一步明确小学数学课程标准理念，引导广大教师关注、梳理、跟踪学科教学疑难问题，并有针对性地寻求问题的解决与突破，4 月 20、21 日，绍兴市小学数学学科核心问题研讨活动在绍兴文理学院附属小学举行，绍兴市小学数学课程专业指导委员会和绍兴市小学数学第三届青联盟成员参加了本次活动！

内容一：讨论中聚焦“疑难问题”

教研活动要追求实效，切实发挥作用！活动之前，省特级教师、绍兴市小学数学教研员汤春燕老师，要求与会人员思索日常教育教学实践中的疑难问题，一到会场大家抽签分成 6 个讨论组，并书写问题！之后，将现场提出的“如何帮助学生实现对于课时内容的整体理解”、“数学课堂中什么时机适合让学生去理解知识点之间的关系?”、“学生发现问题、提出问题的能力如何落实到课堂教学中?”等具有思维深度的 20 个热点问题，按“学习起点、分层教学”“学生解决问题的能力”“关于数学素养”“关于教材理解”“关于教学技能”进行了分类，并分配给 6 个组现场讨论。

经过近 1 个小时的讨论，大家再次集合，每组选派汇报人，交流对问题解决的初步策略。虽然时间短、问题多，但问题的回答甚为精彩和到位。“面向全体，心中有学生。”“关注生活操作显性经验的同时，要关注隐性的属于学生思维层面的内容。”“教材不仅仅是一个例子，在某种程度上是一种导向。重视思维方式、应用知识的能力培养。”如上这样高质量、具有指导价值的回答频频出现，足见老师们平时研究的深入、积累的丰厚，现场提问、现场讨论解答，这样活动形式真好！

内容二：课堂中突破“核心问题”

越城区袍江小学章盈老师执教《用有余数的除法解决问题》，章老师引导学生通过对熟悉的生活事例的探讨和研究，明确了有余数的除法解决生活中的简单而实际问题的现实意义，并在解决问题的过程中，感知数学的应用价值，获得运用知识解决问题的成功体验。越城区马山镇车恂如小学王焱峰执教《认识比例尺》，以青蛙图导入，带领学生理解比例尺的含义，掌握求比例尺的方法，能正确地进行数值比例尺和线段比例尺的转换，更为重要的是王老师让学生体会比例尺产生的必要性，在动手操作中经历比例尺概念的形成过程，体验数学与生活的联系。

越城区鲁迅小学冯木兰老师执教《真分数和假分数》，冯老师借助分橙子的现实情境，让学生经历假分数的形成过程，知道并能正确辨认真分数和假分数，又采用数形结合的方式，帮助学生理解并掌握真分数、假分数的意义和特征，准确把握真假分数的本质特征，更加全面地构建分数概念。上虞区实验小学罗秋峰老师“同课异构”《真分数和假分数》，罗老师以“分数有真假之分?”开课，通过自学书本，借助“撕名牌”游戏，给分数分类。初步建立真分数和假分数的表象，利用面积模型加深对分数意义理解，通过学生后续的自主探究、独立思考、合作交流、抽象概括，使新概念在已有的概念中精确深化，从而让学生明确真分数和假分数的内涵。

四堂课后，是围绕问题议课研讨的环节。“擅反思、深剖析”是绍兴小数人的优良传统，本次议课环节，主持人请执教老师以“解决什么问题？解决的怎么样？还有什么问题没解决?”为主线反思自己的课堂，四位老师逐一回答，引起现场老师的共鸣。随后，课程专业委员会的学科专家和青联盟的学员，纷纷畅所欲言，围绕“核心问题”和“价值导引”两个纬度，阐述自己对 4 节课的感想。研讨现场气氛热烈，原排定的 40 分钟时间远远不够，尤其柯桥区教师发展中心洪钰铨老师、绍兴文理学院附小汪国祥老师的发言，将大家引向更为深邃的思考！

之后，汤老师进行了总评！她提出“为什么要上这节课”、“为什么要学这个内容”、“这节课的难点在哪?”是一堂课首先要考虑的价值！接着，她结合知识体系，向着更高、更远的目标，分别阐述了四节课的知识大背景和核心重难点的突破，使与会人员的视野拓展，也使与会人员明白，作为课程委员和青联盟成员，我们有责任在上好一节课的同时，更要关注上好一类课，帮助学生贯通系列知识的联系，使学生真正学好数学！

内容三：聆听中感悟“价值导引”

活动最后，省特级教师、上虞区小学数学教研员叶柱老师，为老师做了“突破教学惯性敞亮主题空间——谈价值导引下小学数学教学改进的建议”的辅导报告。叶老师以两节《体积与体积单位的练习》同课异构为素材，引出“掌握一种工具”“构建一种意义”“体会一种观念”等当下课堂教学的“价值”！叶老师解释了“什么是价值”之后，向大家提出了“怎么去导引”的策略。叶老师认为要以“活动”撑起“学路”，加强“活动”的整体性、凸显“活动”的探究味、关注“活动”的构建度，并要变“拼组”为“流线”、变“作答”为“思辨”、变“模仿”为“开创”、变“接受”为“溯源”、变“评判”为“剖析”、变“求解”为“索理”。前沿的理念、翔实的解释、切实的案例，现场掌声阵阵，使人豁然开朗，感谢叶老师！

一天半的活动在 15 时结束，带着满满思绪，大家意犹未尽，相信各位委员和成员一定会带着感悟回到一线带领更多的人，去解决核心问题，去探索更多价值导引下的小数数学课堂！

2015 年 4 月 20、21 日，“绍兴市小学数学学科核心问题研讨活动”在绍兴文理学院附属小学举行，本文系发表在“绍兴教育网”的“活动综述”上

8. 聚焦解决问题　积淀能力素养

——2016年绍兴市小学数学“品质课堂”优质课评比活动侧记

金稻飘香散芬芳，赛课评比话“问题”！

9月29日，2016年绍兴市小学数学“品质课堂”优质课评比活动在美丽“石城”新昌县如期举行。本次评比活动围绕小学数学“解决问题”教学难点和重点展开研讨，采取两两同构、提前3天告之内容的方式，选定三上《倍的认识》、四上《单价、数量和总价》、五上《小数乘法（估算）解决问题》为赛课内容。各区、县（市）小学数学教研员、课堂教学评比参赛选手、绍兴市研学共同体成员集聚新昌县实验小学参加本次活动！

“解决问题”是传统数学教材中经典板块“应用题”的新名称，在2003年教育部颁布的《全日制义务教育数学课程标准》（实验稿）中，“应用题”称谓被取消了，取而代之的是“解决问题”。由此，周玉仁教授指出“近一个世纪以来我国小学算术（数学）把应用题作为一个独立领域的传统格局被彻底打破了，并把应用题融于‘数与代数’‘空间与图形’‘统计与概率’‘实践与综合应用’等领域之内，把它作为各领域解决其相应的实际问题的有机部分而呈现。这种安排，与世界绝大多数国家的小学数学教学大纲相一致，比较合理，也比较符合逻辑。”在实验稿和实验教材试行的几年中，有关解决问题教学的主题研讨在各级教研活动中“缤纷登场”，我们对有关“解决问题”教学的教材编排、目标定位、教学组织、评价体制等方面，有了较为统一的理论指导和实践认识。

2011年，《全日制义务教育数学课程标准》进行了修订，明确指出要增强学生发现和提出问题的能力、分析和解决问题的能力，要体验解决问题方法和策略的多样性。随之，现行各版本教材进行相应修改。于是，一些在教学实践中的困惑“应接不暇”：四能如何体现？解决问题中估算价值如何突现？人教版教材中三大环节（阅读与理解、分析与解答、回顾与反思）如何操作？解决问题教学是否有模式可寻？……

带着思绪，8时20分，简短的开幕式过后，2016年绍兴市小学数学课堂教学评比的大幕准时拉开。以先低段后高段的顺序，来自“诸暨市店口弘毅小学周冰心、新昌县城西小学梁洪超、柯桥区杨汛桥镇中心小学洪浩芳、嵊州市剡山小学许学钗、上虞区丰惠镇小郑维荣和越城区马山镇中心小学周鹏飞”6位参赛老师先后执教，诠释他们对这三节“解决问题”的思考！

综观6节课，四能的培养虽各有侧重，但“一目了然”；情境素材简洁，情境创设亦是“解决问题”教学“不可或缺”的载体；在具体情境问题中梳理数量关系并建立概念模型是“解决问题”教学的成功策略；精算与估算同行，并用于解决实际问题是“解决问题”教学的价值所在；“阅读与理解、分析与解答、回顾与反思”三大环节是教学过程，并不是教学程序，教师要引导学生养成这样的解题思路，不需要刻意板书，“死板硬套”；每堂课都使学生获得解决问题的活动经验，感受数学在实际生活中的应用价值，体验解决问题的乐趣。同时，6 节课凸显解决问题策略教学的重要性，课堂上呈现的策略多种多样，这些策略有的偏重于形象思维，有的偏重于抽象思维；有的需要画图示意、线段明意，有的需要列式计算；有的适合于解决常规的实际问题，有的适合于具着挑战性的非常规的实际问题，各种策略各有特色，且可相互组合和补充。

6 节课过后，省特级教师、柯桥区中国轻纺城小学周炳炎校长作为了总结点评。周校长以“一节课承载什么？体现什么？落实什么？”为主线，梳理了每节课的教学目标和教师的教学意图，并细数了每位老师的教学成功之处！周校长认为解决问题教学也要凸显数学的“核心素养”，要培养学生的数学思维能力，要落实“十大关键词”，并结合课例阐述了“品质课堂”！

一天活动结束了，经过评委公正打分，最后柯桥区杨汛桥镇中心小学洪浩芳、新昌县城西小学梁洪超、上虞区丰惠镇小郑维荣 3 位老师获得本次比赛的一等奖。从应用题到解决问题，从传统到现代。传统是现代的基础和起点，现代是传统的继承、发展和创新。在实现传统与现代的稳步的过渡中，让我们在培养学生的解决问题能力和创新精神方面迈出更大步伐。在“解决问题”的教学道路上，我们突破观念盲区、提升理念认识，探索实践策略、提高学科质量，绍兴小数人会一直努力！

2016 年 9 月 29 日，“2016 年绍兴市小学数学‘品质课堂’优质课评比活动”在新昌县实验小学举行，本文系发表在“绍兴教育网”的“活动综述”上

9. 课题引领发展　研讨促进教改

——绍兴市小学数学研学共同体赴嵊州研修简述

根据2017年绍兴市小学数学学科研修计划，12月6～8日绍兴市小学数学研学共同体研修活动在嵊州市举行，来自绍兴市各地的20位共同体成员在特级教师汤春燕老师的带领下，与市小学数学第四轮名师培养对象、各县市区的数学骨干老师和嵊州市校长联盟工作室成员以及嵊州市校长联盟工作室成员参加了本次活动。两天半的研修时间里，6日下午和7日，我们在嵊州市逸夫小学参加了“绍兴市小学数学教学改进研究优秀成果交流推广活动”，8日，我们在嵊州市谷来镇中心小学进行了“教改研究优秀成果分享”和“教学交流”。

研修主题一：交流、分享、推广

本次绍兴市小学数学教学改进研究优秀成果交流推广活动分“省重点课题成果、逸夫专场、市级优秀成果和项目实践经验分享”三个板块呈现。

第一个半天的活动就是省重点规划课题《小学数学一至六年级典型错题资源库的建设与应用》的成果分享。首先，课题主持人特级教师汤春燕老师以《成果　历程　启示》为题，对课题走过的六年进行了“幸福回眸”。六年磨一“题”，厚“研”而薄发，集绍兴地区近百位老师的智慧与精力，硕果累累。该课题先后获得第五届省教研课题成果一等奖，2014年度省教科规划重点课题研究成果一等奖，省人民政府基础教育教学成果二等奖，课题组成员的相关论文获奖发表达数十篇……汤老师分享课题同时，也在告诫大家，要勤思考、要多研究、要真研究、要好研究！

随后，课题组成员越城区东湖镇中心小学的王越娟老师、上虞区百官小学的夏春峰老师、新昌城东小学的贾春波老师先后介绍了《陈述性知识典型错题在教学中的应用》、《程序性知识典型错题在教学中的应用》、《策略性知识典型错题在教学中的应用》。整整一下午，教改研究优秀成果的交流分享，给每个人带来了思想的撞击与专业的引领。一个人可以走得很快，一群人可以走得更远。该课题把参与研究的老师都拧成一根绳，让我们看到了因团队力量而创造出来的宝贵成果！

7日上午，是嵊州市逸夫学校的专场展示活动。作为省市教科研先进学校，自2011—2016年，连续六年在市小学数学教改项目中获得一等奖，有三个项目获得二等奖。竺新波老师的项目研究课《大于、小于和等于》和《为代数思维播下一粒种子》研究报告；裘陆勤老师的《童眼读绘本，童心涂绘本——小学低段数学绘本课程的开发与实施》；应海江老师的《基于算法的乘法教学研究》等绍兴市级研究成果先后展示。逸夫小学一直把课题教研活动深入到日常教学中，每一位教师能边教学边研究，众多的教科研成果，与会者无不赞扬！

7日下午，诸暨市海亮小学孟军华老师执教成果课《计算经过时间》；上虞区城东小学的甘霖老师分享《小学低段新教材教学中落实“数学思考”课程目标的策略研究》；柯桥区轻纺城第二小学林文老师分享《注入人文元素优化四年级数学活动式作业设计的实践研究》；绍兴市北海小学的赵国明结合《项目研究的过程与方法——以高段数学后20%学生作业优化管理的思考与实践为例》，赵老师告诉大家课题研究要“注重原始资料的积累，善于总结研究过程，选择适用的研究方法，多样表达研究成果和边研究边学习。”

研修主题二：课堂、教改、研讨

8日的活动是赴山区学校进行教学交流。上午，绍兴市鲁迅小学教育集团冯木兰执教六上《因数与倍数的复习与整理》，冯老师“以忆带复”，通过对非0自然数的分类，使学生掌握因数、倍数、奇数、偶数、质数、合数的特征与联系，使学生形成一定的知识与网络通过自主整理知识的过程，锻炼归类、辨析、比较的数学思考方式，并通过对课堂错误的捕捉交流与分析，提高了学生的辨析、解题的能力。上虞区盖北镇中心小学徐金春老师执教四上《三位数乘两位数单元复习》，徐老师“以练带复”，引导学生经历对“三位数乘两位数”单元知识的整理过程，形成较为系统的知识结构，并进一步理解两位数乘两位数算理的前提下提高运算能力，理解规律内涵，能灵活选择解决问题的方法。诸暨市山下湖镇小学钱佳味老师执教五上《三角形的复习》，钱老师“以图带复”，通过梳理、练习、巩固、拓展，从动态的、综合的角度进一步巩固三角形有关知识点，内化知识间的联系，进一步巩固学生自主探究能力及解决问题能力。

下午，嵊州市剡溪小学张平老师执教五上《实际问题与方程》，张老师“以题带复”，通过复习让学生感悟方程学习的优越性，能合理采用列方程的方法解决实际问题，并培养了学生的分析以及综合能力提高问题解决的能力，尤其帮助学生能够准确地找出实际问题中的等量关系，会多角度解决问题。随后，嵊州市剡溪小学姚赛英老师向大家汇报了她的教改项目二等奖成果《孕育厘米的“卵”，使低段长度单位破茧成蝶之实践研究》，此项目“源于实践、成于创变”，钱老师向大家详尽讲述了此项目的“来龙去脉”和研究的心路历程，姚老师三个教学策略为研究主线，“放慢脚步”建立厘米和米的模型、“寻找参照物”构建长度单位量感、“用厘米创造奇迹”循序渐进，三个教学策略有效地将整个单元整合起来，也为今后学习其他计量单位铺好了路径，给人以教学实践的启发和做好课题研究的启发。

活动的最后是教学研讨，大家围坐在一起，依次对四节课进行了研磨。绍兴市名师、嵊州市剡溪小学王孙君校长，共同体成员贾春波、洪侃、张小丽、应海江、傅佳俊以及谷来镇的老师先后发言，大家觉得能够有勇气来展示复习课，便是莫大的成功，大家结合四节课提出了如何上好复习课的建议与要点。最后，汤春燕老师进行了总结，她认为复习课承载着“将珍珠串成美丽项链”的功能(将知识点梳理成网络)，建议大家要有“上屋顶看风景”的视野(复习课要有更高立意)，要求大家在复习中落实核心素养、突出课时及单元重难点、锻炼自主学习能力、提升学生技能技巧、捕捉利用错误资源、努力不落下一个孩子，真正上好每一节复习课！

2017年12月6—8日，“绍兴市小学数学研学共同体赴嵊州研修”活动在嵊州市举行，本文系发表在“绍兴教育网”的“活动综述”上

10. 名师研修显实效　山区交流话成长

——绍兴市第四轮名师名校长培养工程小数班实践活动侧记

树树皆秋色，山山唯落晖！

根据2017年绍兴市小学数学学科研修计划，绍兴市小学数学第四轮名师培养对象实践研修活动在上虞区举行。市小学数学第四轮名师培养对象实践导师，省特级教师、绍兴市小学数学教研员汤春燕老师和省特级教师、上虞区小学数学教研员叶柱老师以及13位名师培养对象参与活动！11月21、22日，上虞区丰惠镇小、上虞区下管镇小地处山区，在深秋、初冬的阴雨天气中，寒意更是袭人！但我们每一个的人内心火热，因为我们在修炼、我们在成长，我们愿在与上虞山区学校交流的美好愿景中，提升自我！

“同课异构”，基于真实学情的课堂教学

21日的活动在上虞区丰惠镇小举行。上午，丰惠镇小郑维荣老师、丰惠镇祝家庄小学陈玲霞老师及浙江省新思维教科院兼职教研员、宁波市奉化区教师进修学校小学数学教研员的宋煜阳老师同课异构《三角形的面积》一课。郑维荣老师课始便提出让学生想办法求一个“底是6 cm，高是4 cm”的三角形的面积，并通过对学生“数格法”、“割补法”、“拼补法”等方法的汇报、交流、沟通、推导，探索出三角形的面积计算公式。陈玲霞老师由直角三角形入手，通过让学生数格子、割补、拼补等方法求出面积，并引导学生自主探索锐角三角形、钝角三角形的面积计算方法，最后通过对比、联系，归纳出三角形的面积计算公式。宋煜阳老师，则由前一天学生对直角三角形面积求解方法的前测反馈引入，通过找“内在联系”，探索出“直角三角形的面积＝底×高÷2”，进而引导学生利用“转化”合作探究锐角三角形的面积，最后通过让学生上台拼一拼钝角三角形，推导出三角形的面积计算公式，一气呵成。

下午，先是与会教师与上课老师进行了对话交流。汤春燕老师、叶柱老师分别就上午的课堂教学作了精彩点评。名师班学员，诸暨市暨阳小学魏琼老师、嵊州市甘霖镇小张银萍老师，结合自身教学实践向上课老师提出了建议！

最后，由宋煜阳老师作了题为《基于学情，让探索真正发生》的专题讲座。宋老师以一课研究的独特视角，对三角形面积的教学进行了深入的研究。分别从“三角形面积的教学价值”“三角形面积的教材路径”“三角形面积探索的可行性”“关于三角形面积教学的探索”等六个维度对三角形面积这一教学内容作了全面的解读与教学建议。

“深层剖析”，指向环节改进的实践研讨

山区学校路远，上午的活动在 8:50 开始。在叶柱老师的主持下，首先上虞区下管镇小许再新老师执教六年级《百分数(一)》。许老师基于学生提出的“百分数的意义是什么？百分数有什么好处？百分数与分数有什么区别?”的三问题，通过学生小组合作探究、课本自学感悟等途径，以平和、可敬的“师态”，以开放、激励的方式，培养了学生发现问题、提出问题的能力，也促进了学生自学能力的增长。随后，绍兴市北海小学赵国明执教三年级《万以内数的加减法(二)复习课》，一如既往，赵老师的课以有内涵、重创新为特色。复习课难上，复习课不能新授、不能练习，那么如何实现复习课的提升功能呢？赵老师这节复习课不是简单的重复与积累，在巩固、加深已学过知识的同时，“整体把握、注意点面结合”，将万以内数加减法各知识的点、线、面三者的结合，帮助学生回顾、沟通并梳理、提升。而且，学生在进行了知识点的罗列后再次思考，哪一类的题是觉得计算特别烦的，哪一类题是最容易出错的等问题，再次引导学生进行自我的反思，进而瞄准这些难点进行再次学习，很有实效！

上午活动的最后，由越城区塔山小学王焱峰老师作《研究典型错例　改进习题教学》的观点报告。王老师认为，有学习发生的地方，一定有错误存在。他从“学习层面、教学层面、其他层面”三个纬度，结合“概念理解、思维经验、问题解决、教学行为、教材对比”等现象，基于典型错例，分析了学生错误产生的原因，并提出了“技术介入型改进、思想统领型改进和反思应用型改进”3 条策略，使人颇受启发。

下午的活动，先由嵊州市逸夫小学钱满老师执教二年级《认识时间》。钱老师基于多年课题研究成果，利用数学绘本，带领学二年级生走进“森林小学的一天”。学生人手 1 本由钱满创作的数学绘本，在爱不释手的同时，知晓了钟面的划分、分针与时针的关系、几时多与几时不到的正确识别，成功突破了本课的教学难点，很是成功！

随后，本次活动的重要内容“课堂研讨”展开，根据汤春燕老师的提议，我们对 3 节课深入进行了剖析。活动由叶柱老师主持，作为名师班导师，叶老师认为名师班学习，教学设计、课堂教学是一个方面，而参与交流、课后研讨，擅于捕捉课堂细节、擅于读懂教学环节、擅于课堂成败赏析，并能“即时反思、对策修正、勇于吐述”，更是一位名师成长重要修炼着力点！叶老师先向 3 位老师分别提出了“三个问题，如果只能解决一个，许老师认为哪个最重要？赵老师你认为上了这节课后，学生有哪些新的收获？钱老师你觉得绘本对本课教学的价值在哪里?”叶老师的问题直指教学核心，引起了大家的思考，3 位开课老师结合自己的理解，进行了阐述。

之后，按开课顺序，我们对每节课进行了解读名师班的每一位学生积极发言，阐述自己的想法。例如，自主学习要有置前指导、要有学生独立思考时间；课堂上引入了材料，尽量用好、用透、用足；一节课的核心是什么，核心内容要核心处理；复习课，如何培养估算意识、如何提升估算能力；计算能力与运算能力的异同；情境的作用很大，但情境量太大，要有整合和取舍……学员们的思考切中 3 节课的重难点和老师们的困惑，从 13:00 到 14:30，整整 90 分钟，大家纷纷发言，气氛热烈，老师们体会到“好课”是磨出来的内涵的同时，也感慨时间过得真快！

学员发言过程中，汤春燕老师不时提炼、点拨，她认为课堂要实现“有序、有趣、有挑战

性”的追求，要围绕真问题展开交流和研讨；要体现算用结合的思想、激活算用结合的意图，学计算是为了更好地解决问题；课堂呈现的错例要典型，切忌无病呻吟和无中生有。作为导师，汤老师也对学员提出了“珍惜每一次学习机会、修炼自己的各项能力、努力由培养对象成为真正名师”的期望。最后，叶柱老师作了总结，他要求各位学员以本次活动为契机，在今后教学中，要“把握核心、提升立意、突破疑难”，等待各位学员成长的好消息！

两天的活动结束了，本次名师班实践活动，也吸引了上虞区第六期青年教师研修班、上虞区近三年分配新教师和上虞丰惠中学学区小学数学老师的共同参与。我们每一位学习感谢两位导师的精心安排和悉心指导，我们每一位学员将牢记两位导师的嘱托，扎实做好研修的每一项工作！

2017 年 11 月 21、22 日，“绍兴市第四轮名师名校长培养工程小数班实践活动”活动在上虞区举行，本文系发表在“绍兴教育网”的“活动综述”上

11. “基于学生立场，改进复习行为”

——上虞市小学数学复习课研讨活动小记

为探讨复习教学方略，提升复习课堂效率，根据市教研室工作计划，上虞市小学数学复习课专题研讨活动于 5 月 30 日在丰惠镇小举行。本次活动的主题是“基于学生立场，改进复习行为”，旨在通过各个年级的复习课展示和名师、专家的引领，使不同年级的老师感受不同年级的复习，从而帮助教师串联知识点，凸现基础知识的教学起点，提升全市小学的复习整体效率。全市各小学毕业班教师代表、上虞市第五期小学数学研修班全体成员近 110 余人参加了本次活动。

一、课堂展示

课堂是教学的主阵地，复习课也不例外，上午 8:30，活动准时开始。第一节课是崧厦镇西塘小学张莉丽老师的《“平面图形”复习(一下)》，这是一节学期复习课。张老师立足一年级下册教材 P94 页相关内容，改编、创设了令人“耳目一新”的习题，使学生形成对 5 种图形的表象以及对图形特征的直观感受并能辨认，尤其借助小正方形的拼摆，进一步丰富学生对图形特征的感知，同时感受所学图形之间的关系，从而培养学生初步的空间观念，一年级的复习课是快乐的。第二节课是丰惠镇小宋园园老师的《“简便计算”复习(四下)》，这是一节单元复习课。宋老师从数据配对导课，从而引出运算定律，通过学生的回忆、梳理，使学生能熟练地运用运算定律进行简便计算，学生在整理数学知识的过程中，培养了具体问题具体分析的能力，又提升了根据算式特点灵活计算的能力。第三节课是小越镇小王平老师的《“数的认识”总复习(六下)》，这是一节六年级总复习课。王老师以“小学里学过的数太多了，我们今天复习的只是其中的一部分”开题，借助数轴，通过“在数轴上表示各点”“明确计数单位”“同一个点还能怎样表示”等环节，帮助学生将数归类，又完成了网络图。下午第一节是阳光学校傅佳俊老师的《“简便计算”总复习(六下)》，这也是一节六年级总复习课。傅老师立足现下六年级也是第二轮复习，淡化第一轮的梳理，突出了运用的目标，培养强化学生的简算意识和对数据的分析能力。傅老师以 5 题简算为例，要学生找依据、说算理，引出“有理、有利、有度”三大简算关键词和“凑整、口算、拆分、转化、不通分”简算思想，之后又以“有理、有利、有度”为纬度，分析了 6 道前测的典型错例，最后通过动笔计算和稍复杂题的练习，兼顾了全体和优生。

四节课后，四位上课老师简要进行了说课，通过他们的解说，大家感受了他们的“心路历程”，分享了他们的思考！随后，绍兴市学科带头人、丰惠镇小范立军副校长围绕“构建知识，让知识有效重现”“构建方法，让方法有效高能”“构建能力，让学生集聚智慧”“构建思想，让数学思想有效渗透”“构建情趣，让数学课充满欢乐”5个点，向大家解读了四节复习课的成功做法，通过范校长的点评，使大家的认识更上一个层次！

二、主旨引领

短暂的休息过后，省特级教师、上虞市小学数学教研员叶柱老师，先为大家做了“浙江省2013年小学数学复习课评比亮点综述”。叶老师结合12节省赛课的内容，分析亮点、盘点收获，分“从促进发展的高度，思考为何复习”“从贴近学情的立场，研究复习什么”“从凸显主体的视角，探讨怎样复习”三大版块，讲述了他的听课感受，大家很受启发，尤其是叶老师展示的赛课中的经典习题，为大家扩宽了习题设计的视野，大家也为叶老师的“认真”而感动。

为了使大家对毕业检测卷有更理性的认识，叶老师也谈了基于“2012年检测卷”中的“上虞市2013年六年级毕业试题命制构想”。叶老师逐题分析了2012的卷子，告诉大家每一题的知识点和所属领域，并讲述了每一题的设计思考。最后，展示了2013年测试卷的整体思考，即“延续传统，保持风格”“全面观照，不留盲区”“重视基础，关注习惯”“依据课标，聚焦核心”“严把标准，引领导向”！

2013年5月30日，“上虞市小学数学复习课研讨活动”在上虞市丰惠镇小举行，本文系发表在“绍兴教育网”的“活动综述”上

12. 让较大计量单位教学“清晰可见”

——上虞区小学数学教师学科培训活动日前举行

为持续推动我区 2015 年小学数学“量的教学”专题研讨，加快课堂变革，促进师生成长，根据教师进修学校关于教师专业发展培训的总体安排，2015(上)小学数学教师学科培训暨专题研讨活动(第 2 期)于 6 月 9 日在上虞区百官小学举行！本次培训活动的主题是“如何改进‘较大计量单位’的教学活动”，我区四位市、区优质课一等奖获得者对“较大长度单位”疑难课例《千米的认识(三上)》和“较大质量单位”疑难课例《吨的认识》进行了“同课异构”。

百官小学毛华英老师带领感受了学生单位的使用矛盾，从而引出“千米”。随后，毛老师播放了学生走学校操场 100 米的录像，细数 100 米的步数、100 米的时间，从而推算出 1 000 米的步数和时间，最后将 1 000 米推广到现实生活中的路程。并观看各年级学生到各春游景点的线路图，估计路线的长度，通过这些活动使学生感知了 1 000 米，并能初步估测现实生活中的实践长度。

樟塘小学张春燕老师通过汽车行驶 1 千米的录像，使学生感知了 1 千米实际长度的行驶感觉，初步建立 1 千米的长度表象，并通过多种不同方法的长度估算，利用迁移的规律，带领学生体验探千米的过程，使学生进一步学会了估算和分析问题，最后通过对“生活中的千米”的微课观看，感受了千米与实际生活的联系，培养学生利用身边的物体作标准进行估测的能力，提高学生的估测水平。

小越镇小石灵芝老师以低年级学生喜爱的动物“比体重”导入，通过自学课本，并对 10 袋大米总质量的累加，使学生初步建立 1 吨重的观念，并认识质量单位吨，知道吨在实际生活中的应用，同时也掌握了吨和千克之间的换算。石老师颇具童趣的声音、自然无痕的师生对话，引领学生在观察、交流、想象的数学活动过程中，培养学生对物体质量的估测能力。

阳光学校傅佳俊老师从复习“克和千克”两个已学质量单位开始，在填写单位的过程中使学生体会到已学单位已不能解决大象的体重，从而感悟更大质量单位学习的必要性。傅老师以 1 瓶矿泉水 500 克为起始，通过对 2 瓶、20 瓶、200 瓶、2 000 瓶的叠加，让学生体验 2 000 瓶就是 1 吨的全过程，又借助现场播放 1 吨水的注满过程，使学生形成 1 吨的直观感受。通过“由小及大”的质量累积，帮助学生很好建立 1 吨重的“观念”和“量感”，并培养学生的观察能力、估计重量的能力和推理能力、发展学生的空间想象能力。

应该说，四节课都很成功，老师们发挥智慧、各显神通，给听课老师们很好的启迪，提供了教学较大计量单位的实践课例！在随后的说课环节，四位老师分别回答了叶柱老师提出的“教给学生什么？本节课就算成功了。”的教学思考，大家也谈了磨课过程中的“酸甜苦辣”，真情地讲述、真实地思考，使自己和与会的老师对较大计量单位的教学有了全新的认识！

最后，省特级教师、区教研员叶柱老师结合四节课做了《“大单位”怎么教、怎么考?》的辅导讲座。叶老师首先肯定、解读了四位老师的成功之处，然后以“获得了知识，积累了量感、丰富了经验”3 个纬度，立足 4 节课，以新课程理念为指导，紧紧围绕主题，分析了“怎么教？怎么考?”，使与会老师大受启发！

另据安排，主题为“如何帮助学生建立‘量感’”的区 2015(上)小学数学教师学科培训(第 1 期)暨“量的教学”专题研讨活动，已于 4 月 8 日在区实验小学举行。滨江小学鲁丹、小越镇小罗金燕、东关小学莫灿军、实验小学丁键四位市、区优质课一等奖获得者对《克与千克(二下)》和《体积与体积单位“练习”(五下)》两节课进行了同课异构。

课后，百官小学夏春峰老师和实验小学祝浩军老师分别做了《在“掂、称、估”中建立量感》与《如何帮学生建立量感》的教学评析。最后，教研室叶柱老师做了《量感：从“量”到“量”——对量与计量教学的微思考》的教学辅导讲座。

综观两次教研活动，开课老师皆能围绕活动主题设计创新，评课老师观点中肯、建议有效，教研员的高端导向，与会教师的认真参与，使两次培训活动品质独特、效果明显，全区共计 800 余位数学教师参与了两次活动，所有的一切都在昭示上虞小数团队对疑难课例的研究永不停步。正如活动后，叶老师的微信所说：凭勇气迎战疑难，是担当；让技术改变教学，是智慧。穿越迷雾，我们毫不畏惧；追逐愿景，我们从未停步……忙累过后，感谢所有满溢正能量的人与事！

2015 年 6 月 9 日，“上虞区小学数学教师学科培训活动”在上虞区百官小学举行，本文系发表在“绍兴教育网”的“活动综述”上

后记

岁月荏苒,素色如锦,一晃从教已经整整20年,我沉浸在小学数学这一园地里,耕耘、探索……至今,从未间断!

对一名小学教师而言,出书是一件"神圣"的事情,总觉得离自己是那么遥远。诚如恩师,浙江省特级教师、原上虞市小学数学教研员吴毅松老师所言:"你积累的材料都是自己亲身实践与经历过的,对一线老师有很好的启示、促进作用,能结集出书不仅是对自己前段工作实践的总结,也是为今后进一步前行打好基础,还能给青年教师专业发展树立榜样!"恩师的鼓励,让我有了这份"非分之想"。细细梳理这些年想过的事、上过的课、写过的文,说是一本书,其实只是一本集子而已,也算是借机分享"我的数学"、讲述"我的追求",以祈那一方"快乐数学"的实现!

二十年前上虞师范毕业,"安心工作"是刚工作时的夙愿。那时,对课堂教学似懂非懂,期求"学生上课专心、考试分数高""备课—上课—批改—辅导",平凡朴实地重复着每一天,心中叨念"我的数学我做主""我的数学就这么简单"。一段时间后扪心自问:"就这样了吗?"顿时,心中升腾起一种感慨:小学数学知识尽管简单,但小学数学的教学可以美丽多娇、可以色彩斑斓,同时还可以有许许多多和孩子心灵的交互。

于是,潜心学习课标理念,静心阅读书刊杂志,寻找观摩名师录像,争取外出学习机会,提升教育理论底蕴、修炼数学教学行为。课堂教学竞赛就是"校兵场",每一次参赛都是"涅槃"的过程,正是如此,我的教学能力随着教学理念刷新而慢慢提升,我对数学课堂教学也有了我最初的定位:思路清晰、语言简洁,课堂教学组织有效。2003年,历经校级选拔、片区PK、学区淘汰,最后我获得了上虞市新教师比武一等奖!

应该说,那时的我,教学基本功已练成。2006年调入阳光学校,和诸多"敬仰"的名师成为同事,教师群体的整体高素质在潜移默化地影响和感染着我,"蓬生麻中、不扶而直,白沙在涅、与之俱黑",在叶柱老师的引领下,我的数学教学之路又一次起航!静心反思:小学数学课堂教学可不能复杂,得结合孩子的特点来进行。总结思绪,增添学生对数学的好奇、培养学生对数学的兴趣,教学生喜欢的数学、让孩子们快乐学数学,这一"草根想法"在心中扎根发芽。

在新的教学环境中,便有了一些自己觉得很有价值的做法,对学生也有了深远影响,可谓"无心插柳柳成荫"。课堂之上、教学之余、晨会时间,让学生交流自己的学习经验、解题技巧,我也有意安排生活知识与数学的整合,让学生感受到数学的好玩和快乐。从此以后,我的数学教学风格中添加了重要的一笔,在教学中引入数学家的故事、数学家的趣闻轶事、通俗的数学思想、乡土文化知识等大量"数学文化资源",再配以风趣幽默的课堂语言,就有了因我外出听课学习,学生三天不能上数学课而"伤心流泪"的情景,我的学生对数学课的喜爱大大超越我的期待。通过这些变化,又经2008年绍兴市优质课和2015年浙江省优质课的历练,我在不断学习、进步和成熟,我更期待:我的学生学到的不仅仅是数学知识!

走过二十年，心中的愿景在变化的过程中成为现实，同时新的向往也在勾勒中描绘。要感谢汤春燕、吴毅松、叶柱、徐雪刚、厉建康等一大批绍兴"大家"给予的栽培和关爱，要感谢卢少君、傅智红、冯秋萍、樊曹阳、杭渭河、何夏寿、宣国城、葛银铨、王孙君、胡国灿、娄春江等校长们给予的提点和赏识，要感谢夏春峰、陆建江、韩洪刚、范立军、宋莲芝、高立娟、万林峰、朱峰、徐金春等名师们给予的帮助和同行，要感谢爱妻徐银燕老师给予的包容和分担，还要感谢小女一格带给我的欢乐和坚持……

在本书的构想、编辑、付梓过程中，吴毅松老师倾注了大量心血，从书稿收集、主题命名、章节分类、审读校正，吴老师对我施以"关门弟子"的关爱；同时，叶柱老师在百忙之中给本书作序，给拙作增光亮彩。感谢两位恩师多年来不遗余力地引领和教诲，让我无以为报，除了"小学数学"，两位恩师教会我的，还有谦逊的为人之道、朴实的工作作风、坚定的职业信念和恒远的教育情怀……

另外，本书的出版得到了阳光学校董事长章宝土先生的鼎力支持，学校杨红美、王铁青、郑百苗、顾华平等领导亦给予了高度关注，在此，一并致谢！当然，限于学力和水平有限，谬误和缺点在所难免，敬请指正！